위기대응을 위한

# 서비스 오퍼레이션스 관리

임호순 · 박광태 · 안철옥

弘 文 社

# 서 문

최근 서비스 기업이 경제에서 차지하는 비중이 점점 높아짐에 따라 서비스 기업을 보다 효율적이면서 효과적으로 경영할 필요성이 대두되고 있다. 특별히 코로나 판데믹 사태 등으로 인하여 위기관리의 중요성이 강조되는 현시점에서, 효과적인 서비스 기업의 운영을 위해 서비스 기업이 어떤 시스템 전략을 취해야 하는지, 고객이 원하는 서비스를 선제적으로 어떻게 개발하고 제공할 것인지, 기존의 제조업역량을 어떻게 서비스로까지 확장할 것인지, 서비스 시설은 어디에 위치해야 바람직할지, 서비스 기업에 종사하는 종업원은 어떤 점에 중점을 두어 선발하고 개발해야 하는지, 그리고 서비스 기업의 생산성은 어떻게 향상시킬 것인지 등 다양한 과제들의 중요성이 갈수록 부각되고 있다.

저자들은 다년간 서비스 관련 과목을 강의하고 서비스 기업의 심사를 해 오면서 정리한 것들을 중심으로 서비스 기업에 관심을 가진 학생들의 서비스 기업에 대한 이해도를 높이고 또한 서비스 기업관련 실무를 담당하는 분들이 활용하여 서비스 혁신활동에 활용할 수 있도록 책으로 펴내게 되었다.

이 책은 크게 3개의 파트로 구성되어 있고 모두 10개의 장으로 구성되어 있다.

파트 1: Understanding Services(1~3장)

파트 2: Service Implementation(4~7장)

파트 3: The New Paradigm of Services(8~10장)

각 파트와 장을 간략하게 요약하면, 첫 번째 파트는 서비스 오퍼레이션스 관리를 개념적인 관점에서 조망하여 서비스 경영에 입문하는 이들의 이해를 촉진하였으며, 1장부터 3장까지가 여기에 해당된다. 세부적으로는 1장에서 서비스 오퍼레이션스 관리를 정의하며, 전세계적으로 서비스업이 국가 경제에 차지하는 비중의 변화를 통계적으로 조망함과 동시에 우리나라 서비스업의 발전 방향을 함께 다루었다. 2장에서는 제조업과 구분되는 서비스업의 특징을 소개하며, 3장에서는 서비스 성과지표 및 품질과 관련된 내용과 고객 중심 서비스 개발을 위한 도구인 QFD, HOQ, IPA를 소개한다.

두 번째 파트는 서비스 전략과 이와 관련한 의사결정들을 다루며 4장부터 7장이 해당된다. 4장에서는 경쟁 우위를 달성하기 위한 서비스 전략 수립의 필요성과 시스템적 사고를 이용하여 서비스관리시 발생할 수 있는 대표적인 인과관계를 소개하였고, 5장에서는 효과적인 서비스 제공을 위한 프로세스 설계 그리고 대기 행렬을 관리하는 기법을 소개하였다. 6장에서는 서비스 수요의 불확실성에 효과적으로 대응하기 위한 전략적 도구인 수요 예측 기법과 이와 관련한 통계적 기법들을 소개하였으며, 7장에서는 서비스 시설의 입지가 가지는 중요성과 서비스 입지 시 고려할 사항 그리고 입지 선정의 절차를 소개하고 이어서 서비스 입지문제의 유형과 입지문제의 해결에 사용되는 계량적 방법들을 다루고 있다.

마지막 파트는 급변하는 경영환경 속에서 대두되는 새로운 서비스 패러다임들을 소개하였다. 8장에서는 전통적인 제조업을 중점으로 하는 기업이 서비스 기업으로 변화하는 과정인 서비타이제이션을 소개하였다. 9장에서는 제4차 산업혁명의 도래에 따라 급변하는 시장에 효과적으로 대응하기 위한 새로운 서비스 전략 중 하나로 대두된 선제적 서비스의 개념 및 사례들을 소개하며, 10장에서는 다양한 서비스 기업 중 흥미로운 몇 개의 기업 사례를 소개함으로서 본 책을 마무리 한다.

이 책의 내용은 대학에서 한 학기 분량의 수업으로 다룰 수 있도록 구성하였으며 저자들의 강의 경험으로 다음 순서를 참고로 강의하면 좋을 것이다.

1－3주: 강의 개요, 서비스 경제(Service Economy)

4주: 서비스의 개념 및 특징(Service Nature)

5주: 서비스 성과 및 품질(Service Performance & Quality)

6－7주: 서비스 전략 및 시스템 사고(Service Strategy & Systems Thinking)

8주: 서비스 프로세스 설계(Service Configuration)

9주: 중간 시험

10주: 서비스 수요 예측(Demand Forecast)

11주: 서비스 입지 설정(Service Location)

12주: 제조업의 서비스화(Servitization)

13주: 선제적 서비스(Proactive Service)

14주: 서비스 기업 사례(Service Cases)

15주: 기말 시험

본 책을 이용하여 강의하시는 분들을 위해서는 도움이 될 자료를 공유할 예정이다.

이 책의 출간을 오랜 시간 지켜봐 주시고 응원해 주신 홍문사 임권규 사장님 이하 모든 관련자 분들께 감사드린다. 더하여 교재 집필에 없어서는 안 될 매우 중요한 도움을 주신 한영미 박사와 음상원 군에게 감사의 마음을 전한다.

2022년 8월 저자들 씀

# 차 례

## CHAPTER 01 서비스 경제(Service Economy)



## CHAPTER 02 서비스의 개념 및 특징(Service Nature)

## CHAPTER 06 서비스 수요 예측(Service Demand Forecasting)



## CHAPTER 07 서비스 입지 설정(Service Location)

## CHAPTER 08 제조업의 서비스화(Servitization)

## CHAPTER 09 선제적 서비스(Proactive Service)



## CHAPTER 10 서비스 기업 사례(Service Cases)

# Service Economy

1 왜 서비스인가?

2 서비스업의 발전을 견인하는 요소들

3 Service Operations Management의 개념

CHAPTER 01

# 서비스 경제

(Service Economy)

CHAPTER 01

# 서비스 경제 (Service Economy)

본 장에서는 서비스업의 비중이 늘어가는 전세계적인 경제 흐름의 변화를 살펴봄으로써 위기를 관리하기 위한 서비스 운영관리의 중요성을 제시한다.

## 1 왜 서비스인가?

### 가. 서비스업이 지배하는 미국 경제

서비스가 잘 발달한 국가 중 하나인 미국의 상황을 먼저 살펴보자. 미 상무부에 의하면 미국 노동시장은 1950년대를 기점으로 서비스업의 근로자 비중이 급격하게 증가하는 모습을 보였다. 반대로 농업과 제조업의 비중은 급격하게 줄고 있으며 이 추세가 2050년까지 지속될 것으로 예측했다.

또한 2010년 기준 인력 규모수준으로 상위 10개 국가를 살펴보면, 10개국 모두 제조업

대비 서비스업 종사자의 비중이 높았다. 상위 10개국 대부분 제조업 대비 서비스업 종사자의 비중이 2배 가량 차이를 보였으며 특히 미국은 그 비중이 3배 이상 차이를 보였다.

GDP를 기준으로 살펴보아도 서비스업은 미국 경제 시스템에서 큰 비중을 차지한다. GDP란 일정 기간 동안 한 국가에서 생산된 제품이나 서비스의 시장 가치의 합을 나타내며, 국가를 기준으로 한 것이기에 그 국가에서 일하는 외국인 근로자의 생산 역시 포함된다. Porat and Rubin (1977)과 Karmarkar and Apte (2007)는 경제시스템을 다음과 같은 4개의 영역으로 구분했다.

그림 1.1 Karmarkar and Apte (2007)에 의해 제시된 산업 분할 모형

| 시장 형태 | 제공 방식 | |
|---|---|---|
| | 제품(Product) | 서비스(Service) |
| 실물(Physical) | 화학, 제철, 시멘트, 자동차, 항공우주, 산업 장비 | 수송, 건축업, 유지 보수업, 관광업, 유통업 |
| 정보(Information) | 컴퓨터, 광섬유, TV 세트, 라디오, PDA, 책, CD, DVD, 음악, 데이터베이스, 물리적으로 포장되어 판매되는 소프트웨어 | 통신업, 교육, 방송 서비스, 금융 서비스, 전문적인 서비스 |

[그림 1.1]을 살펴보면, Karmarkar and Apte (2007)는 GDP를 제품/서비스 그리고 실물 영역인지 아니면 정보 산업과 관련된 영역인지로 구분하였으며, 각 영역에 해당되는 GDP를 측정하여 그 비중을 계산했다. 2007년 기준 미국을 살펴보면 [그림 1.2]와 같이 서비스업이 전체 GDP에서 차지하는 비중이 80%를 상회하며, 특히 정보 집약적 서비스의 비중이 전체 GDP의 절반 이상을 차지하였다.

그림 1.2 영역 별 2007년 GDP에서 차지하는 비중

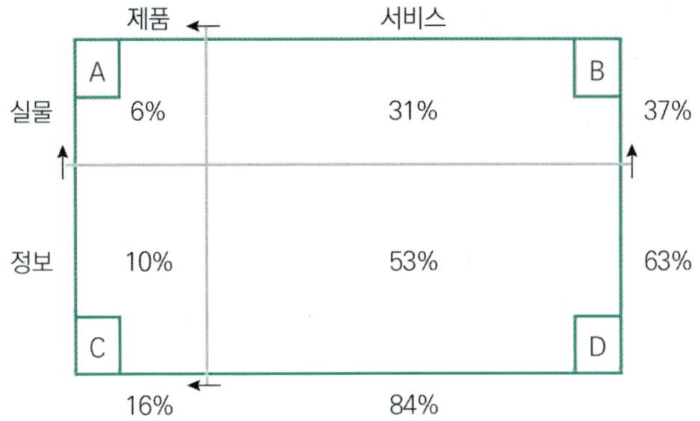


출처: Karmarkar and Apte (2007)

## 나. 한국 경제에서의 서비스업

이 모형을 한국 시장에 적용해보면 다음과 같다.

그림 1.3 Karmarkar and Apte (2007) 기준의 한국 GDP의 추세 변화

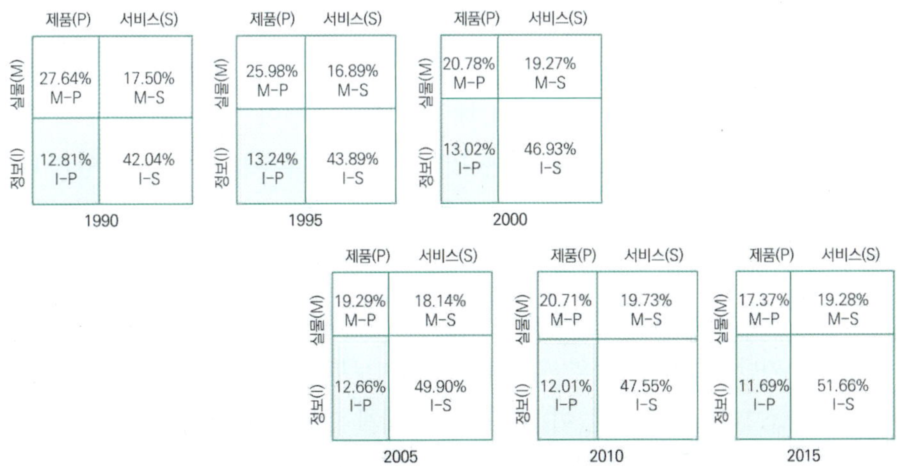

1990년부터 2015년에 이르기까지 정보-서비스(I-S) 산업의 비중이 지속적으로 늘어나는 반면 실물-제품(M-P) 산업의 경우 그 비중이 점차 감소하는 추세를 보인다. 한국은 미국에 비해 실물-제품(M-P) 영역에 상대적으로 의존적이며, 상대적으로 높은 정보화 수준을 달성하고 있다고 할 수 있다.

한국 경제에서 서비스 산업이 주류를 차지하기까지의 속도는 비교적 느렸지만, 미국과 마찬가지로 정보화 사회로 빠른 속도로 진입하고 있으며, 한국과 미국은 공통적으로 실물을 중심으로 한 제조업 비중은 점차 줄어들고 정보 집약적 서비스 영역이 지속적으로 증가하는 추세를 보인다.

## 2 서비스업의 발전을 견인하는 요소들

이처럼 전세계적으로 서비스업이 경제에 차지하는 비중은 지속적으로 증가하고 있다. 본 절에서는 서비스업의 발달을 견인하는 요소들을 살펴보겠다.

### 가. 정보시스템의 발달

먼저 라이프어패럴(Life Apparel)의 사례를 중심으로 살펴보자. 국내 맞춤형 양복 산업은 대기업이 기성복 시장에 진입하면서 최근까지 침체되고 있다. 고객들은 좋은 품질의 옷을 저렴한 가격에 구매하기 원하고 과거와 달리 대량 고객화 개념이 도입됨에 따라 고객들은 더 이상 비싼 가격을 지불하지 않아도 자신에게 맞춤화된 옷을 주문할 수 있게 되었기 때문이다. 그리고 정보시스템의 발달로 자신에게 맞춤화된 옷을 더 빠르게 인도 받을 수 있게 되었다.

과거 맞춤형 양복 회사의 프로세스는 다음과 같았다. 고객이 매장에서 자신이 원하는 디자인과 치수 등의 정보를 제공하면 매장에선 공장 측에 이 데이터를 제공한다. 그리고 공장에선 이 데이터를 기반으로 옷감 등의 원자재를 공급자로부터 구매해서 양복을 만들고 그것을 매장에 보내준다. 그리고 매장에선 이 제품을 고객에게 인도한다.

그림 1.4 과거 맞춤형 양복 회사의 가치 사슬

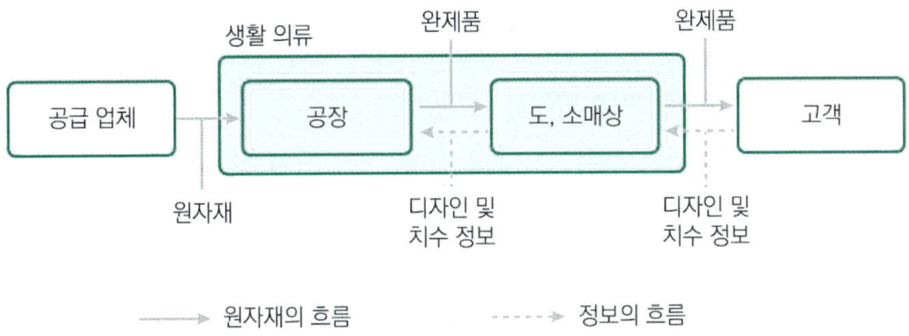


그러던 중, 이른바 시스템 주문(System Order)이라는 전산화된 주문 시스템을 개발하여 이를 프로세스에 도입하기 시작했다. 이 방식은 디자인과 치수를 측정하는 것은 국내 매장에서 그대로 하되, 고객이 선택한 디자인과 치수 정보를 정보시스템을 통해 아웃소싱(Outsourcing)한 중국 공장으로 바로 전송하여 제작을 한다. 해당 공장에서는 전송 받은 디자인과 치수에 맞게 제작한 다음 완성된 의류를 별도의 도, 소매상을 거치지 않고 물류 회사를 통해 고객에게 직접 전달한다. 시스템 주문의 도입으로 인해 양복 회사의 프로세스는 [그림 1.5]와 같이 변화하게 된다.

그림 1.5 시스템 주문을 통한 의류 산업의 새로운 가치 사슬

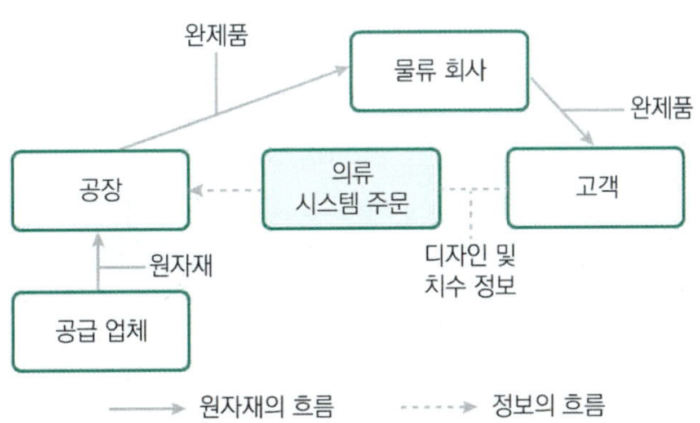

[그림 1.4]와 비교하면 오랜 경험과 노하우가 배인 패턴과 그것들의 조합을 시스템상에 구현하여 매장을 방문한 고객의 맞춤양복에 대한 요구를 반영하고 경쟁력이 떨어지는 제조부문을 해외에 아웃소싱하여 제품단가를 십분의 일로 낮추는 혁신을 이룬 것이다. 이때 중국에 바로 주문을 할 수 있는 것은 전산화 즉, 정보시스템의 역할이 크다. 즉, 정보시스템의 발전 역시 기존의 프로세스 개선에 크게 기여할 수 있다.

정보시스템의 중요성을 보여주는 하나의 사례를 더 살펴보자. 소위 홈플러스로 알려져 있는 테스코(Tesco)는 지하철 선릉역에 스마트폰 기반 가상 스토어를 열었다. 이 매장은 통근자들을 위한 매장인데, 지하철역 광고판 등에 설치된 상품 사진에 바코드나 QR코드를 부착한 뒤 소비자들이 스마트폰에 설치된 인식기를 갖다 대면 상품정보가 입력되고 이를 온라인상으로 구매하면 일선 매장에서 집으로 배송해주는 시스템이다. 이 사례를 보면, 모바일기술과 이미 개발된 바코드, QR기술을 활용하여 물리적 형태를 갖춘 매장에 오기 힘든 통근자들을 통해 추가적인 수익을 확보할 수 있다.

그림 1.6 테스코(Tesco)의 가상 매장 전경

출처: 부산일보(http://www.busan.com/view/busan/view.php?code=20110826000090)

## 나. 사회 발전에 따른 경제 시스템의 발전

산업화 사회 이전에는 기술이 많이 개발되어 있지 않기 때문에 주어진 자연 환경을 최대한 활용해야 했다. 그래서 농업과 광업이 주된 산업이었고, 그렇기에 강한 근력이 요구되는 사회였다. 주로 부족이나 작은 마을을 위주로 사회 활동이 이루어졌고, 힘이나 권력이 강한 자 순서대로 서열이 정해지는 전통적인 권위주의 사회였다. 그리고 기술이 별로 없었기에 수작업으로 만들 수 있는 간단한 도구를 활용했다.

산업화 사회에 이르면, 노동의 분업과 기계도입을 통한 자동화가 이루어졌다. 그렇기에 생산에 필요한 환경을 조성하는 것이 중요하며, 제품 생산이 주된 업무가 되었다. 그리고 기계가 대부분의 일을 하기 때문에 사람의 역할은 기계를 잘 관리하는 것이었다. 산업화 사회에 이르러 개인주의가 활성화되었고, 개개인이 보유한 제품의 양이 주된 삶의 척도였다. 또한 관료주의적인 계층 사회가 형성되었다.

산업화 이후 정보화 사회가 도래하면서 정보기술이 주된 역할을 하게 되고, 서비스 산업이 주된 산업으로 자리잡게 된다. 그리고 사람의 노동력이 예술, 창조, 그리고 지식 관련 분야로 활용되고, 이른바 웰빙이라 불리는 삶의 질, 교육 수준, 그리고 레크리에이션 등이 삶의 척도가 된다. 그리고 상호 의존적 사회가 되며, 인터넷, SNS기술 등의 발달로 글로벌 사회가 되었다.

즉, 사회가 발전됨에 따라 점차 서비스업이 주된 산업으로 자리잡게 되며, 물리적인 기술에서 정보 집약적 기술이 강조된다.

## 다. 제품 중심 패러다임과 서비스 지배 논리(Service Dominant Logic)

과거에는 서비스가 단지 성공적인 거래를 지원하는 부수적인 수단으로만 여겨졌다. 즉, 상품 가치를 조금 높여주는 정도의 역할로만 인식하였고 이를 상품 중심 패러다임이라 한다.

그러나 서비스업이 발전되면서, 기존의 상품 중심 패러다임 논리와는 반대로 '서비스가 모든 가치 창출의 중심이며, 물리적 상품은 서비스의 일부를 구성하는 요소다'라는 관점의 변화가 촉발되었고, 이를 서비스 지배 논리(Service Dominant Logic)라고 한다.

그림 1.7 서비스 지배 논리

| | 전 제 |
|---|---|
| FP1 | 서비스는 교환의 기본 단위이다. |
| FP2 | 서비스는 매개가 되는 제품이나 기타 수단을 통해 간접적으로 전달이 가능하다. |
| FP3 | 제품이 사용될 때 서비스 가치가 창출된다. |
| FP4 | 주체적 자원이 경쟁 우위의 근본이다. |
| FP5 | 모든 경제는 서비스 경제다. |
| FP6 | 고객은 항상 가치의 공동 창출자다. |
| FP7 | 기업은 가치를 직접 전달할 수는 없으며 단지 가치를 제안할 뿐이다. |
| FP8 | 서비스 중심 관점은 내재적이며, 고객 위주의 관계를 지향한다. |
| FP9 | 모든 사회 및 경제의 주체들은 자원 통합자이다. |
| FP10 | 가치는 언제나 수혜자의 각기 다른 경험을 통해 생성된다. |

출처: Vargo and Akaka (2009)

[그림 1.7]은 Service Science지에 소개된 서비스 지배 논리의 전제를 담고 있다. FP1은 서비스는 거래의 기본이라는 것으로 서비스의 가치가 발생하는 방법을 담은 FP3와 모든 경제가 서비스 경제라는 FP5로 이어진다. 그리고 FP6를 살펴보면, 고객은 가치 생산에 함께 참여한다는 것으로 이는 기업으로 대표되는 생산자가 유일한 가치 생산자로 여겨지는 기존의 경제 관점과 반대되는 점이며, 고객이 서비스 제공자와 상호작용함으로서 가치 생산에 직, 간접적으로 참여함으로서 본질적으로 서비스는 상호관계 지향적임을 보였다. FP9를 살펴보면, 모든 사회적 경제적 참여자는 자원통합에 기여한다는 것으로, 단순히 기업만이 아니라 고객들 역시, 서비스 제공을 위한 공동 창조에 기여할 수 있다는 것이다.

## 라. 객체적 자원과 주체적 자원

서비스 지배 논리에도 소개 된 바와 같이, 서비스 산업이 중심이 됨에 따라 자원에 대한 관점 또한 바뀌었다. 자원은 크게 객체적 자원(Operand Resource)과 주체적 자원(Operant Resource)으로 구분되는데, 객체적 자원은 제품을 생산하기 위한 유형의 자원을 의미한다. 예를 들어 의자를 만들기 위해 소비되는 나무가 객체적 자원이다. 주체적 자원은 사람이 지닌 지식이나 기술을 의미한다.

제조업이 강세이던 시절에는 '객체적 자원(Operand Resource)이 많아야 좋다'라는 인식이 지배적이었다. 고도로 표준화된 제품들을 대량 생산하기 때문에 지식이나 기술의 창의성보다는 원자재를 더 많이 구비하고 있는 것이 더 강조되었던 것이다. 그러나, 서비스 산업이 중심이 되면서, 주체적 자원으로 이목이 집중되었는데 이러한 자원들은 무형이기 때문에 재생산이 용이할 뿐만 아니라, 객체적 자원을 이용하여 보다 더 큰 가치를 창출 할 수 있게 도움을 준다.

## 마. 정보 교류와 세계화

정보의 교류에 있어서는 바다나 산 같은 물리적 지형에 영향을 받진 않는다. 세상은 편평하기 때문이다(World is flat!). 그러나 언어, 관습, 문화 그리고 관계에 의해서는 영향을 받는다. 서비스의 경우, 언어, 문화 그리고 역사에 영향을 받는데, 예를 들어 언어는 서비스의 세계화를 저해하는 결정적 요소이다. 세계적인 아이돌그룹 BTS가 전혀 영어소통이 안 되는

그림 1.8 전세계에서 가장 많이 쓰이는 언어 순위

| 언어 | 언어를 사용하는 대략적인 사람 수 |
|---|---|
| 1. 중국어(만다린어) | 1,075,000,000 |
| 2. 영어 | 514,000,000 |
| 3. 힌디어 | 496,000,000 |
| 4. 스페인어 | 425,000,000 |
| 5. 러시아어 | 275,000,000 |
| 6. 아라비아어 | 256,000,000 |
| 7. 벵골어 | 215,000,000 |
| 8. 포르투갈어 | 194,000,000 |
| 9. 말레이-인도네시아어 | 176,000,000 |
| 10. 프랑스어 | 129,000,000 |

출처: Ethnologue, 13th Edition and other sources

경우를 상상이나 할 수 있을까?

[그림 1.8]은 현재 전 세계적으로 가장 많은 인구가 쓰는 언어들의 통계다.

1위는 중국어인데, 중국의 경우 자체 인구가 매우 많기 때문에 실질적으론 영어가 전 세계적으로 널리 쓰이는 언어라 할 수 있겠다. 이 외에는 힌디어, 스페인어, 러시아어 등이 뒤를 잇고 있다.

그림 1.9 전 세계에서 활용되는 언어 분포

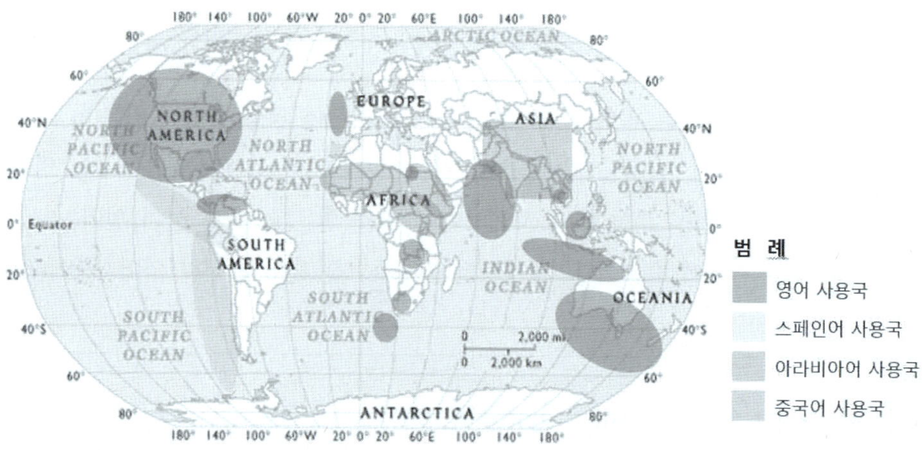




[그림 1.9]는 각 나라 별로 어느 언어를 사용하는가를 나타낸 도표다. 중국어의 경우 가장 많은 인구가 사용하는 언어지만, 그 사용자가 중국으로 한정되어 있다. 반면, 영어의 경우 북아메리카주, 유럽, 오세아니아 등 넓은 지역에 걸쳐서 사용되고 있다.

즉, 정보의 교류와 더불어 언어나 문화적인 차이, 그리고 그 나라의 역사 등은 세계화의 수준에 영향을 미친다. 앞서 도표에서 살펴본 바와 같이 영어는 다양한 나라에서 쓰이고 있는 개방적인 언어다. 반면 중국어는 중국과 그 인접국에서만 활용하는 지역화된 언어다. 비슷한 예로 스페인어는 멕시코나 남아메리카 대륙 등에서 널리 쓰이지만, 유럽 지역에서 쓰이는 고유 언어나 아라비아어, 러시아어, 인도어 그리고 아시아계 국가에서 쓰이는 고유 언어는 해당 지역을 중심으로 쓰이는 지역화된 언어라 할 수 있다.

그러면 어떤 서비스가 언어, 문화, 역사적 장벽을 넘어서 먼저 세계화를 이룰 것인가? 간단하고 범용적인 서비스가 우선적으로 세계화될 것이다. 그 예로는 물류업이나, 금융 등이 있다. 한때 우리나라가 물류와 금융의 세계적안 허브가 되고자 했던 정책의 방향성은 이런 관점에서는 올바른 것이었다고 할 수 있겠으나 실행방안은 몹시 부족한 양상이다. 이런 가운데 우리에게 희망을 주는 세계화의 좋은 예로 우리에게 익히 잘 알려져 있는 난타(Nanta)공연을 들 수 있다.

난타의 사전적 의미는 마구 때리는 것이다. 그러나 이 공연에서의 난타는 다양한 생활잡화 등을 악기 대신 활용하여 비트 위주의 퍼포먼스를 펼치는 공연예술을 뜻하며, 요리사들이 등장하여 요리를 준비하면서 일어나는 사건을 몸짓과 리듬으로 표현한다. 본 공연은 한국에서 처음 기획되고 공연이 된 이후, 2003년 미국 브로드웨이에서 초연하고 그 이후로 43개국에서 공연을 하는 등 성공적인 흥행을 이끌어냈고, 한국을 대표하는 무대컨텐츠가 되었다.

그림 1.10 난타(Nanta) 포스터와 공연장면

출처: 난타 공식홈페이지(www.nanta.co.kr)

이 공연이 성공할 수 있었던 것에는 다양한 분석이 있지만, 보편적으로 한국적인 리듬에 서양의 뮤지컬 형식을 접목시켰다는 점, 그리고 요리라는 인류 보편적으로 즐길 수 있는 소재를 채택한 점이 언급된다. 그러나 무엇보다도 이 공연에는 한국말의 사용이 최소화된 점이 전 세계 관객을 상대할 수 있게 하는 포인트다.

정리하면, 성공적인 세계화를 위해 문화적인 패턴, 그리고 대사를 최소화하고 리듬으로만 표현하여 언어장벽을 해소하였고, 요리라는 범용적인 문화적 소재의 활용이 결합된 것이라 할 수 있겠다.

## 3 Service Operations Management의 개념

본 서적의 주제는 서비스 오퍼레이션스 관리(Service Operations Management)이며, 이는 서비스(Service)의 오퍼레이션스(Operations)를 관리(Management)한다는 것이다. 그러므로 오퍼레이션스 관리(Operations Management)의 개념을 우선적으로 알아야 하며, 서비스의 정의를 함께 살펴봄으로서 서비스 오퍼레이션스 관리의 개념을 정의한다.

### 가. 오퍼레이션스 관리의 개념

오퍼레이션스 관리를 간략하게 표현하면 제품이나 서비스의 생산과 전달을 관리하는 것을 의미하며, 이를 위해 주어진 투입물을 완성된 제품과 서비스로 변환하고, 이를 최종 고객에 이르기까지의 전달 과정을 설계하고 구성하는 것이다.

보다 구체적으로, 오퍼레이션스 관리란 제품이나 서비스를 생산하는 프로세스 내에서 필요한 원자재, 그리고 그것을 수행할 인적 자원, 정보 그리고 기술 자원 등의 변환과정을 관리하는 포괄적인 개념이다.

#### a. 프로세스 관점에서의 오퍼레이션스 관리

오퍼레이션스 관리의 개념을 다음과 같은 시스템적 관점으로도 볼 수 있다. 시스템이란 특정한 목적을 달성키 위해 그와 관련된 여러 하위시스템들이 상호작용하는 유기적 집합체로, 앞서 설명했던 오퍼레이션스 관리의 개념에 적용할 수 있으며, 특정한 목적이 제품이나 서비스의 효과적인 생산 전달 및 가치창출이라면, 그를 달성키 위한 투입요소들은 인적자원, 정보 그리고 기술 자원 등이라고 대입해 볼 수 있다. 그렇다면 시스템이 잘 작동하려면 어떻게 해야 할까? 바로 시스템을 구성하는 하위시스템들을 통합적으로 관리하면 되는 것인데, 이를 통틀어 프로세스 관리라고 한다.

프로세스 관리란 투입물을 산출물로 변환시키는 방법을 선택하고 관리하는 것으로서, 인력과 장비의 적절한 배합, 그리고 생산 과정에서 어떤 부분에 인력을 투입하고 어떤 부분은 기계 설비를 통해 자동화를 구현할 것인지 또한 이들의 구체적인 운영은 어찌할 것인지 등 제반 의사결정들을 관리하는 것으로 무엇보다 현재 기업이 가지고 있는 경쟁전략과 일관성이 있어야 한다.

프로세스는 또한 고정적이지 않다. 급변하는 기업 환경 속에서 기존의 프로세스가 더 이상 성공적으로 작동하지 않는 경우가 많은데, 그렇기에 지속적인 프로세스 개선이 필요하고, 이를 위해 산출물이 나온 시점에서 지속적인 피드백을 통해 다음 작업 시 투입물 단계에서 이를 반영하고 더 나은 산출물이 나오게끔 하는 것이다.

### b. 효과적인 오퍼레이션스 관리를 위한 조건

오퍼레이션스 관리는 원자재를 효율적으로 구매하는 구매부서, 그리고 자금을 조달하는 재무부서, 원자재를 이용하여 생산하는 인력을 관리하는 부서, 생산에 필요한 기술을 담당하는 기술부서, 그리고 완제품에 대해 시장에서 판매를 담당하는 마케팅 부서 등 많은 기능적 부문과 관련이 있다. 그렇기에 이러한 주변의 부서들이 프로세스를 중심으로 통합관리될 필요가 있으며, 그렇기에 각 조직들을 조정하고 의사소통을 활발히 하는 것이 무엇보다 중요하다.

## 나. 서비스의 정의와 몇 가지 오해들

서비스란 무엇일까? 서비스엔 다양한 정의가 있지만 Zeithaml과 Bitner는 서비스는 행위, 프로세스 그리고 성과라고 정의했다. Fitzsimmons의 경우, 서비스는 공동 생산자 역할을 하는 고객을 위해 수행되는, 시간이 지나면 소멸되는 무형의 경험이라고 정의했다.

무형의 서비스에 대해서 몇 가지 근거 없는 믿음이 있다.

우선 서비스는 무료라는 것이다. 은연중에 덤으로 주는 것에 대해 서비스라는 단어를 많이 쓰다 보니 생긴 오해인데, 서비스는 무엇인가를 구매했기 때문에 덤으로 주는 것이지, 그냥 서비스를 달라고 하면 들어주지 않을 것이다. 그리고 정보화 사회가 되면서 정보집약적 서비스가 활성화됨에 따라 서비스는 더 이상 무료가 아니다.

두 번째는 서비스는 저속하다는 것이다. 그러나 당장 의료 서비스나 교육 서비스의 예를 보더라도, 서비스는 저속한 것이 아니라는 것을 알 수 있다.

세 번째는 서비스는 자본 집약적이지 않다는 것이다. 그러나 은행업, 수송업 그리고 통신업 등을 살펴보면 알 수 있듯, 어떤 서비스는 자본 집약적이다.

네 번째는 서비스직은 급여가 낮다는 것이다. 과거 제조업이 주를 이루던 때에는 이 말이 맞을지 모르나, 최근에는 서비스직 종사자가 늘어나면서 더 이상 맞는 말이 아니게 되었으며, 대표적으로 금융업에 종사하는 이들의 급여는 매우 높다.

마지막으로는, 일본과 독일은 그들의 제조시스템으로 유명하다는 것이다. 일본의 경우 Toyota로 대표되는 기업 문화를 바탕으로 한 품질 관리 신화를 만들어낸 바 있다. 2011년 독일은 인더스트리 4.0을 발의하고, 전통적인 제조업을 바탕으로 IT 시스템을 결합하여 새로운 변화를 모색하고 있다. 즉, 일본과 독일의 제조시스템이 유명한 것은 맞지만, 서비스 없이 비즈니스가 이루어 질 수 있다는 의미는 아니다. 제품도 서비스의 옷을 입을 때 비로소 완전해지는 것이다.

## 다. 서비스 산업의 구분

서비스 산업을 살펴보면 서비스 제공 주체, 서비스의 성격에 따라 [그림 1.11]과 같이 구분이 가능하다.

정부는 군, 교육, 경찰 업무와 같은 공공 서비스를 제공하며, 통신, 운송, 은행업과 같은 인프라(기반) 서비스들이 있다. 이 외에 금융, 리스, 보험 등 부가가치 서비스들이 있으며, 제조업 역시 회사 안의 재무, 회계, 법률 그리고 R&D나 설계와 같은 서비스 역할을 수행하는 부서가 존재한다. 그리고 제조업을 보조하는 컨설팅, 감사, 광고, 폐기물 처리 등의 서비스가 존재하며, 제조업체나 개별 고객에게 물건을 판매하는 도/소매 서비스역시 존재한다.

그리고 최근 개인화된 서비스의 수요의 증대에 따라 헬스케어, 외식업, 그리고 호텔 서비스 등도 자리매김하고 있다.

그림 1.11 서비스 산업의 분류

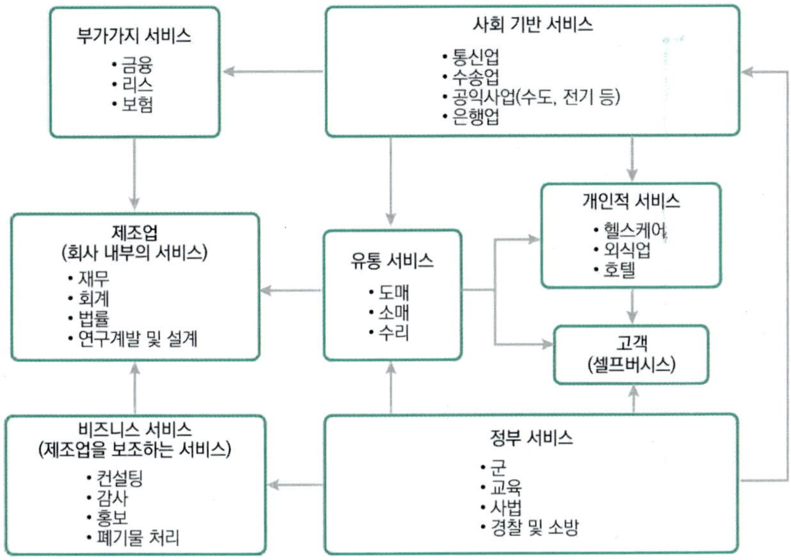


출처: Quinn and Guile (1988)

## Takeaways

- 전 세계적으로 서비스업이 경제에 차지하는 비중은 증가하고 있으며, 특히 한국은 정보 집약적 서비스의 비중이 높아지는 모습을 보인다.
- 서비스 오퍼레이션스 관리는 서비스의 오퍼레이션스를 관리하는 것으로, 오퍼레이션스 관리란 제품이나 서비스를 생산하는 과정에서 필요한 원자재, 인적 자원, 정보 그리고 기술 등의 투입요소들을 변환하는 프로세스를 통합 관리하는 포괄적인 개념이며 부서 간 의사소통을 프로세스를 중심으로 활발히 하는 것이 무엇보다 중요하다.
- 서비스는 제공 주체, 제공 방식에 따라 다양하게 분화되며, 최근 개인화된 서비스의 수요가 증가함에 따라 개별 고객에게 맞춤화된 헬스 케어, 호텔 서비스 등 새로운 서비스가 지속적으로 등장하고 있다.

## Reference

Karmarkar, U. S. and U. M. Apte (2007). "Operations management in the information economy: Information products, processes, and chains." *Journal of Operations Management*25(2): 438–453.

Porat, M. U. and M. R. Rubin (1977). *The information economy*, Department of Commerce, Office of Telecommunications.

Quinn, J. B. and B. R. Guile (1988). *Technology in services: Policies for growth, trade, and employment*, National Academies Press.

Vargo, S. L. and M. A. Akaka (2009). "Service–dominant logic as a foundation for serv–ice science: clarifications." *Service Science*1(1): 32–41.

# Service Nature

CHAPTER

02

# 서비스의 개념 및 특징

(Service Nature)

CHAPTER 02

# 서비스의 개념 및 특징 (Service Nature)

본 장에서는 기존의 제조업과 대비되는 서비스업의 특징, 그리고 위기관리를 위한 서비스 프로그램 중 하나인 서비스 보증의 개념을 소개하며, 기업 사례를 통해 이해를 증진한다.

## 1 서비스의 특징

### 가. 서비스의 특징

다양한 분류가 가능한 서비스가 일반적으로 공유하고 있는 특징들은 무엇일까? 서비스는 [그림 2.1]과 같이 7가지 특징을 지니며, 지금부터 서비스의 특징을 하나씩 살펴보자.

그림 2.1 서비스의 특징

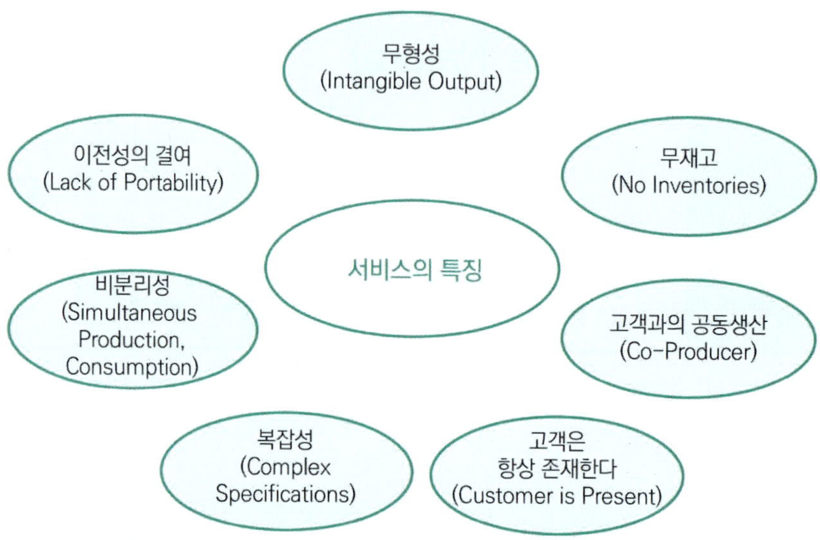


a. 무형성과 복잡성(Intangible Output and Complex Specifications)

우선 무형성과 복잡성이다.

서비스의 측정이 어렵고, 사양을 정의하기 복잡한 것의 가장 큰 이유는 서비스가 무형성을 띄기 때문이다. 그렇기에 성과지표를 구축하기 어렵고, 지표 구축이 어려워지기 때문에 생산성 비교와 벤치마킹 역시 어렵다. 그리고 최종적으로 생산되는 산출물을 눈으로 확인하기 어렵기 때문에 투입물에 더 집중하는 경향이 있으며, 고객과의 커뮤니케이션 역시 어려워진다.

마찬가지로 무엇이 고객에게 제공되는지 의견이 수렴되기 어려우며, 고객은 서비스 기업에 대한 평판에 의존해야 한다. 즉, 고객은 서비스를 이용하기 전에 그 기업의 평판에 의존하고, 모종의 기대 수준을 형성하게 된다. 이 점에 착안하여 만들어진 서비스 품질 평가 모형 중 SERVQUAL이란 모형이 있다. 이 모형은 고객이 서비스를 받기 전 기대했던 수준과 실제 서비스를 받고 난 이후의 인식간의 격차를 통해 서비스 품질을 평가한다고 해서 Gap Model이라고도 한다. 이 때 Gap은 '기대 수준－인지된 서비스 수준'으로 평가한다.

특히 서비스를 평가하는데 고객의 기대 수준을 관리하는 것이 중요한데, 예를 들어 당신은 고기집에 가고 싶은데, 가기 전에 그 가게에 대해 여러 정보를 수집하게 된다. 고기집을 가본 사람에게 물어보거나 길을 가면서 가게 풍경을 보는 등 여러 정보를 모으게 된다. 그리고 실제로 가보았는데 처음엔 가게가 허름해서 큰 기대를 안 했는데 실제로 먹어보니 매우 맛있었다. 이 경우 기대치와 비교했을 때 높은 수준의 서비스를 받았으므로 기대와 인지된 서비스의 차이인 Gap이 매우 낮다. 반대로 이 고기집이 겉보기엔 긴 줄을 형성하는 등 기대를 많이 하게 되었는데 실제 맛은 별로인 경우 고객은 실망하게 되고, 이 경우 기대와 인지 된 서비스 수준 간 Gap이 매우 크다고 할 수 있다. 즉, 기대 수준과 인지된 서비스 수준 간 Gap이 낮을수록 실제 서비스 품질 역시 훌륭하다고 볼 수 있으며, Gap이 클수록 그만큼 서비스 품질이 낮다고 해석할 수 있다.

b. 무재고(No Inventories)

서비스의 다른 특징은 재고를 축적하지 않는다는 것이다. 재고가 생기는 이유는, 수요와 공급이 늘 동시에 일어나는 것이 아니기 때문에 수요의 변동성에 대응하기 위해 생산자는 재고를 구비해둔다. 그리고 그 재고를 생산하고 관리하는 비용은 생산자가 지불한다. 반면, 서비스는 재고 대신 대기행렬이 생긴다. 서비스를 제공할 수 있는 인력이나 자원은 한정되어 있는데, 고객이 서비스 제공 능력 이상으로 서비스 시스템에 들어오면, 모든 고객이 서비스를 동시에 받을 수는 없으며 반드시 대기하는 인원이 생기게 된다. 그리고 서비스를 받기 위해 대기하는 시간, 인내심 등의 비용은 고객이 부담하게 되며 결국은 생산자의 불이익으로 돌아오게 된다. 무재고 시스템의 특성을 생산의 관점에서 보면 다음과 같다.

생산시스템은 크게 Level Production시스템과 Chase Production시스템으로 나누어 볼 수 있는데 Level Production시스템에서는 생산율을 변동시키지 않고 생산하므로 생산율 변동시키는 비용을 절감할 수 있는 반면 재고를 유지해야 하는 단점이 있고 Chase Production시스템은 무재고 시스템이나 생산율 변동을 통하여 비용이 발생한다. 또한 생산능력 수준을 Level Production시스템에서는 생산 수준보다 약간 크게 잡으면 되지만, Chase Production 시스템에서는 생산능력 수준을 생산의 최고치에 맞추어야 하므로 가동률이 떨어지는 단점이 있다.

서비스의 생산은 무재고 시스템이므로 Chase Production시스템을 사용하므로 재고비용은 절감할 수 있으나 생산율 변동비용 과다 및 생산능력의 가동률 저하를 경험하게 된다.

제조업과 달리 수요의 변동성에 대해 재고라는 수단으로 대처할 수 없기 때문에, 서비스 프로세스는 공급과 수요의 변동성에 영향을 받게 되고, 재고 대신 대기 행렬이 생기므로 이를 관리할 필요가 생긴다.

수요가 계절성을 띄는 경우가 수요의 변동성의 한 예인데 서비스 제공 능력을 최대한으로 마련해 두어야 대기 시간의 관리가 가능해진다. 예를 들어 여름휴가 시즌에는 여행을 가려는 사람들이 폭발적으로 증가하는데, 해당 시즌에는 단기 아르바이트생을 더 고용하거나, 기존의 직원들의 역할을 재설정해서 보다 바쁜 부서로 인력을 재할당 하는 등 인력 배치에도 유연성이 요구된다. 다른 한편으로는 수요의 변동성 관리가 필요한데 이를 위하여 가격 정책(Seasonal Discount)이나 예약제도(Reservation System)를 통하여 높은 수준의 수요를 분산시킬 수 있다.

### c. 이전성의 결여(Lack of Portability)

서비스는 제조업과 달리 이전성이 결여된다. 제조업의 경우 재고로 구비한 물건을 고객에게 인도하면 되지만, 서비스의 경우 고객이 서비스를 받기 위해 서비스 제공자에게 가야 한다.

따라서 서비스는 3자 유통채널이나 다중 브랜드 믹스를 활용할 수 없다. 그리고 이동을 할 수 없다는 특징 때문에 시장으로부터 먼 곳에서 서비스 생산을 집중시킬 수 없는데, 이는 고객이 매장에 와야 서비스의 생산이 일어나는 서비스의 특성 상 규모의 경제를 포기해야 한다는 것을 의미한다.

그래서 서비스 제공자들은 여러 지역에 서비스를 이용할 수 있는 지점(Branch)들을 설립하여 체인 스토어 경쟁(Chain Store Competition)에 나서게 된다. 즉 경쟁의 단위가 개별 지점이 아니라 전체 체인 스토어 간의 경쟁으로 바뀌게 된다. 이 때 중요한 컨셉은 지점들의 위치 설정(Location Decision)이 된다.

### d. 비분리성(Simultaneous Production, Consumption)

서비스는 생산과 소비가 동시에 일어난다. 그렇기에 생산이 일어나는 곳은 소비가 일어나는 곳과 동일한 곳인 경우가 많다. 생산 프로세스는 고객에게 보여지며, 이는 고객이 서비스를 평가하는 기준 중 하나가 된다. 또한, 생산 프로세스는 소비자의 페이스에 맞춰서 진행되는데 대표적으로 식당에서 제공하는 코스요리 서비스이다. 아무리 요리를 빨리 만들어도, 고객이 아직 다 먹지도 않았는데 계속해서 가져다주지 않듯이, 서비스 생산 프로세스는 고객의 소비 속도에 맞추어진다.

그리고 제조업과는 반대로 매장의 직원들이 가장 고객과 가까운 곳에 있다. 제조업의 경우 작업장의 직원들은 직접 대면할 일이 거의 없다. 고객은 이미 제작이 완료된 물건을 소매점이나 배송을 통해 물건을 받기 때문이다. 반면, 서비스는 직원과 상호작용을 해야 하기 때문에 직원이 고객과 가장 가까운 곳에 있는 것이다.

#### e. 고객은 항상 존재한다(Customer is present)

서비스는 고객이 서비스 프로세스에서 항상 존재한다. 그러므로 서비스 생산 방침에 영향을 주며, 각 직원이 자신의 일에 전문화하여 분업화 하는 대신 고객의 다양한 니즈를 한 번에 해결할 수 있는 방향으로 업무를 진행한다. 따라서 원스탑 서비스(One Stop Service)의 중요성이 부각된다.

그리고 고객의 대기 시간이 매우 중요하게 다가오며, 고객은 서비스 제공자와 상호작용을 하고, 정보를 교환하고, 서비스를 교환하고, 다른 고객들에게 영향을 미치는 등 구전효과(Word of Mouth)의 중요성이 강조된다.

#### f. 고객은 공동 생산자가 될 수 있다(Customer may be co-producer)

서비스는 생산과 소비가 동시에 일어나며 고객이 서비스 시스템 내에 존재하기 때문에 서비스 생산에 영향을 미칠 수 있다. 고객이 참여하는 정도에 따라서 의료 서비스처럼 고객은 자신의 진단을 의사에게 맡기되, 자신의 기본적인 질병 정보를 제공하는 수동적인 참여 방식이 있고, 셀프 서비스처럼 능동적인 참여 방식이 있다. 그리고 교육처럼 서비스 제공자와 고객이 서로 함께 서비스를 생산하는 공동 생산 방식(Joint Production)이 있다. 더 자세한 내용은 '2. 서비스 패러다임' 부분에서 다루도록 하자.

### 나. 서비스의 특징 중 예외적인 사항

서비스의 특징들 중 몇 가지 변형이 있거나 예외적인 사항들이 존재한다. 우선 미리 생산이 불가능 하다는 것인데, 미리 계획된 수송 서비스의 경우 고객이 예약한 일정에 맞추어 서비스를 제공하는 것으로 이미 주문 시점에 서비스를 미리 생산한 것과 같아진다.

서비스는 무형의 산출물을 제공한다는 특징 역시 예외 사항이 있는데, 예를 들어 도랑을 파는 경우 도랑을 파는 행위 자체는 서비스지만, 그 결과물로 파여진 도랑이 남으므로 유형의 산출물이 같이 남는다. 즉, 토목 또는 건설은 서비스이지만 결과물이 남는 서비스이다.

그리고 서비스는 운반이 쉽지 않다는 점인데, 컴퓨터 코드 작성이나 리포트 작성은 그 예외가 될 수 있다.

고객의 접근에 있어서는 고객이 꼭 매장에 오지 않아도 핫 라인이나 정보 수집을 위해 인터넷으로 접속하는 등 원격으로 접근할 수 있다. 또한 고객 센터를 반드시 같은 지역 내에 설립할 것이 아니라 심지어는 다른 국가에 위치시킬 수 있다. 예를 들면 미국의 많은 고객 센터가 인도에 위치하고 있는 것을 들 수 있다.

그리고 고객이 꼭 존재하지 않아도 되는 서비스가 있다. 예를 들어 수표를 처리하는 경우, 고객이 꼭 시스템 내에 존재하지 않아도 자동으로 처리가 되기 때문이다. 우체국 서비스도 편지나 소포를 우체국에 맡기면 그 이후에 수, 배송 과정은 고객이 존재하지 않는 상태에서 이루어진다.

서비스는 그 사양을 정의하기 명확하지 않은데, 그러나 '새벽 배송' 같이 구체적으로 배송이라는 업종과 새벽이라는 시간을 제시했기 때문에 사양 정의가 비교적 명확하다고 할 수 있다.

서비스 측정의 어려움에 있어서는 전화를 통해 고객에게 서비스 만족 수준을 물어보고, 1점부터 5점 중 하나 선택 등의 정량화된 지표를 통해 서비스 수준을 측정해볼 수 있다. 또한 자동화기기 등을 통하여 서비스가 정량화 되는데 예를 들어 ATM기기, CTI(Computer Telephony Integration)를 통하여 고객 센터의 응답을 정형화 하는 스크립트 서비스(Script Service)를 예로 들 수 있다.

그렇다면 이러한 특징들이 일반적으로 서비스를 관리하는데 어떤 의미를 가지고 있을까? 시장과 경쟁에 있어서 어떤 방향성을 제시할 수 있을까? 정보 기술이 서비스에 어떤 영향을 미칠까? 어떻게 전략을 바꿔야 할까? 그리고 조직 구조에 있어 어떤 방향성을 제시할 수 있을까?

## 2 서비스 패러다임

전통적인 경제 활동은 기업이 생산적인 프로세스를 통해 제품을 시장에 내놓고, 시장에서 제품이 판매되어 그 수익을 창출하는 것으로 여겨졌다. 시장에 참여하는 기업의 수가 늘어남에 따라 기업은 시장 우위를 확보하기 위해 원가를 줄여 가격 경쟁력을 확보하고, 고품질의 제품을 생산하고, 리드타임을 최소화하는 전략을 활용해 왔다.

그러나 국제화가 이루어지고, 단일 기업이 구매부터 생산까지 모든 과정을 수행하는 것이 아닌 여러 기업들과 협력을 하게 됨에 따라, 파트너사와 공급사 역시 함께 고려하는 등 관점의 확장이 이루어졌다.

### 가. 전통적인 경제 패러다임과 구분되는 서비스 패러다임

서비스의 경우 기존의 경제 패러다임과는 달리 생산 프로세스를 Back room Process와 Front Office로 나누어 관리하는 패러다임이다. Front Office는 고객과의 접점이 형성되는 곳으로, 고객과 마케팅 활동에 초점을 맞춘다. 반면 Back Room은 고객에게 보이지 않는 곳으로 Front Office의 프로세스를 지원하는 것이 주된 활동으로 효율성과 생산성에 집중한다. Front Office와 Back Room을 구분함으로서 고객의 접근성을 Front Office에서 그대로 유지하고 Back Room을 통합하여 규모의 경제를 살릴 수 있는데 대표적인 예가 클린토피아의 서비스다.

Front Office와 Back Room Process을 구분하는 것은 프로세스의 분류와 전략 수립에 있어서 유용한 도구이지만, 불완전하고 간결하기 때문에 프로세스의 지속적 개선 역시 필요하다. 다음 예시를 통해 살펴보자.

[그림 2.2]는 고객이 식당에서 주문을 하고 음식을 제공받기까지의 프로세스를 도식화한 것으로 서비스 청사진(Service Blueprint)이라고 한다. 서비스 청사진은 일종의 프로세스 맵(Process Map)으로서 서비스의 설계 및 관리를 위해서 활용될 수 있다. 이 예시에서 Front Office는 고객과의 만남이 이루어지는 곳으로 고객에게 주문을 받고, 고객이 주문한 음식을 제공하는 것이다. 반면, 주방에서 주문을 받고 요리사가 고객이 주문한 음식을 빠르고, 맛있게 요리를 하고 그것을 직원에게 전달하는 것은 고객이 보지 못하지만 효율성과 생산성이 주

그림 2.2 Front Office와 Back room Office 예시(음식 주문)

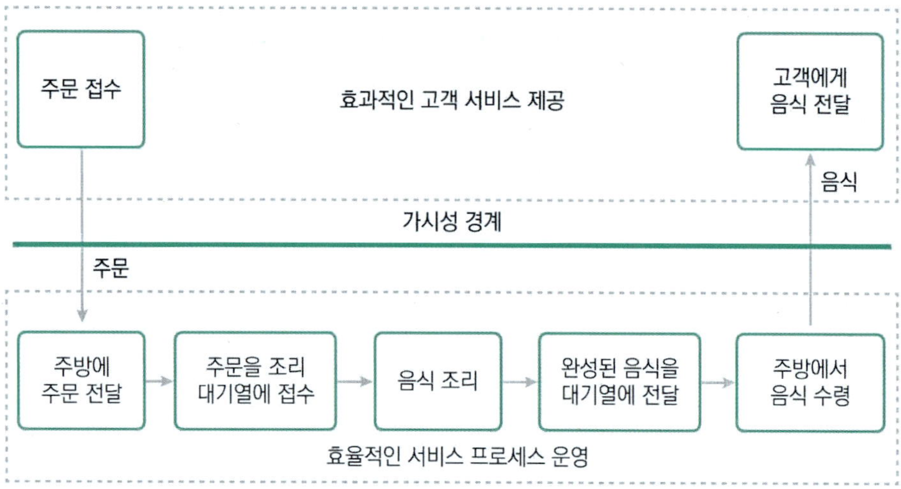


된 역할을 하는 곳으로, Back Room Process다. 고객이 볼 수 있는 경계선을 가시성 경계라고 하는데 예컨대 식당에서 고객은 주방, 창고 등의 프로세스를 관찰할 수 없다. 예외적인 경우로 패스트푸드 체인점의 운영에서는 주방의 청결도를 과시하기 위하여 Back Room을 볼 수 있기도 하다. Front Office를 Back Room보다 위에 위치시키는 것은 Front Office의 중요성을 강조하기 위함이다. 가시성 경계를 이동시킴으로서 새로운 서비스를 창출할 수 있는데 예를 들면 가시성 경계를 위로 올리면 테이크아웃 서비스(Take Out Service)가 되고, 밑으로 내리면 베니하나 같은 철판구이집의 서비스를 만들어 낼 수 있다.

베니하나는 미국에 존재하는 철판구이 요리집으로 요리사가 쇼와 함께 음식을 고객 앞에서 직접 조리해서 전달하는 서비스이며 주방 기능의 상당 부분을 Front Office로 이전함으로서 공간 활용률을 높이고 흥미를 더해주는 서비스를 창출한다.

그림 2.3 베니하나의 서비스 제공 모습

출처: Wikipedia

그림 2.4 Front Office와 Backroom Office 예시(호텔)

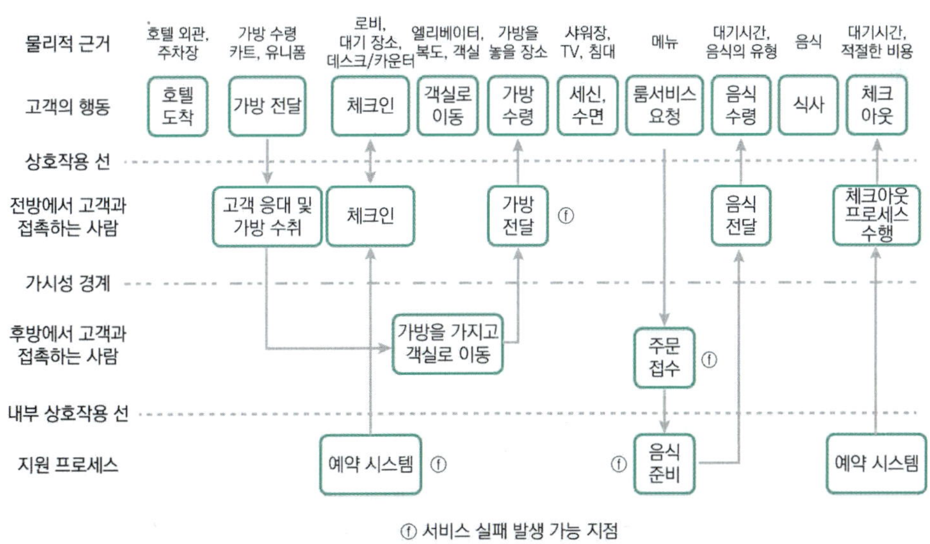


출처: Bitner (1993)

하나의 예를 더 살펴보자. [그림 2.4]는 고객이 호텔에 도착하여 머물고, 최종적으로 떠나기까지의 과정을 도식화 한 것이다.

먼저 고객이 도착하면 직원에게 가방을 넘겨주고 체크인 절차를 밟고 자신의 객실로 향한다. 그 과정에서 고객이 만나는 직원은 두 사람으로 가방을 방으로 옮겨주는 사람과 체크인을 진행하는 직원이다. 고객은 가방을 받는 직원이 가방을 받는 것까지는 볼 수 있지만 가방을 옮기는 것까진 보지 못한다. 그리고 체크인 절차를 밟을 때도 전산 시스템을 활용하여 체크인이 이루어지는데, 고객은 시스템이 어떻게 작동하는지는 보지 못한다.

이제 고객은 방에 도착했다. 잠시 후 직원이 도착해서 가방을 전달해준다. 그리고 잠시 취침을 한 후, 식사를 위해 룸서비스를 신청한다. 보통 룸서비스는 전화를 통해 주문하므로, 직원을 직접적으로 보지 못한다. 그리고 고객이 보이지 않는 어느 장소에서 음식이 준비되고, 직원을 통해 음식이 배달된다. 고객은 음식을 주문하고 받을 때 까지 딱 한번, 자신의 음식이 방에 배달될 때 직원과 만나는 것이다. 호텔에서 머무르는 시간이 지나면 고객은 체크아웃을 하고 떠난다. 체크인 때와 마찬가지로 직원이 체크아웃을 도와주지만, 그 기저에는 전산화된 시스템이 작동을 함으로서 고객은 체크아웃 절차를 마치고 호텔을 떠난다.

이 예시에서 [그림 2.4]의 가시성 경계를 기준으로 고객과 상호작용하는 Front Office와 고객이 볼 수는 없지만 효과적인 서비스 제공을 지원하는 Back room 오퍼레이션으로 구분된다. 고객과 상호작용이 일어나는 Front Office는 효과적인 서비스 제공이 중요한데, 이를 위해 Back room 오퍼레이션에서 효율적인 서비스 프로세스 운영을 통해 Front Office를 지원해야 한다.

### 나. 고객과의 공동 생산(Joint Production)

고객의 목소리에 집중하여 그들의 니즈를 보다 효과적으로 반영하는 것이 기업의 경영성과에 긍정적인 영향을 미친다는 점은 이미 많은 연구와 사례를 통해 밝혀졌다. 그런데 서비스 분야에서는 이 명제가 보다 각별한 의미를 갖는데, 앞서 서비스의 특징 중 서비스의 생산과 소비는 동시에 일어나며 고객이 서비스 시스템 내에 항상 존재하기 때문에 전통적인 제품 생산 관점과 달리 서비스는 고객이 서비스 생산에 특정 역할을 한다고 하였다. 이러한 고객 참여 행동에 대해 과거 다양한 연구를 통해 정의를 내렸는데, 공통적으로 고객의 능동적인 참여를 통해 기업과 상호작용함으로서 서비스 품질의 수준을 높이는 행위임을 강조하였다

(Dabholkar 1993, Bettencourt 1997, Rodie and Kleine 2000). 이 외에도 앨빈 토플러는 1980년 그의 저서에서 프로슈머(Prosumer)라는 용어를 통해 이미 고객이 소비자가 생산자와 소비자의 역할을 동시에 수행할 것이라 보았다(Toffler 1980).

공동 생산의 방식을 구체적으로 살펴보면, 생산에 관여하는 경우, Input이 되는 경우, 생산의 Input을 제공하는 경우, 그리고 고객끼리 상호작용하는 경우로 구분된다. 생산에 관여하는 경우 예를 들면, 대부분의 셀프 서비스(Self Service)가 여기 속하는 데 뷔페식당, 셀프 주유소(Self Gas Station), 셀프 세차장 등을 들 수 있다. 이 경우 고객이 프로세스에 깊이 관여하므로 고객에게 명령을 내리지 않고 간접적으로 관리하는 것이 중요해진다. 예컨대 커피 전문점의 회전율을 유지하기 위하여 고객을 쫓아내는 경우 자리를 뜰 것을 요구하기 보다는 좌석을 불편하게 만들어서 스스로 일어나게 만드는 것이 요령이 될 것이다. Input이 되는 경우의 예로는 미용실이나 이발소 서비스가 있으며 고객이 현재(present)하기 때문에 분업보다는 원스탑 서비스(One-Stop Service)의 중요성이 강조된다. 생산의 Input을 제공하는 경우의 예로는 자동차 정비나 전자제품 A/S센터가 있으며 약속된 서비스를 그대로 수행 하는 것이 중요하다. 그리고 고객끼리 상호작용하는 경우의 예로는 마켓플레이스(Market place)서비스를 들 수 있는데 이 경우 거래의 건전성을 유지하기 위하여 규칙 설정(Rule Setting)이 중요하게 된다.

신제품 개발 과정에서 고객과의 공동생산의 예를 살펴보자. 삼양식품의 '치즈불닭볶음면'은 기존 불닭볶음면에 대해 "치즈가 첨가된 불닭볶음면을 만들어 달라"는 소비자들의 요구를

그림 2.5 삼양 치즈불닭볶음면

출처: 삼양식품(https://www.samyangfoods.com/kor/brand/view.do?seq=108)

반영하여 개발되었다.

배달 중개 플랫폼으로 유명한 배달의 민족은 이른바 배민 신춘문예를 통해 고객에게 홍보 문구 아이디어를 제공 받는다. 치킨, 회 등의 음식을 소재로 한 줄 카피, 혹은 4행시 등을 통해 고객의 아이디어를 공모하고, 최종 선정된 문구를 버스 광고, 바이럴 마케팅 등에 활용함으로써 고객 참여를 통한 성공적인 마케팅 사례로 손꼽힌다.

이처럼 고객이 제품이나 서비스 생산에 일정 역할을 함으로써 기업은 고객의 니즈를 보다 효과적으로 반영한 신제품이나 서비스를 시장에 선보일 수 있으며 나아가 기업의 경영성과에 긍정적으로 기여할 수 있을 것이다.

**그림 2.6** 배민 신춘문예 역대 수상작

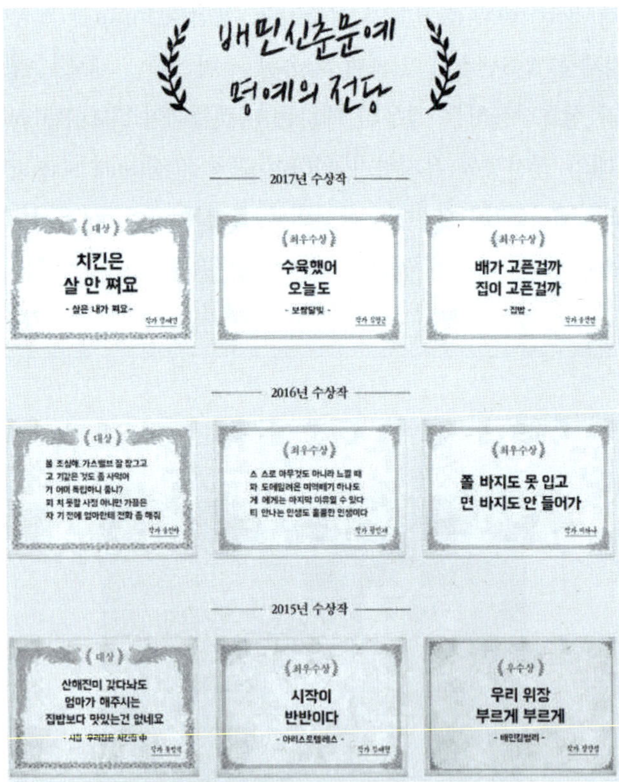


출처: 네이버 블로그(https://m.post.naver.com/viewer/postView.nhn?volumeNo=15561631&memberNo=38761711)

### 다. 고객 접점, 잠재고객과 서비스 제공비용에 따른 서비스 관리

고객과 접점 정도에 따라 서비스의 특징을 구분할 수 있는데, 고객과의 접점이 많은 서비스의 경우, 사람 대 사람으로 일어나는 활동이 많기 때문에 자동화된 서비스에 비해 효율성은 떨어진다. 그러나 고객의 마음을 사로잡아 수익 증대의 기회가 다소 존재한다. 반면, 고객과의 접점이 적은 서비스의 경우, 주로 자동화가 이루어지는 전산화된 시스템과 고객 간 상호작용이 많은데, 전산화된 시스템의 특성상 높은 효율성을 가지지만, 그만큼 마케팅 기회도 낮은 편이다. 이러한 구분은 직관적이기 때문에 빠른 분석을 할 때 용이하다.

반면 [그림 2.7]과 같이 고객이 될 가능성이 높은 잠재고객(Sales Opportunity)의 정도와 서비스 제공비용(Cost of Delivery)의 높낮이에 따라 각기 다른 서비스 전략을 고려할 수 있다.

그림 2.7 잠재고객과 서비스 제공비용에 따른 서비스 관리 전략

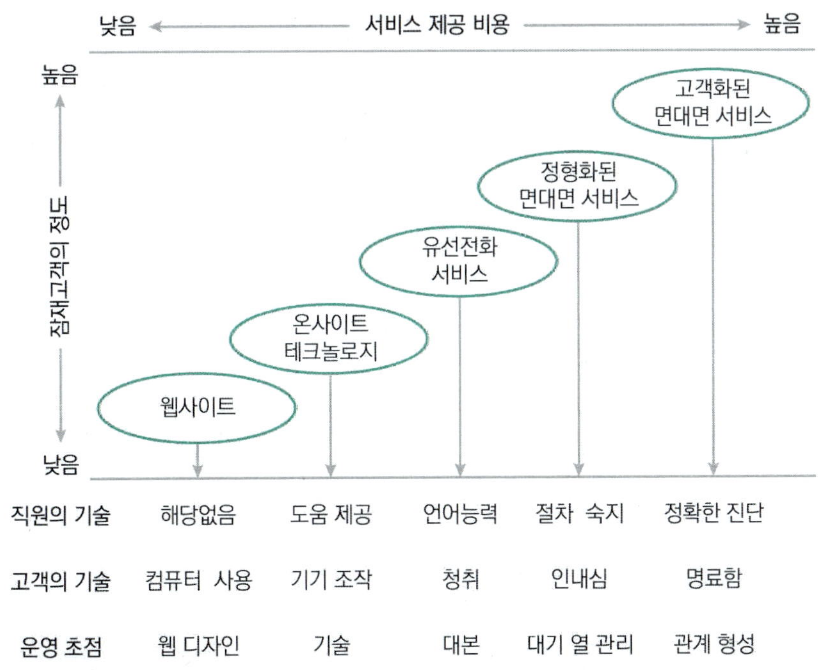


출처: Chase and Aquilano (1992)

웹사이트의 경우 서비스 제공비용이 낮은데, 웹사이트 디자인을 잘 해놓으면 고객이 알아서 접속해서 제품이나 서비스를 구매한다. 그러나 고객 역시 웹사이트에 접속해서 구비된 시스템만을 이용할 뿐이기 때문에 다른 서비스에 비해 고객이 될 가능성이 높은 잠재고객의 수 역시 적은 편이다.

온사이트 테크놀로지의 경우 은행 ATM기가 대표적인 예다. 서비스 제공자 입장에선 금융 서비스를 전산을 통해 제공하기 위한 기술력을 보유하는 것이 핵심적이다. 또한 서비스 제공자들은 기기를 잘 다룰 줄 모르는 고객을 잘 도와주는 것이 필요하며, 고객 역시 기기를 다루는 등의 기술을 스스로 수행할 수 있어야 한다.

유선 전화 서비스의 경우 잠재고객의 정도와 서비스 제공비용이 모두 중간인 서비스로, 전화를 활용해서 고객과 직접 통화하면서 서비스를 제공하는 것이다. 그러므로 어느 정도 정형화된 스크립트를 구비하고, 서비스 제공자는 명확한 발음, 화술 등이 요구되며, 고객은 서비스 제공자가 하는 말을 잘 듣는 것이 필요하다.

면대면 서비스의 경우, 사람과 사람이 직접 대면해서 서비스를 제공하는 것이기 때문에, 서비스 비용이 높으나, 그만큼 잠재고객을 고객으로 포섭할 수 있는 확률도 높다. 면대면 서비스는 그 정도에 따라 정형화된 면대면 서비스와 고객화된 면대면 서비스로 나뉘는데, 정형화된 면대면 서비스는 은행 등에서 직원이 방문한 고객에게 서비스를 제공하는 것이 대표적인 예다. 직원의 수는 한정적이지만 고객의 수는 정확한 예측이 불가능 하므로,반드시 대기가 생기는데, 그 대기 행렬을 관리하는 것이 주된 과제이며, 서비스 제공자는 서비스 진행 절차에 대한 철저한 이해가 필요하며, 고객은 자신의 순서가 오기까지의 기다림을 감내할 인내심이 필요하다.

고객화된 면대면 서비스의 경우 개별 고객에게 맞춤화된 서비스를 제공하는 것으로, 무엇보다 개별 고객과의 관계 형성이 중요하다. 병원에서 진료를 받는 것을 예로 들면, 의사는 환자의 증세를 정확하게 진단해야 하며, 환자는 의사에게 자신의 증세를 명료하게 전달해야 한다. 그리고 환자는 의사를 믿어야 하기 때문에 관계 형성이 무엇보다 중요하다고 할 수 있다.

### 라. 효과적인 서비스 관리를 위한 정보의 활용

많은 서비스에서 정보의 교환은 활발하게 일어난다. 앞서 예를 들었던 호텔 예약의 경우, 고객이 호텔을 예약하기 위해 인터넷에 접속하였을 것이고, 호텔 홈페이지에서 호텔의 서비스, 가치 등의 정보를 접했을 것이다. 그리고 고객이 호텔에 최종 예약을 할 때, 무엇을 원하는지, 언제 갈 것인지 등의 고객 정보를 호텔 측에 제공했을 것이다.

이처럼, 서비스 제공자는 고객에게 그들의 서비스, 프로세스, 그리고 제공할 수 있는 가치 등의 정보를 제공하고, 고객은 그들의 요구, 선호, 기대 사항 등을 서비스 제공자에게 제공한다. 이 외에도 고객은 그들의 개인 정보나 재정적인 정보 역시 제공한다. 그리고 이러한 정보는 기업의 데이터베이스 등에 축적되어 해당 고객이 무엇을 원했는지, 그리고 그 정보를 바탕으로 그 고객이 무엇을 원할 것인지를 예측하여 맞춤화된 서비스를 제공할 수 있게끔 하는 서비스 전략 도출에 초석이 된다.

이처럼, 정보는 이제 프로세스 설계, 전략 수립, 기술 관리, 경쟁 전략 그리고 상권 분석 등에 활용되기에, 점점 더 그 가치가 증가하고 있다. 정보가 구체적으로 어떤 방식으로 활용되는지 살펴보면 [그림 2.8]과 같이 4가지 영역으로 구분할 수 있다.

우선 고객이 실시간으로 온라인에 접속해서 하는 것들을 보면, 예약 시스템이 있다. Expedia나 Airbnb 등에서 예약을 하는 것이 이에 해당되며, MT 등을 갈 때 숙소를 찾아보면서 숙소 홈페이지에서 예약을 하는 것도 해당된다.

그 다음은 고객 충성도 프로그램이다. 이건 고객을 여러 등급으로 나누어서 각 등급별로 서비스를 차별화하는 것을 의미한다. 이는 충성 고객에게 더 많은 인센티브를 제공함으로써 더욱 충성스러운 고객으로 만드는 효과를 가져오는데, 예컨대 항공사에서는 출장을 다니는 직

그림 2.8 서비스업에서의 정보의 역할

| | 온라인<br>(실시간) | 오프라인<br>(분석) |
|---|---|---|
| 외부<br>(고객) | 진입 장벽 생성<br><br>예약 시스템, 고객 충성도 프로그램, 전환 비용 | 데이터베이스 자산<br><br>매출 정보, 서비스 개발, 마이크로 마케팅 |
| 내부<br>(운영) | 수익 창출<br><br>수익 경영, 전문가 시스템, 판매시점 정보 관리(POS) | 생산성 향상<br><br>재고 관리, 자료 포락 분석(DEA) |

출처: Fitzsimmons (1993)

장인 고객들에게 마일리지 프로그램을 잘 설계하여 고객의 충성도를 관리한다.

그리고 전환비용이다. 전환비용은 기존의 서비스에서 다른 서비스로 전환할 때 드는 비용을 의미하는데, 정보 시스템을 통해 고객과의 관계가 높을수록 다른 서비스로 전환하기 더욱 어려워진다. 예를 들어 특정의 증권회사의 거래시스템에 익숙해진 고객은 타회사로의 전환을 꺼리게 되는 경우가 여기에 해당된다.

그 다음 영역은 온라인이면서, 고객이 아닌 기업 내부 운영에 도움을 주는 것들이다.

우선 수익 경영(Revenue Management)이다. 수익 경영은 기업으로 하여금 올바른 상품을 올바른 고객에게 적시에 적소에 적합한 가격으로 판매하는 데 도움을 주는 기법이란 의미로, 초기엔 항공 산업에서 많이 활용되었는데, 항공 산업이 내는 주된 매출원은 비행기 내의 좌석을 파는 것이다. 그러나 비행기 좌석은 일정시간 즉 출발시간이 지나면, 빈 좌석은 곧 기회비용이 된다. 그래서 항공사에서는 빈 좌석에 대해서 출발시간이 가까워지면 더 싼 운송비를 받으면서도 좌석 예약을 받는다. 그리고 예약을 해도 정작 당일 고객이 나타나지 않는 노 쇼(No Show)가 발생할 수 있다. 그렇기에 기업 입장에선 수익을 극대화하기 위해 빈 좌석 수를 예측하고, 노 쇼가 발생할 확률을 예측하여 공석이 발생할 경우의 수를 계산하는 것이 중요한데, 이 때 중요한 것은 구체적인 데이터와 예측 모형이다. 그렇기에 실시간으로 매출 데이터를 받아서 정교한 모형을 이용해서 수익 극대화 방향을 계산하는 수익경영이 좋은 예가된다.

전문가 시스템은 컴퓨터 시스템에 특정 기술의 전문가가 가진 지식을 입력함으로써, 일반인도 그 기술을 활용할 수 있게 돕는 시스템이다. OTIS 엘리베이터의 경우 엘리베이터 정비사에게 전문가 시스템이 입력된 태블릿PC를 함께 제공함으로써 더 신속한 정비를 가능케 한 사례가 있다.

판매 시점 정보 관리(Point of Sales: POS)는 판매와 관련한 데이터를 일괄적으로 관리하고, 고객정보를 수집하여 부가가치를 향상시키는 시스템으로, 편의점 등에서 흔하게 볼 수 있는 POS기의 POS가 이 단어다. 고객은 대금지불을 하기 위해 바코드를 POS에 스캔하고 모니터에 출력되는 가격을 결제하는 것으로 끝이지만, 시스템 입장에선 바코드 정보를 받아서 실시간 재고량을 파악하고 해당 물건의 재고량을 다시 계산하고, 결제가 일어날 때 결제 수단의 정보를 받아서 매장계좌에 돈을 넣는 등 수많은 프로세스가 진행된다. 그리고 이러한 자동화 덕에 서비스 오퍼레이션의 효율성을 개선할 수 있다.

여기까지는 정보 시스템이 실시간으로 활동하여 데이터를 수집, 처리하는 예로서, 다음은 실시간이 아닌 이미 축적된 데이터를 통해 정보 시스템이 어떻게 기업 운영에 기여하는지 살펴보자.

우선 고객과 관련된 영역을 살펴보면, 고객의 매출 정보를 구축한다. 그리고 이 정보를 이용하여 해당 고객이 무엇을 원했는지, 그리고 그 정보를 바탕으로 그 고객과 나아가 그 고객과 유사한 특징을 가진 고객들이 무엇을 원할 것인지를 예측하여 보다 다양한 고객군에 세분화된 서비스를 제공할 수 있게끔 하여 서비스 전략 도출에 초석이 된다.

다음은, 기업 운영 관점에서 정보 시스템을 통해 창고의 재고 현황을 파악하여, 추가적인 발주를 해야 하는 시점 등을 계산하여 사용자에게 제시함으로서, 원활한 재고 관리를 지원한다.

그리고 자료 포락 분석(Data Envelopment Analysis: DEA)이 있다. DEA는 비슷한 역할을 하는 여러 기관을 대상으로 상대적인 효율성을 측정하는 방법으로 투입 대비 산출로 효율성을 계산한다. 이 방법은 Charnes, Cooper and Rhodes(1978)에 의해 여러 학교들의 운영 효율성을 측정하기 위해 처음 개발되었다. 기업 운영에서도, 기업과 비슷한 역할을 하는 여러 기업들을 대상으로 같은 투입, 산출 기준 데이터를 확보한 다음 DEA를 통해 상대적 효율성을 계산하고, 기업이 효율성을 개선하기 위해 어떤 전략을 수립해야 하는지 도움을 주는 역할을 한다.

그러나 정보의 활용에도 몇 가지 한계점이 있다. 우선, 예약 시스템이나 고객 충성도 프로그램은 반 경쟁(Anti-Competitive)행위를 유발할 수 있다. 이러한 시스템은 고객들을 충성고객으로 만들어서 일종의 진입장벽을 만드는 것으로 해석할 수 있는데, 문제는 이러한 진입장벽이 너무 높아지면, 독점력이 확장되어 특정 기업이 시장의 지배력을 부당하게 휘두를 위험이 있다.

두 번째는 수익경영 활동에서 일어나는 공정성 이슈다. 수익경영은 기업의 수익 극대화를 위해 주로 가격 정책(Pricing)을 활용하는데, 기업 입장에선 수익을 극대화하기 위해 마감 직전 가격을 할인하는 등의 정책이 고객 입장에선 같은 좌석에 대하여 가격의 변동이 심한 것으로 비추어지고, 고객은 가격 책정에 대해 신뢰를 하지 못하고, 나아가 공정하지 못하단 인식을 가지게 된다.

세 번째는 프라이버시 침해 이슈다. 고객의 특성을 바탕으로 고객에게 제품을 추천하는 전략은 좋지만, 그 과정에서 고객의 특성을 파악하기 위해 필요 이상의 정보를 취득할 가능성이 있고 이는 개별 고객의 프라이버시 침해로 이어질 수 있다.

네 번째는 데이터 보안이다. 기업이 고객에 대한 데이터를 상당 부분 확보하고 있기 때문에, 이 데이터들이 유출된다면, 엄청난 피해를 유발한다. 특히 진료 기록의 경우 환자의 개인정보 등을 포함한 세부적인 데이터를 많이 포함하기 때문에 더욱 위험하다.

마지막으로, 신뢰성 이슈다. 주로 해당 서비스가 신뢰할 수 없는 데이터를 제공함으로서 고객에게 피해를 주는 경우가 해당되는데 대표적인 예로 신용 리포트가 여기에 해당된다. 잘못된 신용 리포트는 고객에게 은행업뿐만 아니라 다른 활동도 제약을 주기 때문에 더욱 큰 피해가 된다.

## 마. 프로세스 관점에서의 서비스 관리와 기술의 역할

프로세스 관점에서 서비스를 살펴보면 제조업에서의 프로세스 분석과 유사하지만, 제조업에선 원자재의 흐름에 주목했다면, 서비스업에서는 고객이나 정보의 흐름에 집중한다. 그리고 서비스업에서의 중요한 성과지표인 대기 시간, 대기 행렬, 밀집도, 고객의 인식에 더 집중한다. 그러나 분석하기 쉽지 않은 요소들도 존재한다. 대표적으로 서비스는 제조업과 달리 재고를 가져가지 않기 때문에 수량을 명확히 측정하기 힘들다. 그리고 서비스 제공비용, 자원의 소비, 성과 측정 그리고 수익과의 관계를 명확히 분석하기 힘들다.

프로세스 관점에서 살펴보면 제품이나 서비스를 생산하기 위해 프로세스와 체인의 역할이 중요하다는 점은 자명하다. 그리고 프로세스의 성과를 높이기 위해 기술과 자산이 윤활제 역할을 한다.

그림 2.9 제조 공급사슬과 기술의 역할

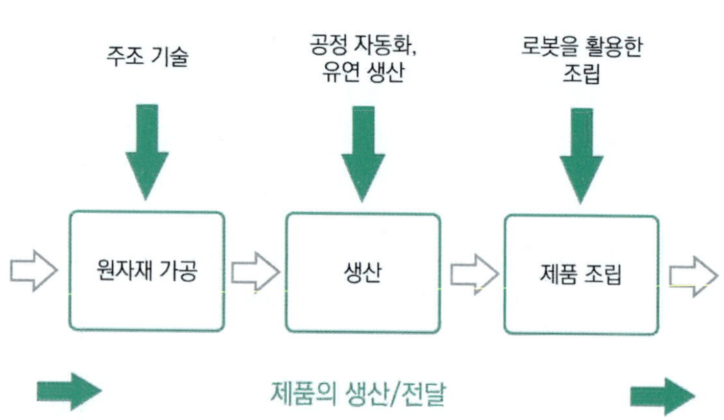

예를 들어 일반적인 제조 공급 사슬은 [그림 2.9] 같이 원자재를 이용해서 가공하고 조립하고 최종적으로 제품을 생산하고 고객에게 전달한다.

기술은 공급사슬의 각 단계에서 일정 역할을 함으로서, 각 단계에서 수행되는 작업들의 시간을 단축하는 등 효율성 개선에 기여한다. 강철 가공을 예를 들면, 일반적으로 강철이 생산되려면 용광로에서 용강이 부어진 다음 그것을 주조기로 향하게 해서 반제품 형태로 만들고 그것을 시장에 내보낼 제품에 맞게 압연기를 이용해서 가공한다. 이 때 Thin Slab 주조 기술은 용강이 부어진 후에 주조기 단계에서 얇은 두께로 주조함으로서, 추가적인 가공작업을 줄임으로서 많은 효율성 개선을 가져왔다.

원자재 가공 후에 생산 단계에선 사람의 손을 이용하는 대신 기계를 이용한 자동화나 유연 생산 시스템을 접목하여 생산 라인의 전 공정을 시스템화하고, 한 공정이 망가져도 다른 공정으로 바로 이어받을 수 있게끔 하여 생산 효율성을 증가시킨다.

그리고 제품 조립 단계에선 로봇을 이용한 조립 등을 통해 같은 시간에 더 많은 물량을 소화할 수 있다. 즉, 같은 프로세스라도 기술을 활용하여 생산성을 개선시키는 것이다.

기본적인 서비스 프로세스는 다음과 같다. 우선 고객이 서비스 시스템에 접근하면, 기초적인 조사를 통해 바로 서비스를 제공할지, 아니면 추가적인 프로세스 계획이 필요한지 판단한다. 바로 서비스를 제공할 수 있으면 별도의 절차 없이 서비스를 제공하고 고객은 시스템을 떠난다.

그림 2.10 기본적인 서비스 프로세스

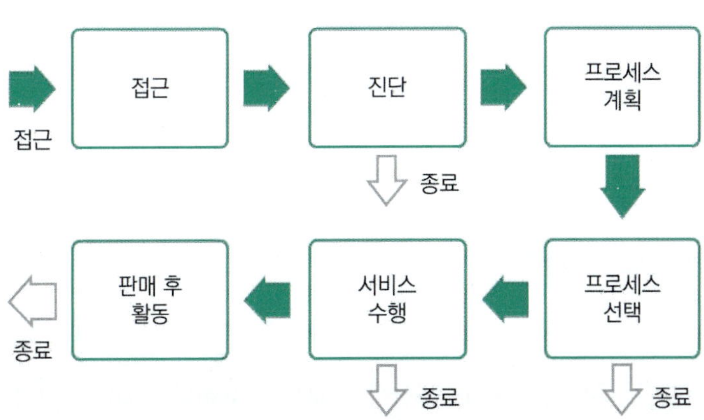

그런데, 종종 추가적인 프로세스 계획이 필요한 경우가 있는데, 병원에서 수술을 받는 것이 좋은 예다. 수술의 경우 각 환자의 상황에 맞는 맞춤화된 서비스 제공이 필요하며, 환자의 일정과 의사의 일정 모두 조율해야 한다. 그러므로 진단 후 수술이 필요하면 추가적인 수술 절차에 대한 계획 수립이 필요하고, 그 중 최선의 스케줄을 선택한다. 그리고 수술일이 되면 수술을 받고, 퇴원한다. 그리고 퇴원 후에도 일정 기간이 지나면 수술이 잘 되었는지 확인하고 관리해야 하므로 병원 입장에선 서비스 제공 후 프로세스도 고려해야 한다. 이때 각 단계별로 환자가 서비스 프로세스를 이탈할 가능성은 항상 존재한다.

기술은 서비스 프로세스 개선에도 도움이 된다. 고객이 온라인상으로 서비스를 받는다고 하자. 고객이 처음 온라인으로 접속하면, 시스템에 고객이 들어온 것이다. 그리고 웹사이트 내에서 제공하는 소프트웨어를 이용해서 서비스 진단을 하고, 특정 소프트웨어와 기업 내 서버와 연계해서 어떤 절차를 밟을지, 그리고 어떻게 서비스를 수행할지 결정하고 서비스를 수행한다. 그리고 서비스가 종료된 후 고객이 서비스가 잘 이루어졌는지, 그리고 만족스러웠는지 등을 전화나 이메일을 통해 확인하는 것이다. 즉, 기술은 서비스 프로세스의 효율성을 개선하는 데도 기여하는 것이다.

그림 2.11 서비스 프로세스 별 기술의 역할

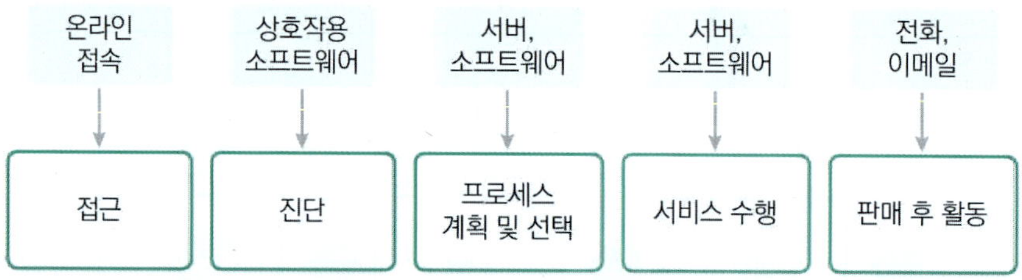


## 3 서비스 프로그램

원가, 품질, 시간, 유연성 그리고 생산성은 모두 중요하다. 그러나 서비스업에서는 어떤 것을 강조해야 하는지가 다르다. 고객들은 이제 원가와 품질 수준 간의 교환 관계에 대해 이제 더 잘 이해한다. 그리고 고객이 서비스 시스템 내에 존재하기 때문에 시간과 유연성이 더욱 강조된다. 그리고 이러한 서비스 오퍼레이션스 관리는 마케팅 및 수익 향상과 밀접한 관계를 맺는다.

### 가. 서비스 프로그램 설계를 위한 방법

그렇다면 전략적인 서비스 프로그램을 만들기 위해선 어떻게 해야 할까? 제조업의 경우, 제조 설비들을 고객이 보지 않는다. 그리고 생산 효율성을 높이기 위해 각 파트 간에 커뮤니케이션이 원활해야 하며, 각 기능 간에 프로세스를 통합하는 것이 중요하다. 서비스업의 경우, 이와는 반대로 매장에서의 직원은 고객을 많이 보지만, 관리자들은 그렇지 않다. 그러므로 서비스업은 제조업과 달리 기능 간 수평 통합이 아닌, 관리자와 실무자 간 수직적 통합이 필요하다.

구체적으로, 관리자를 매장으로 데려와서 현장을 직시하게 하는 방법이 있으며, 고객이 인지할 수 있게 관리적인 부분과 기술적인 기능들을 일부 통합할 수 있다. 그리고 후방(Back Room)에서는 시장과 수익을 위해 마치 제조업과 같은 프로그램이 요구되기도 한다. 그러나 종종 엔지니어, 의사, 변호사 등 전문직 기술자들은 이러한 변화에 저항하기도 한다.

### 나. 서비스 보증

고객 만족과 신뢰감 형성을 위해 기업에서 자주 사용하는 방법 중 하나는 서비스 보증 프로그램이다. 서비스 보증 프로그램은 서비스 기업이 고객에게 특정 수준의 서비스를 제공할 것을 약속하고, 그것이 이행되지 않으면 다른 방법으로 고객에게 보상하는 제도이다.

그런데 서비스가 보증의 대상이 될 수 있을까? 우리의 인식 속에는 품질 보증은 자동차나 카메라 등 오직 유형 재화에 대해서만 가능한 것이고, 서비스는 생산과 동시에 소비가 될 뿐 더러 사람에 의해 수행이 된다.

여기서 BBBK의 사례를 살펴보자. BBBK는 마이애미에 기반을 둔 해충 퇴치 회사이다. 그리고 이 회사는 고객들에게 "만일 우리가 당신을 100% 만족시키지 못했다면 돈을 받지 않겠다"라는 슬로건을 내세웠다. 이 프로그램을 수행한 결과 1986년 총 3300만 달러 매출 중 보증비용으로는 1만 2천 달러를 지불하게 되고 서비스 보증을 통해 투입 비용 대비 약 10배

가량의 수익을 달성 할 수 있었다.

또 하나의 예로, 글로벌 경영 컨설팅 회사인 Bain & Co.는 고객에게 무조건적인 보증을 약속했다. 한 고객이 뉴욕 타임즈에 이야기한 바에 의하면, 그들이 컨설팅을 해서 오히려 성과가 떨어지면 컨설팅 비를 받지 않았다고 한다.

## 다. 서비스 보증의 구조

그렇다면 서비스 보증 프로그램이 왜 효과가 있는 것일까?

그림 2.12 서비스 보증의 구조

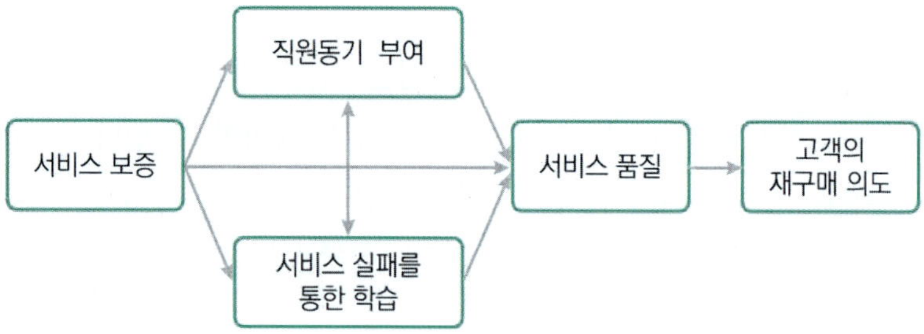


출처: Hays and Hill (2001)

우선, 고객에게 서비스 제공이 실패하면 기업이 책임을 져야 하기 때문에 강제적으로 고객에게 집중할 수 있게 한다. 그리고 보다 명확한 기준을 세울 수 있으며, 고객의 만족 수준을 파악하기 위해서라도 피드백을 지속적으로 받을 수 있다. 그리고 서비스 보증이 실패한 경우, 왜 서비스 프로그램이 실패해서 비용을 지불했는지 분석하게 되며, 서비스 보증을 통해 고객의 신뢰를 구축함으로서 마케팅 역량을 키울 수 있다. 이상의 논의를 정리하면 다음과 같다.

서비스의 보증은 직원들로 하여금 반드시 보증한대로 성공시켜야 한다는 동기 부여를 하게 된다. 그리고 서비스 실패가 발생하는 경우, 다시는 실패를 반복하지 않기 위해 실패를 통해 배우고 발전하는 것을 촉진한다. 이러한 요인들이 서비스 품질의 향상에 영향을 미치며, 향상된 서비스 품질을 통해 고객은 만족하고, 다시 서비스를 이용할 확률을 높일 수 있다.

## 라. 서비스 보증의 종류

서비스 보증은 크게 두 가지로 구분된다. 우선, 무조건적인 만족 보증이 있다. 이 유형은 앞선 사례를 통해 볼 수 있듯이, 고객 만족을 무조건적으로 보증하며, 고객이 만족하지 못한다면 보상을 제공한다.

반면, 특정한 결과를 보장하는 보증도 있다. 예를 들어 FedEx의 경우, 오전 8시 보장을 내세웠고, AT&T의 경우, 고객이 하루에 10분 이상 네트워크 연결이 끊겼다고 제보할 경우, 월간 네트워크 비용의 5%에서 최대 25%까지 환불하는 보증을 제공한다.

## 마. 좋은 서비스 보증 프로그램의 조건

그럼 좋은 서비스 보증 프로그램은 무엇일까? 좋은 서비스 보증 프로그램은 무조건적이고, 이해하기 쉬워야 하며, 프로그램이 고객에게 의미가 있어야 하고, 보상의 신청이 용이해야 하며, 그리고 보상이 신속해야 한다.

서비스 보증 프로그램을 설계함에 있어서 해야 할 것과 하지 말아야 할 것이 있다. 첫째, 고객이 이미 예상할 수 있는 부분은 약속하지 말아야 한다. 서비스 보증은 서비스 실패가 일어날 때 고객이 겪는 불편함을 해소하기 위한 목적이 있는데, 고객이 이미 예상할 수 있는 것을 약속하면 그것은 말장난이나 생색내기로 비칠 수 있다. 그래서 고객이 예상할 수 있는 부분을 약속하면 안 된다.

둘째, 요점을 잃을 정도로 많은 조건 속에 보증을 숨기지 말아야 한다. 서비스 보증은 문제가 발생했을 때 고객이 안심할 수 있게 무조건적인 대안을 제시하는 것이다. 너무 많은 전제 조건이 붙는다면, 서비스 제공자만이 아니라 고객의 혼란을 가져오고, 고객의 불만은 오히려 더 커질 것이다.

셋째, 절대 발생할 거 같지 않은 가벼운 보증을 제공하지 말아야 한다. 그러한 보증은 사소한 가치는 제공할 수 있지만, 그 프로그램의 설계 및 구현에 더 큰 시간과 비용이 소모될 것이다.

넷째, 당신이 할 수 있는 것을 해야 한다. 많은 경쟁사가 서비스 보증을 채택했기에 업계의 관행을 뛰어넘는 차별화된 보증을 도입하는 것은 고객에게 큰 가치를 제공할 수 있다. 그러나 그 보증이 당신이 할 수 없는 것이라면 오히려 고객 신용을 잃고 더 큰 위험으로 다가

올 수 있다.

즉, 서비스 보증 프로그램을 설계하는 것은 명확한 기준 하에 당신의 고객에게 집중하고, 고객에게 피드백을 받고, 서비스 실패 상황이 일어나지 않게 하며, 실패가 일어나더라도 고객에게 보상하고 지속적인 개선을 함으로서 가치를 얻는 것임을 다시 한번 강조하는 바이다.

물론, 쉽게 동의 못할 부분도 있다. 도미노 피자는 30분 배달 보증을 하는 것으로 유명했다. 30분 보증제도는 말 그대로 '당신이 피자를 주문하면 30분 내로 배달을 해주겠다. 만약에 30분을 넘기면 피자 값을 받지 않겠다'는 것으로, 고객 입장에서의 기다림의 불확실성을 공략한 것이다. 물론 일각에서는 이것이 사람의 불안심리를 이용한 속임수란 지적이 있지만, 보험 산업을 생각해보면, 고객의 불안감을 해소함으로서 매출에 긍정적인 영향을 미치게 하는 산업은 다수 있다. 그러나 1993년 미국에서 도미노피자 배달원이 난폭운전을 하다가 교통사고를 냈고, 이 여파로 미국에선 30분 배달 보증을 없앴고, 한국에서는 30분 배달 보증제도를 유지했으나, 피자배달원이 버스에 치여 숨지는 사건이 발생한 이후 2011년 30분 보증제도를 폐지했다.

Crosby (1979)는 '품질은 무료다'라 하였는데, 실제로 보면 품질 수준을 높이고 관리하기 위해선 높은 비용이 든다. 그러나 Crosby는 이 전제를 거부하였다. 품질에 따르는 비용은 크게 4가지로 나뉘는데 품질실패를 미연에 방지하기 위해 투자하는 예방 비용(Prevention Cost), 만들어진 제품의 품질 검사를 위해 들이는 평가 비용(Appraisal Cost), 품질결함이 내부에서

그림 2.13 전통적인 품질 비용 관점

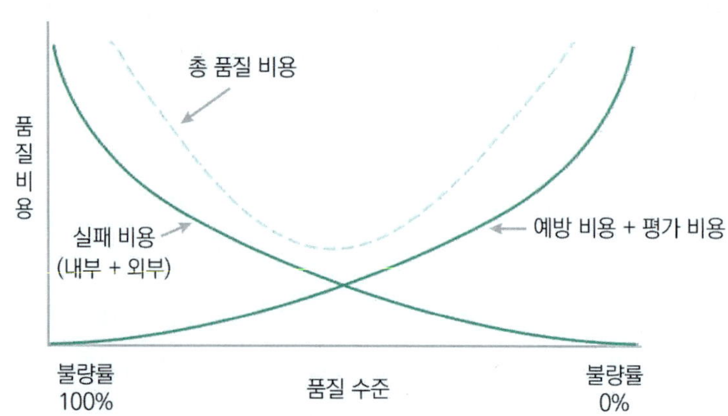

그림 2.14 Crosby의 품질 비용 관점

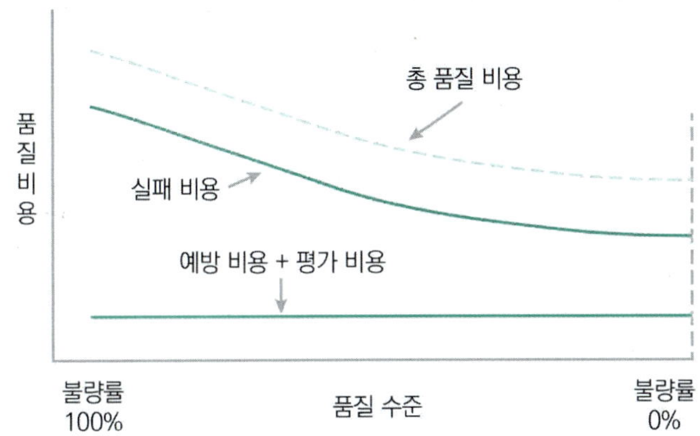


발견되었을 때 고객에게 전달되기 전 처리하는 내부 실패비용(Internal Failure Cost), 그리고 결함이 있는 물건이 고객에게 전달되어 발생하는 외부 실패비용(External Failure Cost)으로 나뉜다. 예방 및 평가비용은 품질을 개선시킬수록 증가하는 형태를 띠지만, 내, 외부 실패비용은 품질을 개선시킬수록 감소하는 추세를 보인다.

일반적으로 [그림 2.13]과 같이 4가지 비용의 합인 총 품질비용은 U자 형태를 띠어서 최적의 품질수준이 무결점상태에 이르는 것은 경제적이지 않다고 이론이 형성되어 왔으나, Crosby는 예방 비용이 기술의 발전으로 품질을 향상시키더라도 크게 증가하지 않음을 주장하고 따라서 예방 및 평가 비용이 품질 수준과는 무관한 비용이 되어 버림으로 인해서 총 비용이 품질을 개선할수록 [그림 2.14]처럼 오히려 감소하는 형태를 띠게 됨을 주장하였다. 따라서 Crosby의 주장에 의하면 완벽한 품질을 추구하는 것이 합리적이라 할 수 있다. 따라서 이러한 전제하에 서비스 보증 프로그램이 작동을 할 것이다.

서비스 보증 프로그램을 수행하기 위해서는 다양한 노력을 기울여야 한다. 그렇지 않다면 그 프로그램은 오히려 실패하고 막대한 비용을 초래한다. 성공적인 서비스 보증 프로그램을 수행하기 위해서는 우선 직원들이 원활한 보증 프로그램 수행을 위해 훈련이 필요하며, 목표 또한 명확해야 한다. 또한 사람들이 "올바른 일"을 할 수 있게 해야 하며, 프로세스는 매끄럽게 진행되어야 한다.

그러나 일부 연구에서는 서비스 보증과 서비스 품질 혹은 성과 간 인과관계가 없음을 보였다. 그리고 일부 관리자들은 서비스 보증 프로그램을 제공하는 것을 반대한다. 그리고 일부 소비자와 전문가들은 서비스 보증 프로그램의 효과성에 대해 의문을 가지기도 하며, 서비스 보증 프로그램은 장기적으로 큰 차이를 만들어내지 않을 것이란 관점도 있다.

## 바. 서비스 보증 프로그램 사례

여러 기업의 서비스 보증 프로그램 실시 현황을 살펴보자.

도미노 피자는 30분 배달 보증제도가 있었으나 폐지되었고, 2019년부터 방문포장 피자 보증 제도를 실시하였는데, 이 제도는 고객이 도미노 피자 매장을 방문하여 포장 후 이동하는 중 고객이 넘어지는 등의 이유로 피자가 훼손되면, 그것을 시식하지 않은 상태 그대로 가져오면 동일한 피자로 교환해주는 제도로, 30분 보증 제도를 없앤 뒤, 고객이 만족스러운 피자를 먹는 경험을 위해 새롭게 채택한 보증 제도다.

그림 2.15 도미노 피자의 서비스 보증 프로그램

출처: 한국일보(https://m.hankookilbo.com/News/Read/201906121055313152)

그림 2.16 Hampton Inn의 서비스 보증 프로그램

출처: 인터넷 사이트(https://www.hamptonrockport.com/)

Hampton Inn은 100% 만족 보증을 실시하였다. 이 보증 프로그램은 이름 그대로 고객이 숙박 서비스에 만족하지 않는다면 비용을 받지 않겠다는 것으로, 결과를 살펴보면 보증을 요구했던 불만족 고객 중 45%가 호텔 서비스를 재이용했으며, 그 중 61%가 보증 때문에 호텔을 재방문했다. 그 결과 연간 수익이 비용의 10배 이상을 달성한 성공적인 사례라 할 수 있다.

Mission Oaks Hospital은 응급실에서 5분 이상 대기를 하면, 총 비용의 25%를 환불해 주겠다는 서비스 보증을 하였다. 그 결과 첫 해 사업의 규모가 25%가량 증가하였으며, 서비스 실패로 인한 비용 지불은 1,000명 중 2명 꼴에 불과하였다.

## Takeaways

- 서비스는 무형성 및 복잡성, 무재고, 이전성의 결여, 비분리성, 복잡성, 고객이 항상 시스템에 존재한다는 점, 그리고 고객과의 공동 생산이 가능하다는 등의 특징을 지닌다.
- 서비스 보증 프로그램은 기업이 고객에게 특정 수준의 서비스를 제공할 것을 약속하고, 그것이 이행되지 않으면 다른 방법으로 고객에게 보상하는 제도로서, 대표적으로 Hampton Inn의 100% 만족 보증이 있다.
- 효과적인 서비스 보증 프로그램은 무조건적이고 이해하기 쉬워야 하며, 프로그램이 고객에게 실질적인 의미가 있어야 한다.

## Reference

Bettencourt, L. A. (1997). "Customer voluntary performance: Customers as partners in service delivery." *Journal of retailing*73(3): 383–406.

Bitner, M. J. (1993). "Managing the evidence of service." *The service quality handbook*: 358–370.

Chase, R. and N. Aquilano (1992). "A matrix for linking marketing and production variables in service system design." *Production and Operations Management.*

Crosby, P. (1979). "Quality Is Free," McGraw–Hill. *New York: 309.*

Dabholkar, P. A. (1993). "Customer satisfaction and service quality: Two constructs or one." *Enhancing knowledge development in marketing*4: 10–18.

Fitzsimmons, J. A. (1993). Strategic Role of Information in Services. *Perspectives in Operations Management*, Springer: 101–113.

Hays, J. M. and A. V. Hill (2001). "A longitudinal study of the effect of a service guarantee on service quality." *Production and Operations Management*10(4): 405–423.

Rodie, A. R. and S. S. Kleine (2000). "Customer participation in services production and delivery." *Handbook of services marketing and management*33(1): 111–126.

Toffler, A. (1980). *The third wave*, Bantam books New York.

이현주 (2017). 소비자 참여하는 '프로슈머 마케팅' 뜬다. *소비자 평가.*

# Service Performance & Quality

1. 기업의 성과를 측정하는 기준, 성과지표
2. 서비스 품질
3. 고객 중심 서비스 설계
4. 서비스 회복
5. 서비스 수익 체인

CHAPTER 03

# 서비스 성과 및 품질

(Service Performance & Quality)

CHAPTER 03

# 서비스 성과 및 품질 (Service Performance & Quality)

본 장에서는 전통적인 원가, 생산성, 시간, 유연성 그리고 품질을 기준으로 서비스의 성과를 측정하는 기준에 대해서 살펴보고, 그리고 제조업과 대비되는 서비스 품질의 특징을 이해하고, 대표적인 서비스 품질 평가모형인 SERVQUAL, 제품 설계 단계에서 설계 품질을 높이기 위한 방법론인 QFD(HOQ)를 알아보며, 서비스 실패 시 Service Recovery 활동을 통해 위기에 기업이 대처하는 방법에 대해서 살펴보겠다.

## 1 기업의 성과를 측정하는 기준, 성과지표

성과를 측정하는 가장 직접적인 기준으로는 원가, 생산성, 시간, 유연성 그리고 품질이 있다. 간략하게 표현하면, 원가는 낮을수록, 생산성은 높을수록, 시간은 고객이 체감하는 대기시간은 짧게, 그리고 시장에 진입하는 적정 시간대를 산출할 수 있어야 하며, 시장의 다양한 수요를 충족하기 위해 유연성을 갖추어야 하며, 그리고 품질은 높으면 좋지만, 생산되는 제품의 일관된 품질 관리가 필요하다.

## 가. 비용

### a. 비용의 분류와 손익분기점

성과지표를 하나씩 살펴보자. 우선 비용(원가)이다. 비용은 크게 2가지로 구분이 되는데 변동비와 고정비가 있다. 변동비는 한 단위가 생산될 때 마다 들어가는 비용으로 재료비나 인건비가 해당된다. 반면, 고정비는 물량에 상관없이 고정적으로 들어가는 비용이다. 예를 들어 인형을 만드는 공장이 있다면, 인형이 하나 만들어질 때마다 들어가는 솜, 천 등의 재료비는 변동비에 해당되고, 공장 내의 기계 유지비, 전기료 등 만들어지는 수량과 관계없이 들어가는 비용이 고정비에 해당된다.

그림 3.1 변동비와 고정비 및 손익 분기점

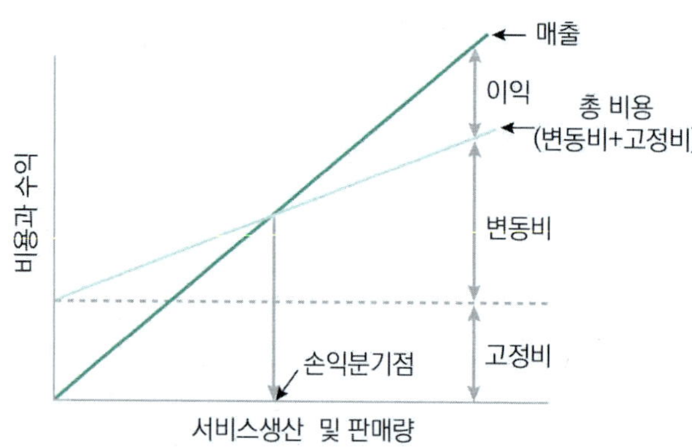


고정비와 변동비만 고려했을 때 총 비용을 계산하기 위해 "총 비용=고정비+(생산량×변동비)"로 계산이 되는 1차 함수 형태를 가정해보자. 그래프를 보면, 순이익은 (매출액–비용)이므로, 매출 함수에서 비용 함수를 제외한 부분이다. 그러나, 초기에는 총 비용이 매출을 넘어가기에 손해가 발생한다. 그러나 특정 시점부터는 매출액이 비용을 넘어가는데, 이때부턴 순이익이 발생하며, 이 때 매출액과 총 비용이 같아지는 지점을 손익분기점이라고 한다.

b. 규모의 경제성

그림 3.2 규모의 경제성

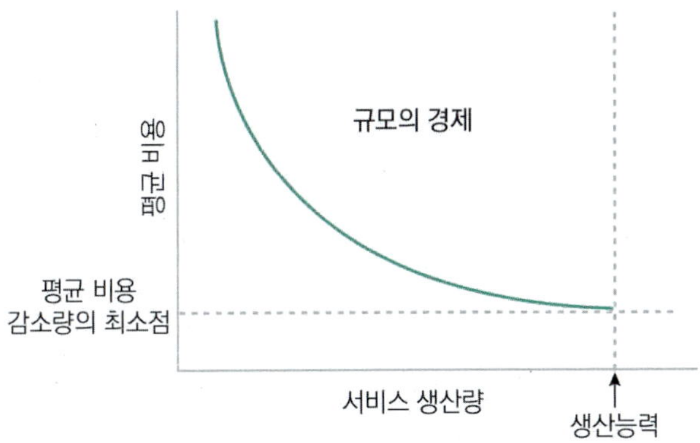


이 그래프를 보면 생산량이 늘어날수록 총 평균비용이 감소하는 모습을 보인다. 이러한 현상을 규모의 경제라고 표현하는데, 평균 비용은 총 비용을 생산량으로 나눈 값으로, 생산량은 지속적으로 올라가므로, 총 비용이 줄어들어야 한다는 것이다.

구체적으로는 평균 비용은 "평균비용=총비용/생산량=변동비+고정비/생산량"의 관계가 성립하므로 생산량이 늘수록 평균 비용은 줄어드는 현상을 규모의 경제라고 한다. 주의할 점은, 총 평균비용은 줄어들지만, 그것이 0에 수렴할 만큼 줄어드는 것은 아니고, 변동비까지만 줄어든다는 것이다. 규모의 경제는 총 평균비용을 줄일 수 있다는 점에서 원가 경쟁에서 매우 중요한 요소다. 규모의 경제를 확보하기 위해 생산량을 높여야 하기 때문에, 생산 설비의 규모를 확장하거나, 현재 보유한 자산의 가동률을 높이는 등의 전략적 방향성을 설정할 수 있다.

그렇다면 서비스 산업에서도 규모의 경제는 유효할까? 서비스 산업의 경우 제조업처럼 표준화되고, 생산 규모를 키우는 방식을 적용하기 어려운 경우가 많은데 고객의 접근성을 고려해 볼 때, 특정 소수의 지점에 자원을 집중시켜서 규모를 키우기는 어렵다. 예를 들어 스타벅스에서 규모의 경제를 살리기 위해서는 잠실 운동장만한 시설을 우리나라의 중심부에 위치시켜야 하나 고객의 이동 거리를 생각해 볼 때는 도저히 상상할 수 없는 시나리오다. 그러나 서비스업 역시 규모의 경제를 일부 달성할 수 있다.

클린토피아의 예를 들면, 개별 지점은 고객의 접근성을 고려하여 다양한 위치에 입점 시키고, 세탁 공장은 지점들의 중앙부에 규모를 키워서 설립하여 세탁물을 처리할 수 있도록 하였다. 같은 이유로 패스트푸드 체인점들은 지점들을 고객이 접근하기 편리한 위치에 입점 시키고, 대량으로 음식 재료를 공급한다.

아웃소싱을 통해 총 비용을 절감하는 경우도 많은데, 프로세스의 일부를 떼어내서 집중화 시키는 경우가 이에 해당된다. 주로 데이터베이스 산업이나 전산 시스템을 관리하는 업무 및 물류 산업의 경우 기업이 자체적으로 관리하는 경우도 있지만 외주업체를 통해 관리를 맡기고 외주업체는 주문을 모아서 규모의 경제를 달성함으로써 비용을 절감하는 경우도 있다. 이와 같이 서비스 산업 역시 일정 부분 규모의 경제를 달성할 수 있다.

### c. 규모의 비경제성

그러나 규모가 커진다고 해서 반드시 경제적인 것은 아니다. 규모가 커짐에 따라 점점 증가하는 비용들이 있기 때문이다.

예를 들어 대량 생산으로 인한 지연, 대기 및 재고 비용으로 인한 비용이 증가하고, 대량으로 생산하기 때문에 유연성과 시장 반응성을 다소 희생하기도 한다. 그리고 대규모의 서비스를 제공해야 하기 때문에 품질 관리에 따르는 비용이 늘어나며, 무엇보다 이러한 비용들은 측정하고 통제하기 어렵다.

그림 3.3 규모의 비경제성

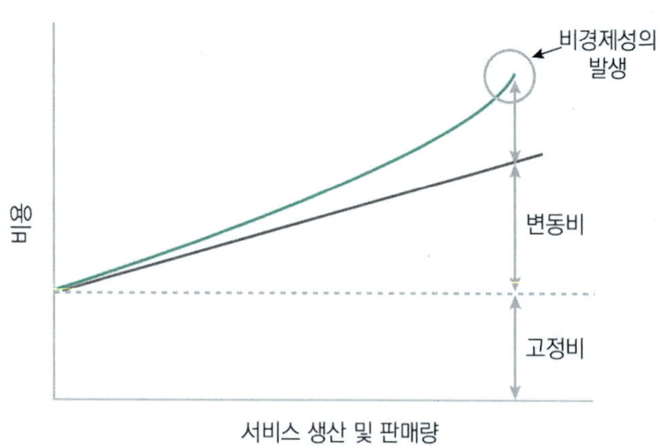

그림 3.4 규모의 비경제성을 고려한 실질적 단위당 비용 곡선

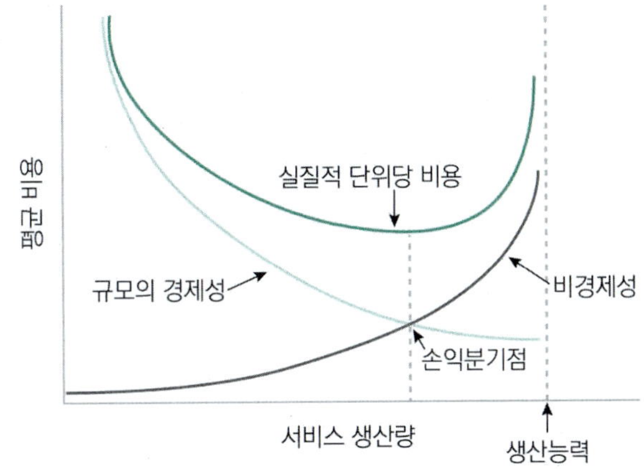


앞서 총 비용은 '고정비+(수량×변동비)'라 하였다. 그러나 규모가 커짐에 따라 규모의 비경제에 따르는 추가적인 비용이 생김에 따라 규모의 비경제와 관련된 비용이 더해진다.

총 평균 비용 관점에서 보면, 규모의 경제에 따른 총 평균 비용이 감소하지만, 특정 시점부터는 규모의 경제로 인해 얻는 비용 절감액보다 규모의 비경제로 인한 비용 증가액이 커지면서, 단위당 비용은 다시 증가하게 된다. 즉 실질적인 단위당 평균 비용은 U자 모양의 곡선

그림 3.5 규모의 비경제성을 고려한 실질적 손익분기점의 변화

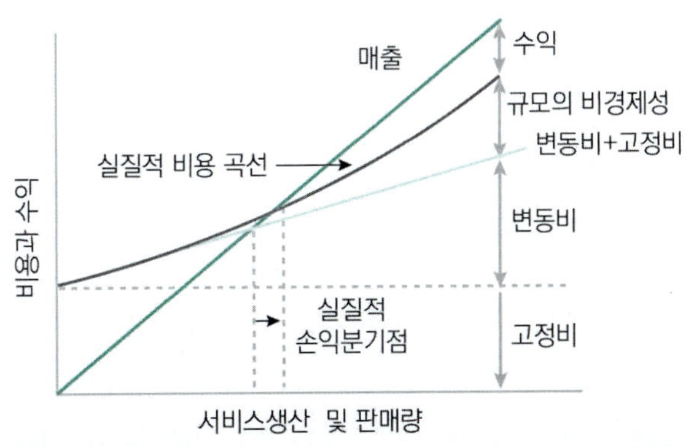

이 형성된다.

실질적인 비용 곡선이 보다 높게 조정되기 때문에 실질적인 손익분기점 역시 더 많은 매출을 달성해야 하는 것으로 재조정된다. 그리고 매출이 증가해도 비용의 증가폭이 더 급격하게 커지므로, 순이익의 폭이 줄어드는 모습을 보인다. 따라서 최적의 시설 가동률은 규모의 비경제를 고려하였을 때는 100% 미만에서 이루어져야 한다.

지금까지의 내용을 요약하면, 원가는 관리를 위한 매우 기본적인 지표 중 하나이다. 그리고 이러한 비용은 생산량, 시간, 그 외의 다른 활동들과 밀접한 연관을 맺고 있다. 그러나 단순한 선형 관계를 조사하는 것은 용이하지만, 비선형 관계 같은 복잡한 비용은 측정하기 어렵다. 즉, 선형 관계와 관련되는 비용은 눈에 띄는 직접적인 비용이나, 비선형 관계를 만들어 내는 규모의 비경제와 관련된 비용은 정량화하기 어렵기 때문에 이를 무시하는 경향이 있어서 시설의 가동률을 100% 가까이 끌어올리려는 무모한 시도를 하는 경우가 현실적으로 많이 있다. 따라서 시설의 가동률을 극대화하기보다는, 적절한 가동률을 유지하는 것이 비용 관점에서의 최적화를 이루는 방법이다.

## 나. 생산성

생산성은 프로세스의 효율성을 평가하는 가장 기본적인 도구로 벤치마킹을 하기에 유용한 방법이다. 기본적으로 생산성은 투입 대비 산출로 계산되며, 노동 생산성이나 자본 생산성 같이 하나의 지표만 이용해서 생산성을 측정할 수도 있고, 여러 개의 지표를 활용하여 생산성을 측정할 수도 있다. 그리고 고객 가치 등식을 통해 생산성의 중요성을 확인할 수 있는데, 고객 가치 등식은 고객에게 제품이나 서비스를 제공함으로서 기업이 획득하는 가치를 수식으로 나타낸 것이다.

$$\text{고객가치} = \frac{\text{제품이나 서비스의 품질}}{\text{제품이나 서비스의 가격}}$$

[수식 3-1] 전통적인 고객 가치 등식

전통적인 고객 가치 등식은 고객에게 서비스를 제공하기 위해 들인 비용 대비 서비스를 제공함으로서 고객에게 창출된 효용으로서 제품 혹은 서비스의 품질을 고객에게 제공하는 가격으로 나눈 값이다. 그렇기에 고객 가치를 극대화하기 위해서는 품질을 높이거나 가격을 줄여야 하는데, 기존에는 가격을 줄임으로서 고객 가치를 높이고자 했다. 그러나 시장이 글로벌화됨에 따라 고객이 보다 다양한 제품과 서비스를 대안으로 고려할 수 있게 됨으로서, 전통적인 고객 가치 등식만 이용해서는 복잡해지는 시장을 설명하기에 한계가 발생했는데, Heskett et al. (1994)은 [수식 3－2]와 같이 새로운 고객 가치 등식을 제안하였다

$$\text{고객가치} = \frac{\text{제품이나 서비스의 품질} + \text{프로세스품질}}{\text{제품이나 서비스의 가격} + \text{서비스를 제공하기 위한 비용}}$$

[수식 3-2] Heskett et al. (1994)에 의해 제시된 고객 가치 등식

새로운 등식을 살펴보면 분모에는 고객에게 부과하는 가격과 더불어 서비스를 제공하기 위해 들이는 비용을 추가하였다. 이 비용은 고객 획득 비용이라고도 하며 기업과 고객의 거래에서 발생하는 비용이 아닌 납기 지연, 거래 절차의 복잡성으로 인한 부대비용 등 구매자와 공급자 간 비용을 의미한다. 동시에 분자를 보면 프로세스 품질을 함께 고려하는데, 프로세스의 품질이 향상되려면 불필요한 절차를 생략하거나, 기존의 병목 현상을 불러오는 프로세스를 개선해야 한다. 즉, Heskett et al. (1994)이 제안한 새로운 고객 가치 등식을 통해 고객 가치는 단순히 재무적 측면에서 고객에게 들인 비용 대비 고객에게 제공된 상품의 품질의 비율로서 가치를 측정하는 것이 아닌 프로세스 품질을 향상시켜 기업의 생산성을 향상 시키고, 생산성을 향상시킴으로서 서비스를 제공하기 위해 들이는 부대비용의 폭도 함께 줄이는 것이 수반되어야 함을 알 수 있다. 서비스 운영 관리가 프로세스를 기반으로 한다는 면에서 유용한 도구라고 생각할 수 있다.

### 다. 시간

시간의 경우 운영과 관련된 척도로도, 전략적 척도로도 활용할 수 있다.

운영과 관련된 척도로는 고객의 대기 시간, 주문의 처리시간, 같은 시간이라도 사람에 따라 느끼는 시간의 길이가 다른 시간의 심리학 등이 있다.

전략적 척도로는 시장의 변화에 얼마나 빠르게 대응하는가 그리고 새로운 서비스나 프로세스를 제시하는데 걸리는 시간 등이 있다.

서비스업에서의 시간은 제조업에서의 시간보다 더 각별한 의미를 갖는데, 서비스업에서의 시간은 불확실성 측면에서 더욱 강조된다. 예를 들면 고객의 도착 시간이나 서비스 전달

시간의 변동성 등 서비스를 구성하는 모든 프로세스는 시간과 관련된 불확실성에 노출되어 있다. 예를 들어 제조업과 서비스업의 프로세스를 비교한다면, 제조 및 서비스 프로세스는 공통적으로 수요의 변동성에 노출되어 있는 반면, 제조 및 서비스의 내부 전달 프로세스에서 제조 관련 프로세스는 변동성이 거의 없는 반면, 서비스 프로세스는 서비스 전달 시 변동성이 많이 개입하게 된다. 또 고객이 프로세스 안에서 시간을 체감하기 때문에 변동성의 의미가 더욱 중요해진다. 그래서 서비스를 개선하기 위해 서비스 시스템 내의 모든 프로세스를 서비스 청사진 형태로 가시화하고, 각 프로세스의 평균 소요 시간 분포 등을 시간과 관련된 확률 분포, 이를테면 포아송 분포나 지수 분포 등을 가정하여 시스템을 분석하고 시뮬레이션 하는 등 개선된 프로세스를 제시하는 방법을 활용한다(이에 대하여는 Service Configuration 부분에서 자세히 설명하도록 한다). 그리고 같은 대기 시간이더라도 고객의 심리적인 작용에 의해 대기 시간이 더 짧게 느껴질 수도, 반대로 더 길게 느껴질 수도 있는데, 이를 주도면밀하게 관리하여 고객의 심리적 대기 시간을 짧게 느끼게끔 유도하는 전략도 활용된다.

### 라. 유연성

과거 시장은 생산자가 시장에 물건을 내놓으면 소비자들은 더 저렴한 가격을 제시하는 생산자의 물건을 구매하였다. 즉, 과거 시장은 수익의 폭을 유지하기 위해 대량 생산을 통한 효율성을 극대화함으로서 매출 원가를 줄이고 매출 이익을 발생시켰다. 그러나 현재 시장은 고객의 개별적인 취향에 더 부합하기 위해 기존의 대량생산 패러다임에서 탈피해서 더 다양한 옵션들을 제공하는 것에 집중하게 되었다. 예를 들면, 운동선수의 경우 운동화를 하나 사는 것에도 70년대에는 겨우 5개 정도의 브랜드에서 이젠 285개 이상의 브랜드를 고려할 수 있고, TV 채널 역시 185개 이상의 다양한 채널들이 있다. 즉, 이젠 고객들은 다양한 선택지 중에서 자신의 취향에 가장 부합하는 선택지를 고름으로서 고객의 개별적인 니즈를 보여주는 것이다. 그렇다면 다양성이 증가하는 이유는 무엇일까?

고객의 다양성에 대한 수요가 그 이유가 된다. 과거와 달리 요즈음의 고객들은 더 높은 값을 지불하더라도 자신의 개별적인 취향에 맞춤화 된 서비스를 받기를 원하는 경향이 있고, 이는 시장의 다양성을 증가시키는 주요한 요인이 된다.

예를 들면, 마이크로 마케팅(Micro Marketing)이라 불리는 마케팅 전략을 보자. 마이크로 마케팅이란 시장 세분화를 극단적으로 진행하여 1인 1세그먼트(Segment) 수준까지 고객의 니즈를 세분화 하여 개별 세그먼트에 맞춤화 된 제품 및 서비스를 전달하는 전략이다. 즉, 개별 세그먼트의 니즈를 최대한으로 충족해야 하기 때문에 이는 시장의 다양성 증가를 불러온다. 과거 Ford 사의 Model T는 검정색 단일 색상으로 생산 되었는데, 만일 이 상황이 그대로 유지되었다면 오늘날의 도로는 검은 색 차량의 물결을 이루었을 것이다.

그림 3.6 Ford 사의 Model T

출처: 위키피디아

그리고 시장이 글로벌화됨에 따라 개별 기업은 현지화 전략의 일환으로 다양한 지역에 맞춤화 된 서비스를 설계한다. 지역의 선호도, 문화적인 요인, 지역별 표준의 차이 그리고 기후의 차이 등을 고려하여 지역에 따른 현지화된 서비스를 제공함으로서 서비스의 다양성이 증가한다. 예를 들어 서비스의 표준화로 유명한 맥도널드조차도 각 국가의 문화의 차이를 고려하여 현지화 된 메뉴를 제공한다. 즉, 다양성의 증대에 대응하는 서비스 제공 방식은 이제 서비스 전략 설계에 기본적인 고려 대상이 되었다. 그러나 다양성을 정의하는 것은 서비스 결과의 다양성으로 인해 쉽게 정의되지 않을 수 있다.

그림 3.7 맥도널드의 국가별 한정 메뉴(인도의 McSpicy Paneer 및 프랑스의 McBaguette)

출처: 1) https://upinthenusair.com/2019/05/19/mcdonalds-india-2/
2) https://www.nbcnews.com/business/markets/mcdonalds-goes-gallic-mcbaguette-burger-flna192677

시장에 제공하는 제품 및 서비스의 다양성과 수익 간의 경제학에 대해서 살펴보자.

그림 3.8 제품 및 서비스의 다양성과 수익(Revenue) 간의 관계

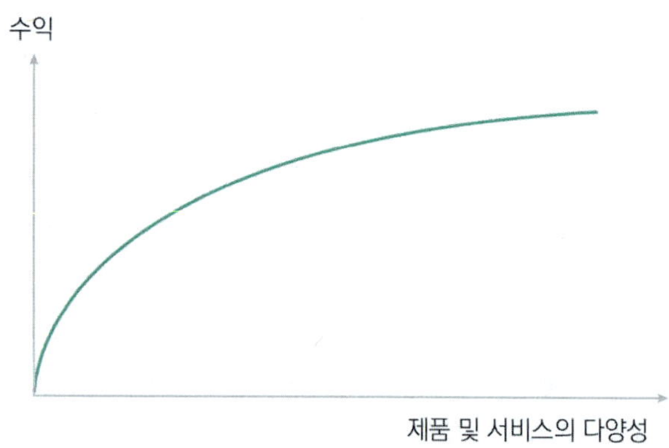


수익은 제품 및 서비스의 다양성이 증가함에 따라 증가율이 감소하는 형태로 증가하게 된다.

그림 3.9 제품 및 서비스의 다양성과 비용 간의 관계

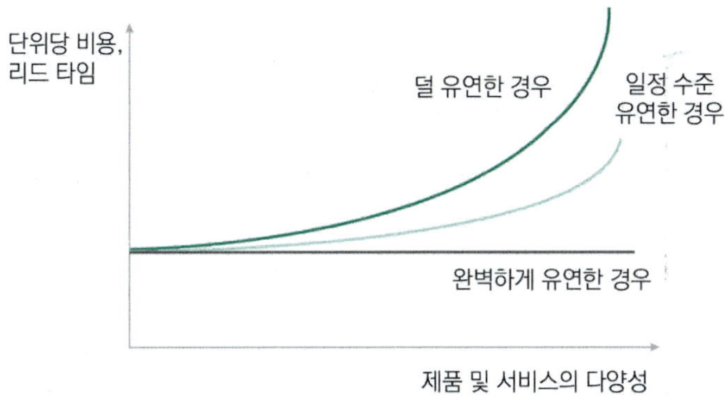


제품 및 서비스의 다양성과 비용 간의 관계를 살펴보면, 프로세스가 완벽하게 유연한 경우 제품 및 서비스의 다양성이 증가하더라도 비용의 증가할 이유가 없다. 반면 덜 유연한 경우, 다양성이 증가하게 되면 비용이 급격히 증가하게 된다. 대부분의 기업은 이 두 경우 사이에서 일정 수준 유연성을 갖추고 있다.

이제 가격 곡선에서 비용 곡선을 빼서 수익 곡선을 그릴 수 있다.

그림 3.10 제품 및 서비스의 다양성과 이익(Profit) 간의 관계

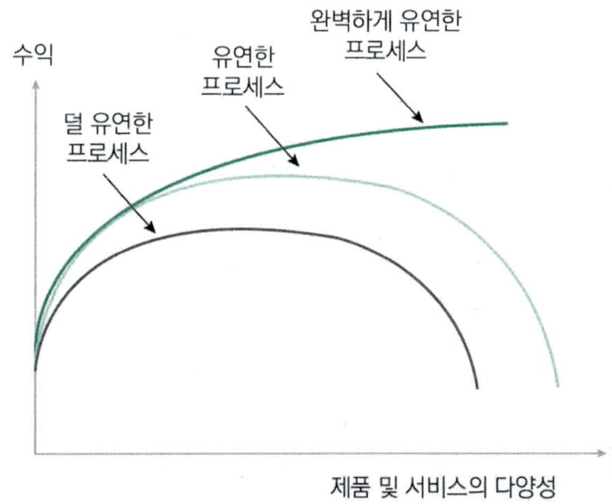

우선 완벽하게 유연한 경우 비용 곡선이 거의 일직선에 가까웠기 때문에 앞서 제시된 수익 곡선과 비슷한 형태를 따른다.

그러나 나머지 두 프로세스들에 대해서는 다양성이 높아질수록 비용이 증가하므로 수익 곡선은 포물선을 형성한다. 이 때, 유연성을 확보하는 것은 기업의 기대 이익을 늘린다고 할 수 있으며, 결론적으로 이익 극대화를 위한 최적의 대안은 다양성 수준을 적정 수준까지 증가시키는 것이다. 반면에 덜 유연한 프로세스를 가지고 있는 업체는 다양성 수준을 낮추는 것이 최적의 이익 창출 방안이다.

그렇다면 어떻게 하면 유연성을 확보할 수 있을까? 우선 기업이 사용 가능한 생산 능력의 여유를 만들어 두어 제품 및 서비스의 다양성 증대에 대비할 수 있게 할 수 있다. 또한 다양한 장비와 기술을 갖추되, 다양한 제품들이 공통적으로 가지고 있는 요소를 찾아내는 것이 중요하다. 예를 들면 생산 전략 중 차별화 지연 전략이 있는데, 초기 생산 단계의 공통적인 부분을 가급적 오랫동안 유지하며, 최종 단계에서만 차별화를 하여 고객의 다양한 욕구를 충족시키는 방법이다. 무엇보다, 생산 프로세스가 유연해야 하는데, 프로세스 시작, 중간, 끝 사이에서 필요 시 빠르게 전환할 수 있는 역량을 갖춰야 하며, 그 수단으로 기존의 프로세스와 다른 프로세스나 경로를 찾아내야 한다. 그리고 서비스 디자인 단계부터 유연성을 고려한 디자인을 하며, 관리 프로세스 역시 그에 맞춰주어야 한다.

## 마. 품질

### a. 품질 정의의 어려움

여러분에게 '고품질의 자동차의 이름을 대보세요'라고 하면 롤스로이스, 볼보, 렉서스, 현대 등 소위 내로라하는 자동차 브랜드들을 대답할 것이다. 그런데 이 브랜드들은 모두 다른 특성을 가지고 있고 서비스 또한 다 다르다. 그럼 고품질이란 말은 공통적으로 수렴하는 것이 없는 개념인가?

그러므로 우리가 품질을 이해하기 위해서는 일단 품질의 의미에 대해 보다 명확히 정의해야 하고, 어떻게 측정할 것인지, 그리고 어떻게 품질을 향상시킬지 등을 고민해봐야 한다.

### b. 품질의 구성 요소

품질은 퍼포먼스(Performance), 컨포먼스(Conformance), 외형, 어슈어런스(Assurance), 경험 등의 여러 가지 차원으로 정의 할 수 있다.

퍼포먼스(Performance)는 높으면 높을수록 좋은 것으로 성능과 관련되는 차원이다. 예를 들어 롤스로이스의 초 럭셔리(Ultra luxury), 포르쉐의 속도, 재규어의 스타일, 볼보의 안정성 등 높을수록 좋은 성능을 나타낸다.

컨포먼스(Conformance)는 일치성이다. 일치성은 정해진 기준에 부합하는 정도를 나타낸다. 정해진 기준과 격차가 적으면 적을수록 좋은 품질을 나타낸다.

외형은 핏과 마감, 디자인 등이 해당되고, iPhone의 사례를 들면 외형의 완성도를 위하여 기존의 스마트폰과 달리 기기와 배터리를 임의로 분리하지 못하는 일체형 디자인을 고수해왔다. 어슈어런스(Assurance)는 예를 들면 차의 내구성, 신뢰성, 보증 등이 해당되며, 험비(Humby) 차량이 대표적인 예다. 마지막으로 고객이 제품이나 서비스를 사용하면서 얻은 경험 역시 품질의 주된 구성 요소이며 할리 데이비슨의 말을 타는 듯한 경험, 스타벅스의 '제3의 공간' 경험 등이 여기에 해당된다.

## 바. 서비스 성과 측정 시 고려 사항

서비스 산업의 성과를 측정함에 있어서는 몇 가지 이슈들이 있다.

주요한 사항 중 하나로 서비스 산출물에 대한 정량화가 정확히 이루어져야 한다. 정확한 정량화가 되어야, 그것을 이용하여 서비스를 평가하고, 정확한 서비스의 개선 방향을 모색할 수 있기 때문이다.

서비스의 정량화가 정확히 이루어지기 힘든 근본적인 이유로는 서비스의 무형성 때문이지만 그 외에도 다양한 고객에 따른 이질성이 정량화를 더욱 어렵게 한다. 기업이 같은 서비스를 제공했더라도 그것을 받아들이는 고객에 따라서 다른 평가를 내릴 수 있고, 이는 같은 투입 대비 다양한 산출 값으로 이어지기 때문에 정량화에 혼선을 빚는다.

두 번째 이유는 수행되는 프로세스의 결과의 불확실성에 따른 이질성 때문이다. 헬스 케어나 교육의 경우 서비스 제공자가 실수를 할 확률이 있고 그 결과는 천차만별이다. 예를 들어 같은 사람이 수술을 하는데 수술이 성공할 수도 있고 실패할 수도 있기 때문이다.

세 번째 이유로는 상황에 따른 프로세스의 변동성이다. 서비스업은 매장이나 고객이 처한 상황에 따라 제공하는 프로세스가 달라지는 경우가 있는데, 이러한 변동성은 서비스 성과의 정량화를 어렵게 한다.

## 2 서비스 품질

서비스 품질의 개념은 제품 품질의 개념에서 출발하나 실제 측정에 있어서는 많이 다를 수 있다.

앞 장에서 설명했듯이, 서비스의 경우 제품으로서 서비스와 전달 프로세스 사이를 명확히 구분 지을 수 없다. 그리고 프로세스 속성들이 성과 평가에 포함되며, 서비스를 많이 받았다는 것이 양을 많이 받은 것인지 질적으로 좋은 서비스를 받은 것인지에 대해 구분하는 것에 혼선을 빚기 때문에 측정하기 어렵다. 따라서 서비스의 평가 시에는 준거점을 설정하여 격차를 구하는 방식을 사용한다.

그림 3.11 고객이 서비스 품질을 평가하는 과정

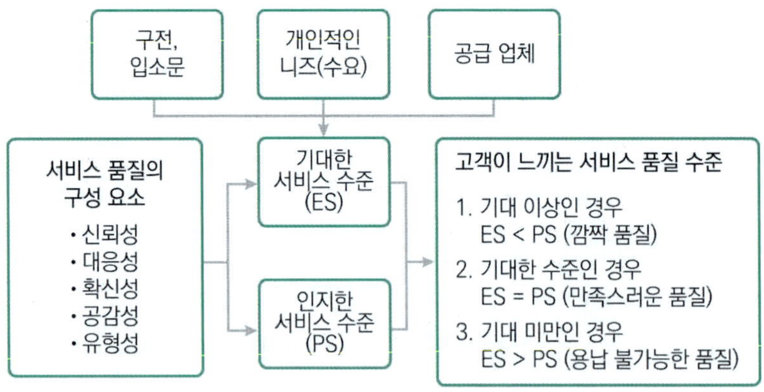


출처: Parasuraman et al. (1985)

## 가. 서비스 품질 평가의 시작, 격차(Gap) 모형

### a. 인식의 격차를 이용한 서비스 평가

앞 장에서 서비스의 질을 평가하는 SERVQUAL 모형을 소개했다. SERVQUAL 모형은 서비스를 측정할 때 기대수준과 실제 받은 서비스의 수준 간의 격차(Gap)을 이용해서 서비스를 평가한다고 했다. 이를 도식화하면 [그림 3.11]과 같다.

우선 서비스 품질의 구성 요소들로 신뢰성, 대응성, 확신성, 공감성 그리고 유형성 5가지가 있는데 각각의 요소에 있어서는 잠시 후 자세히 다루도록 하겠다.

우선 고객은 서비스를 이용하기 앞서 해당 서비스에 대한 기대를 하게 된다. 그리고 그 기대는 사람들 간의 입소문을 통한 구전, 개인적인 니즈 그리고 과거의 경험을 바탕으로 형성된다. 그리고 실제로 서비스를 받은 후 기대 수준보다 서비스의 질이 좋다고 여기면 고객은 서비스 품질이 매우 좋다고 생각하고, 기대 수준과 실제 수준이 같다고 여기면 단순히 만족에 그친다. 그러나 실제 수준이 기대 수준에 미치지 못하면 고객은 불만족하게 된다.

### b. 인식의 격차가 발생하는 이유

그러면 이러한 격차는 왜 생기는 걸까? 이를 설명하기 위해 기업의 활동 과정에서 생기는 5가지 격차들을 통해 고객의 기대 수준과 실제 인지한 품질 간 차이가 생기는 이유를 제시하는데, 이를 서비스 품질 격차 모형(Service Quality Gap Model)이라고 한다.

첫 번째 격차는 고객의 기대와 고객의 기대에 대한 경영자의 인지 수준 간의 차이로, 기업에서 제공하는 서비스가 고객 기대를 충족시키지 못하는 것이 주된 원인이다. 구체적으로는 경영자가 고객의 니즈를 정확히 파악을 못하는 것으로 마케팅 조사가 부실하거나 경영진이 현장을 잘 모르는 경우에 해당한다. 그러므로 이 갭을 해결하기 위해서는 고객에 대한 이해가 필수적으로 이루어져야 한다. 두 번째 Gap은 설계에서 나오는 Gap이다. 이는 서비스 디자인을 할 때, 정의된 서비스 설계가 고객 기대에 대한 경영자의 인지를 충족시키지 못한 것으로, 자원이 제약되어 경영자의 기대를 충족하지 못했거나, 서비스 디자인 단계부터 잘못 설계했을 경우도 있다.

세 번째 Gap은 서비스 설계와 실제 서비스 전달 단계에서 나오는 갭으로 설계 자체는 잘 됐으나 실제 서비스 활동을 설계에 부합하지 않게 수행하는 것으로, 직원이 서비스 설계를

그림 3.12 서비스 품질 격차 모형

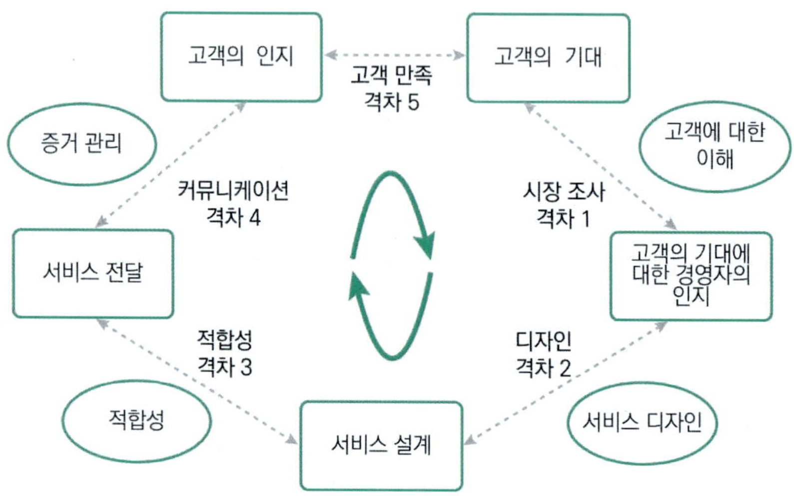


출처: Fitzsimmons et al. (2008)

제대로 이해를 못한 경우도 있고, 서비스를 받는 고객이 인지하는 서비스 수준이 일관적이지 않아서 생기기도 한다. 네 번째 Gap은 커뮤니케이션 갭으로, 서비스가 고객의 실제로 인지한 수준을 충족하지 못한 것으로 주로 과잉 기대를 유발하는 요인들로 인해 갭이 생기는데 예를 들어 과잉 광고가 있다. 다섯 번째 Gap은 SERVQUAL에서 측정했던 고객의 기대 수준과 실제 인지한 서비스 수준 간의 격차로, 이 갭을 최소화하는 것이 주된 목표가 된다.

## 나. 서비스 품질의 5가지 요소

Parasuraman et al. (1988)는 서비스 품질은 [그림 3.13]과 같이 5가지 요소로 이루어져 있다고 하였다.

우선 신뢰성은 고객 입장에서 기업이 약속한 서비스를 신뢰할 수 있고 정확히 수행할 수 있는 능력을 의미한다. 대응성은 서비스 제공자가 고객이 필요한 서비스를 신속하게 제공하는지, 그리고 즉각적인 응대를 할 수 있는 능력을 의미하며, 확신성의 경우 직원들이 서비스를 제공함에 있어서 필요한 기술과 전문지식을 갖추었는지, 고객에게 정중하고 신뢰감을 주는지

그림 3.13 서비스 품질의 구성 요소

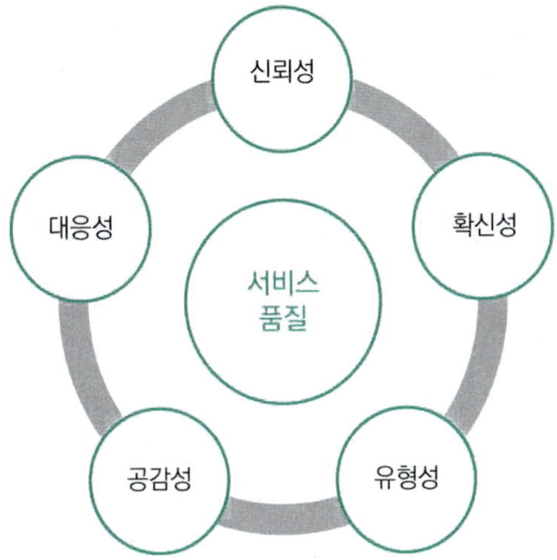


등 직원과 관련된 요소다. 공감성은 고객에 대한 배려와 고객에게 맞춤화된 서비스를 제공할 수 있는지에 대한 요소다. 그리고 유형성은 고객의 눈에 띄는 요소로 물리적인 설비의 배치, 인테리어 등의 환경과 직원들의 외적인 모습 등이 해당된다. 예를 들면 항공 서비스의 경우 신뢰성은 정시 출발, 정시 도착의 관행으로 측정되며, 대응성은 승무원의 응대 수준을 나타내며, 확신성은 승무원의 입출국 수속에 관련된 전문 지식으로 측정될 수 있으며, 공감성은 장애인 등을 응대하는 자세로 나타낼 수 있으며, 그리고 유형성은 항공기의 연식, 자리의 편안함, 청결 상태 등으로 평가 할 수 있다.

## 다. 서비스 품질 평가 모형, SERVQUAL

### a. SERVQUAL의 개념과 측정 방법

Parasuraman et al. (1988)은 '서비스 품질의 5가지 요소'에서 소개했던 서비스 품질의 요소들을 기반으로 고객이 느끼는 서비스의 수준을 평가하는 SERVQUAL 모형을 제시하였다. SERVQUAL은 기대 품질과 고객이 느낀 실제 서비스 품질을 설문 조사를 통해 측정하는데 구체적으로 [그림 3.14]와 같이 유사한 문항 셋트를 1) 고객이 기대했던 수준, 2) 실제 느꼈

그림 3.14 SERVQUAL을 이용한 서비스 품질 측정 프로세스

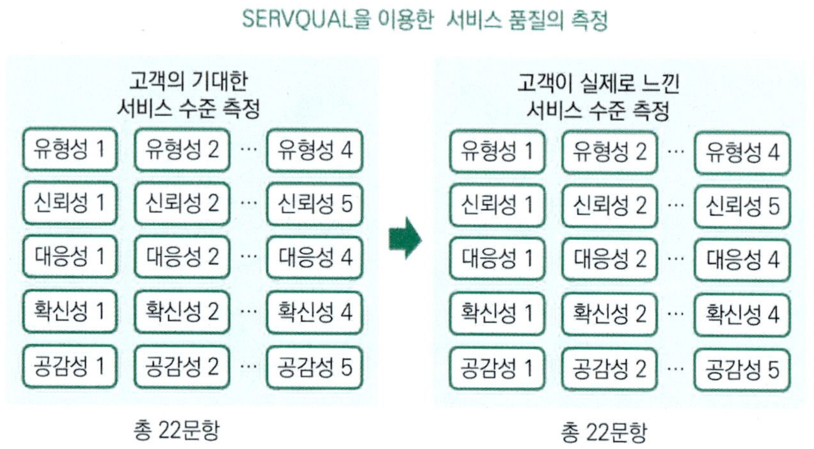


던 서비스 수준에 의해 총 2번 측정한다.

예를 들어, '최우량 서비스 업체는 최신의 장비를 갖고 있을 것이다'라는 문항을 이용하여 고객이 기대했던 수준을 측정하고, '내가 이용한 서비스 업체는 최신의 장비를 갖추었다'라는 문항을 이용하여 고객이 실제 느꼈던 수준을 측정하는 방식에 의하여 두 번의 측정을 하는 것이다. 덧붙여, 서비스 품질의 각 요소에 대해서 그와 관련된 4~5가지 문항을 이용하는데, 하나의 문항만 활용하면 그 문항이 그 요소를 대표한다고 할 수 없기 때문에 복수의 문항을 활용하게 된다. 그러므로 5개의 서비스 품질 요소를 측정하기 위해 총 22개의 문항을 활용하며, 기대 수준과 실제 서비스 수준을 2번 평가해야 하므로 실질적으론 44개의 문항에 답을 하게 된다.

### b. SERVQUAL의 한계점

SERVQUAL 모형은 서비스 품질을 측정하는데 유용한 도구이지만 몇 가지 한계점이 있다. 우선 SERVQUAL 모형은 Gap에 의존하는데 Gap 모형만이 서비스 품질을 설명하는 요인이 아니다. Cronin과 Taylor는 SERVQUAL 모형이 기대와 인지 수준을 모두 측정하기 때문에 2번의 측정이 일어난다는 점을 지적하면서 기대 수준이 아니라 실제 인지한 수준만 이용해도 충분히 서비스 품질을 평가할 수 있는 SERVPERF 모형을 제안했다. 그는 인지 수준을

측정할 때 응답자가 이미 기대 수준을 고려하여 답변을 하기 때문에 SERVQUAL 모형은 기대 수준을 2번 중복하여 측정하게 된다는 사실을 지적한다. 현실적으로도 불확실한 기대 수준 측정치에서 불확실한 인지 수준 측정치를 빼면 매우 불확실한 측정치를 얻게 되는 문제가 발생하기도 한다. 또한, SERVQUAL 모형은 고객이 느낀 서비스의 수준을 전반적으로 측정하지만, 고객의 목소리(Voice of Customer: 이하 VOC)를 구체적으로 표현하는 변수를 찾기는 어렵다. 한편, SERVQUAL은 물리적인 산업에 맞추어서 개발된 모형이기 때문에 인터넷 서비스에선 타당성이 부족하단 지적이 있었으나, 2005년 인터넷 서비스에 맞춘 E-S-Qual 모형이 제시되었고, 이외에도 다양한 산업에 대한 변형 및 적용이 시도되고 있다.

## 3 고객 중심 서비스 설계

서비스 설계 단계에서 VOC를 측정하였다 할지라도 이를 관리할 변수와의 상관관계를 이해하는 것은 대단히 중요하다. 본 절에서는 고객의 목소리를 효과적으로 관리하기 위한 도구인 품질 기능 전개, 품질의 집, 그리고 중요도-만족도 분석을 소개한다.

품질 기능 전개(Quality Function Deployment: 이하 QFD)는 그러한 목적을 달성하기 위한 도구로서, 고객의 요구를 제품이나 서비스의 물리적, 기술적인 특성에 연결 짓게 하는 기법이다.

우선 고객의 요구를 점차 세부적인 단계로 작성을 하는데, 정성적인 것은 정량적인 단위로 치환하고, 이를 만족시키는 설계 요건을 도출한다. 그리고 이것을 달성하기 위해 공정이나 프로세스를 어떻게 구현해야 하는지 도출한다. 정리하면, 고객의 니즈를 구체화하는 과정이라 할 수 있으며, 신제품 설계를 예로 들면 VOC를 반영한 상품 계획 → 부품 계획 → 공정 계획 → 생산 프로세스 가동으로 이어지는 단계에서 설계도의 역할을 한다.

그리고 이 과정에서, 새로운 제품이나 서비스 개발을 위해 다양한 부서가 협력을 해야 하는데 다양한 부서가 서로 갖춘 지식이 모두 다르기 때문에, 원활한 커뮤니케이션을 위해 하나의 그림을 이용하는데 이를 품질의 집(House of Quality: 이하 HOQ)라고 한다.

중요도-만족도 분석(Importance-Performance Analysis: 이하 IPA)는 Martilla and James (1977)에 의해 제시된 도구로서, 제품이나 서비스를 이용하는 고객을 대상으로 설문조사를 통해 각 속성에 대한 중요도와 성취도를 평가하고, 이를 비교 및 분석하여, 상품이나 서비스가 지니고 있는 속성들에 대해 소비자가 어떻게 인식하고 있는지 분석하는 기법으로, 제품의 선택속성에 대한 중요도와 만족도의 평가 접점을 좌표로 하여 2차원 행렬로 시각화 하여, 제품들의 속성이 위치한 사분면을 기준으로 어떤 속성을 유지 및 지속시킬지, 어떤 속성을 개선해야 할지 효과적으로 구분할 수 있다

## 가. 품질 기능 전개(QFD)의 역할과 중요성

앞서 QFD는 고객의 목소리를 적극적으로 반영하기 위한 도구로서, 고객의 요구를 제품이나 서비스의 물리적, 기술적인 특성과 연결짓는 기법이라 하였다. 구체적으로 QFD를 고객이 원하는 것이 무엇인지, 모든 설계 속성들이 똑같이 중요한지, 이 제품을 통해 경쟁 우위를 확보할 수 있는지, 기존 제품을 어떻게 바꿀 수 있을지, 기술자들은 고객이 인지하는 품질 수준에 얼마나 영향을 미칠 수 있는지, 기술 특성을 어떻게 측정할 것인지, 그리고 하나의 설계 변동이 다른 속성에 어떤 영향을 미칠 것인지를 결정하게 된다.

Sullivan (1986)에 의하면 신제품 개발 단계에서 미국과 일본 양국의 신제품 발표 전 설계 변화 빈도를 비교했는데, 일본에 비해 미국이 압도적으로 그 빈도가 높았고, 일본 역시 설계의 변경이 있었지만, 전체 설계 변경의 90%는 신제품 발표일 기준 1~2년 전에 일어났다고 한다. 이러한 차이가 벌어졌던 원인으로 일본 기업의 경우 QFD를 적극적으로 활용했던 초기 설계 단계에서 고객의 니즈를 구체화하고 생산 절차에 들어갔기 때문에 대부분의 기업이 런칭 2년 전 초기 단계에서 제품 설계를 끝마쳐 놓을 수 있게 된다.

반면, 미국 기업의 경우 런칭이 가까워질수록, 미처 발견하지 못했던 고객의 니즈를 뒤늦게 파악하고 그제서야 바쁘게 설계를 바꾸다 보니 런칭 1~3개월 전까지 설계 변경이 많이 이루어졌다. 그렇기 때문에, 설계 이후의 생산 프로세스에 들어가면서 신상품 런칭 예정일까지의 시간이 매우 촉박해지고 이는 품질 저하로 이어진다. 즉, QFD를 통해 각 설계 변수에 대한 관계를 명확히 명시하고, 부서 간 의사소통이 활발히 이루어지기 때문에, 설계 변경 횟수가 줄어드는 효과를 가져온 것이다.

## 나. 품질의 집(HOQ)의 역할

앞서 HOQ는 새로운 제품이나 서비스 개발을 위해 다양한 부서가 협력을 해야 하는데 다양한 부서가 서로 갖춘 지식이 모두 다르기 때문에, 원활한 커뮤니케이션을 위한 하나의 도표를 작성한다. HOQ는 [그림 3.15]와 같이 집 모양의 도표를 통해 QFD를 가시화함으로서 신제품 개발에 관여하는 여러 부서 간 원활한 커뮤니케이션을 지원한다.

### b. HOQ 설계 프로세스

1단계: 고객의 요구사항 도출 – 소비자 조사 등을 통한 고객의 니즈를 도출하고 각 속성 간 중요도를 산출한다.

2단계: 기술 특성 추출 – 제품이나 서비스의 기술 특성들을 정하는 단계로, 고객의 요구사항을 맞추기 위해서 어떻게 해야 할지 기술 특성들을 설정한다.

3단계: 연관성 파악 – 고객의 요구사항과 기술 특성 간의 상관성을 파악하는 것으로 연관

그림 3.15 품질의 집의 구성 요소

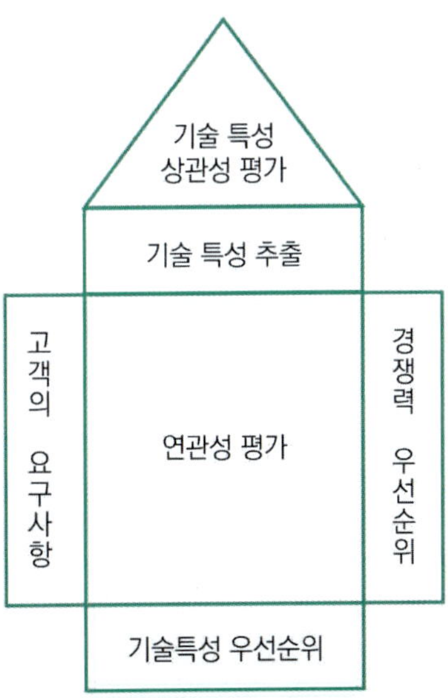


출처: Costa et al. (2000)

성이 미비하면 빈칸으로 둬도 된다.

4단계: 제품 사양 도출–기술 특성에 대해 자사가 고객을 만족시킬 Target Value를 설정하는 단계로, 여기서 높은 점수를 얻은 속성일수록 우선적으로 고려해야 한다.

5단계: 기술 특성 간 상호 연관관계 파악–기술 특성 간 관계성을 측정하는 것으로 개발에 참여하는 부서 간 원활한 커뮤니케이션을 위한 것으로 품질의 집의 지붕 부분에 기록한다.

6단계: 소비자 평가를 통한 경쟁사 분석–고객의 요구에 대해서 현재 고객들이 경쟁사와 자사에 대해 느끼는 수준을 측정하는 것으로, 소비자가 느끼는 자사와 경쟁사 간 각 속성 별 점수를 그래프로 표시한다.

### c. HOQ 적용 예시

HOQ의 적용 예시를 살펴보자. [그림 3.16]은 대학교 인근 카페(이하 A 카페)의 경쟁력 향상을 위해 수행한 QFD를 바탕으로 작성한 HOQ다. 완성된 품질의 집을 바탕으로 각 단계별로 작성 과정을 살펴보자.

#### 1단계: 고객의 요구사항 도출

A 카페는 고객이 카페에 원하는 것이 무엇인지 개방형 설문 조사를 통해 자료를 수집하였고, 자료를 정리한 결과, 커피의 맛, 음료수의 제공 량, 부가 설비의 구비 수준 등 7가지 요구 사항으로 압축이 되었고, 고객이 언급한 빈도를 기준으로 1~5점 사이로 중요도를 측정한 후, 각 속성 별 상대적 중요도(상대적 중요도=개별 중요도/각 속성들의 중요도의 합)를 계산한 후 [그림 3.17]과 같이 품질의 집의 좌측에 입력하였다.

그림 3.16 대학교 인근 A 카페의 HOQ

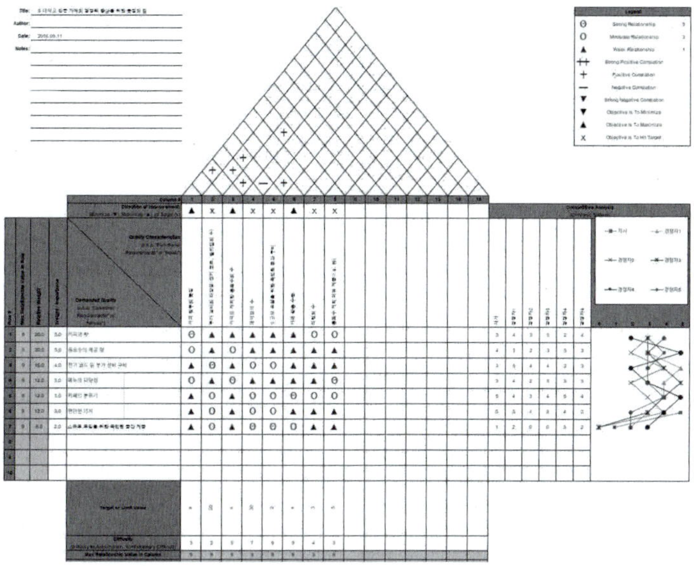

그림 3.17 고객의 요구사항 표기

| Row # | Max Relationship Value in Row | Relative Weight | Weight/Importance | Quality Characteristics (a.k.a. "Functional Requirements" or "Hows") / Demanded Quality (a.k.a. "Customer Requirements" or "Whats") |
|---|---|---|---|---|
| 1 | 9 | 20.0 | 5.0 | 커피의 맛 |
| 2 | 3 | 20.0 | 5.0 | 음료수의 제공량 |
| 3 | 9 | 16.0 | 4.0 | 전기 코드 등 부가 설비 구비 |
| 4 | 9 | 12.0 | 3.0 | 메뉴의 다양성 |
| 5 | 9 | 12.0 | 3.0 | 카페의 분위기 |
| 6 | 3 | 12.0 | 3.0 | 편안한 의자 |
| 7 | 9 | 8.0 | 2.0 | 소규모 모임을 위한 독립된 공간 제공 |

### 2단계: 기술 특성 추출

고객의 요구를 바탕으로 현재 A 카페에서 제공할 수 있는 능력들을 고려해본 결과 커피 원두의 품질 등 8가지 요소가 도출되었다. 그리고 각 품질 특성들이 최대화 특성(높을수록 좋은 특성)인지, 최소화 특성인지(낮을수록 좋은 특성), 혹은 아이디얼 포인트 특성(특정 값에 수렴할수록 좋은 특성)인지 구분하기 위해 최대화(▲), 최소화(▼), 아이디얼 포인트(X)를 표시해 둔다.

그림 3.18 기술 특성 추출

| Column # | 1 | 2 | 3 | 4 | 5 | 6 | 7 | 8 |
|---|---|---|---|---|---|---|---|---|
| **Direction of Improvement:** Minimize(▼), Maximize(▲), or Target(X) | ▲ | X | ▲ | X | X | ▲ | X | X |
| **Quality Characteristics** (a.k.a. "Functional Requirements" or "Hows") / **Demanded Quality** (a.k.a. "Customer Requirements" or "Whats") | 커피 원두의 품질 | 부가 설비의 다양성(전기 코드, 멀티탭의 수) | 커피를 제외한 음료수의 수 | 테이블의 수 | 소규모 모임을 위한 독립된 공간 제공 | 카페 방음 수준 | 직원의 수 | 음료수 제외 메뉴 제공(i.e. 빵) |

### 3단계: 연관성 파악

2단계에서 A 카페가 제공할 수 있는 품질 특성들을 도출하였다. 이제 해당 품질 특성들이 고객의 요구를 충족시키기 위해 얼마나 연관성이 있는지 표시를 한다. [그림 3.19]와 같이 그 연관성의 높낮이에 따라 각기 다른 기호로 표시하는데, 이 경우에는 가장 연관성이 높은 경우($\Theta$), 연관성이 어느 정도 있는 경우(O), 연관성이 낮은 경우(▲)로 구분하였다. 또한, 고객의 요구와 품질 특성 간의 연관 점수 중 가장 높은 수를 고객의 요구에서 측정했던 상대적 중요도 옆에 따로 표시한다.

### 4단계: 제품 사양 도출

각 품질 특성에 대해 A 카페가 어느 수준까지 달성해야 하는지 표시한 것으로, 현재 A 카페의 경제적인 여유를 고려해야 함과 동시에 방음 설비나 독립 공간 구비와 같이 단시간에 쉽게 행하기 어려운 것들은 그 난이도를 0~10 사이에서 9점을 부여했으며, 그 외에 비교적 쉽게 행할 수 있는 것들은 5점 이하의 점수를 부여하였다. 그리고 별도의 목표치를 설정하지 않았는데, 이는 정량화가 어려운 특성들이었기 때문이다. 그러나 이 단계에서 최대한 구체적인 수치를 제시 하는 것이 향후 서비스 설계에 더 도움이 된다. 그리고 앞서 1~3단계에서 구했던 수치를 바탕으로 각 품질 특성의 중요도와 상대적 중요도를 구한다. 여기서 상대적 중요도가 높은 품질 특성일수록 우선적으로 고려해야 한다.

그림 3.19 고객의 요구사항과 기술 특성 간 연관성 파악

| | | | | Column # | 1 | 2 | 3 | 4 | 5 | 6 | 7 | 8 |
|---|---|---|---|---|---|---|---|---|---|---|---|---|
| | | | | Direction of Improvement: Minimize(▼), Maximize(▲), or Target(X) | ▲ | X | ▲ | X | X | ▲ | X | X |
| Row # | Max Relationship Value in Row | Relative Weight | Weight/Importance | Quality Characteristics (a.k.a. "Functional Requirements" or "Hows") / Demanded Quality (a.k.a. "Customer Requirements" or "Whats") | 커피 원두의 품질 | 부가 설비의 다양성(전기 코드, 멀티탭의 수) | 커피를 제외한 음료수의 수 | 테이블의 수 | 소규모 모임을 위한 독립된 공간 제공 | 카페 방음 수준 | 직원의 수 | 음료수 제외 메뉴 제공(i.e. 빵) |
| 1 | 9 | 20.0 | 5.0 | 커피의 맛 | Θ | ▲ | ▲ | ▲ | ▲ | ▲ | ○ | ○ |
| 2 | 3 | 20.0 | 5.0 | 음료수의 제공량 | ○ | ▲ | ○ | ▲ | ▲ | ▲ | ▲ | ▲ |
| 3 | 9 | 16.0 | 4.0 | 전기 코드 등 부가 설비 구비 | ▲ | Θ | ▲ | ○ | ○ | ▲ | ▲ | ▲ |
| 4 | 9 | 12.0 | 3.0 | 메뉴의 다양성 | ○ | ▲ | Θ | ▲ | ▲ | ▲ | ▲ | Θ |
| 5 | 9 | 12.0 | 3.0 | 카페의 분위기 | ▲ | ○ | ▲ | ○ | ○ | Θ | ○ | ○ |
| 6 | 3 | 12.0 | 3.0 | 편안한 의자 | ▲ | ○ | ▲ | ○ | ○ | ▲ | ▲ | ▲ |
| 7 | 9 | 8.0 | 2.0 | 소규모 모임을 위한 독립된 공간 제공 | ▲ | ○ | ▲ | Θ | Θ | ○ | ▲ | ▲ |

그림 3.20 제품 사양 도출

| Target or Limit Value | X | 20 | X | 30 | 2 | X | 3 | 5 |
|---|---|---|---|---|---|---|---|---|
| Difficulty (0=Easy to Accomplish, 10 = Extremely Difficult | 3 | 2 | 5 | 7 | 9 | 9 | 4 | 3 |
| Max Relationship Value in Column | 9 | 9 | 9 | 9 | 9 | 9 | 3 | 9 |
| Weight/Importance | 324.0 | 292.0 | 236.0 | 244.0 | 244.0 | 212.0 | 164.0 | 260.0 |
| Relative Weight | 16.4 | 14.8 | 11.9 | 12.3 | 12.3 | 10.7 | 8.3 | 13.2 |

### 5단계: 기술 특성 간 상호 연관관계 파악

3단계에서는 고객의 요구와 기술 특성 간 연관성을 파악했다면 이 단계에서는 각 기술 특성 간의 연관성을 파악한다. 별도의 연관성이 없는 경우 표기를 안 해도 되며, 각 속성 간 양의 관계를 보인다면 +, 음의 관계를 보인다면 −로 표기해 두었다. 이 단계를 통해 각 속성을 개발하는 단계에서 한 속성을 개발 할 때 함께 개발 될 수 있는 속성, 트레이드 오프(Trade−Off) 관계를 갖는 기술 특성을 용이하게 파악할 수 있다.

그림 3.21 기술 특성 간 상호 연관성 파악

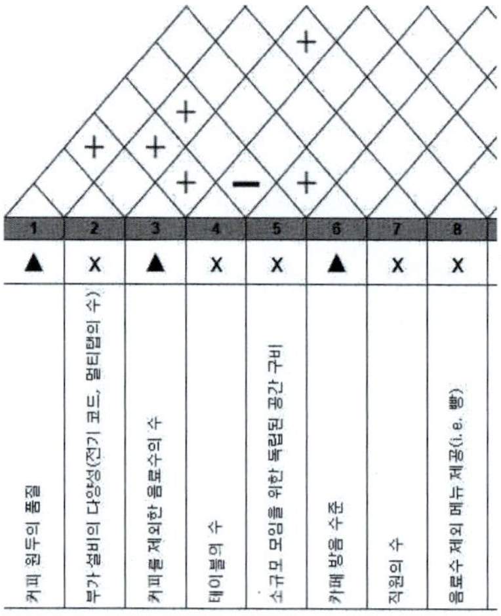


### 6단계: 소비자 평가를 통한 경쟁사 분석

고객의 요구에 대해서 현재 자사와 경쟁자들이 어느 수준으로 만족시키고 있는지 측정한다. 이 조사는 소비자를 대상으로 조사하는 것이 더 고객의 목소리를 반영할 수 있기 때문에 A 카페는 손님들을 대상으로 설문조사를 하였고 0~5점 사이에서 고객들이 현재 고객의 니즈를 A 카페를 포함한 경쟁 카페들이 얼마나 만족시키고 있는지 조사하였다. 해당 결과를 바탕으로 현재 A 카페가 고객의 목소리를 얼마나 반영하고 있는지 일목요연하게 파악할 수 있음과 동시에 경쟁자들과의 결과 비교를 통해 향후 전략 설계를 위한 포지셔닝의 기초 자료로 쓰일 수 있다.

그림 3.22 경쟁자 분석

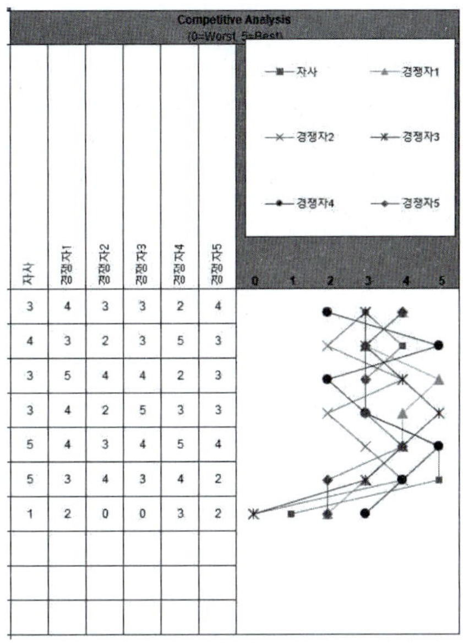


| 자사 | 경쟁자1 | 경쟁자2 | 경쟁자3 | 경쟁자4 | 경쟁자5 |
|---|---|---|---|---|---|
| 3 | 4 | 3 | 3 | 2 | 4 |
| 4 | 3 | 2 | 3 | 5 | 3 |
| 3 | 5 | 4 | 4 | 2 | 3 |
| 3 | 4 | 2 | 5 | 3 | 3 |
| 5 | 4 | 3 | 4 | 5 | 4 |
| 5 | 3 | 4 | 3 | 4 | 2 |
| 1 | 2 | 0 | 0 | 3 | 2 |

## 다. IPA

IPA는 설문 조사를 통해 제품이나 서비스의 각 속성 별 고객이 현재 느끼는 중요도와 만족도를 측정하여 [그림 3.23]과 같이 산점도로 나타낸다.

IPA를 통해 제품의 모든 속성들은 4개의 사분면 중 하나에 속하게 된다. 각 사분면을 살펴보면, 1사분면은 강점 영역으로, 해당 속성이 중요도도 높고 동시에 만족도도 높은 강점을 보이는 속성이기 때문에, 지속적인 유지를 필요로 하는 영역이다. 2사분면은 집중 개선 영역으로서 중요도는 높은 반면 만족도가 낮은 영역으로, 높은 중요도만큼 집중적인 개선과 투자가 필요한 영역이다. 3사분면은 저 우선순위 영역으로 중요도도 낮고 만족도도 낮은 속성들로, 더 이상 추가적인 투자가 필요 없다고 해석할 수 있다. 그리고 4사분면은 중요도는 낮지만 만족도는 높은 속성들이 모인 과잉 투자 영역으로, 해당 속성들은 현재 과잉투자 되고 있는 속성들로 해석이 가능하며, 해당 속성에 투자되는 자원들 중 일부를 개선이 필요한 다른 속성들에 투자하면 보다 나은 성과를 기대할 수 있다.

그림 3.23 IPA Matrix

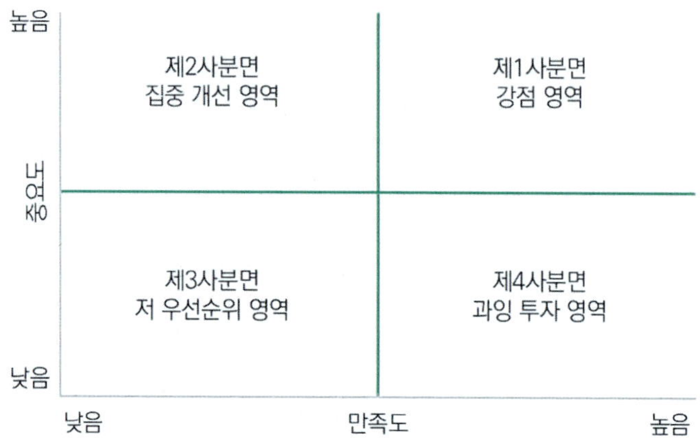


그러나 IPA를 수행하는 과정에서 각 속성 별 중요도와 만족도 간 상호 독립적이어야 한다는 통계적인 기본 가정에 위배되는 경우가 종종 발생하는데, 이를 해결하기 위해 여러 가지 수정된 IPA 방법론들이 제시되고 있으며, 대표적으로 Kano et al. (1984)의 3요인 이론(Three Factor Theory)에 기초한 Vavra (1997)의 방법론과 자연 로그를 활용한 Deng (2007)의 방법론이 있다.

## 라. 서비스 설계를 위한 다른 도구

QFD와 HOQ는 제품이나 서비스의 설계 단계에서부터 고객의 요구를 수렴하고 그것을 구체적으로 구현하기 위한 설계도의 역할을 한다.

이 외에 Poka-Yoke 방법이 있다. 이 말은 '바보 같은 행동을 피한다'라는 의미의 일본어에서 유래되었고, 실수를 방지하기 위해 실수를 최소화하도록 행동을 제한하거나 강제로 정확한 동작을 취하게끔 유도하는 방식을 의미한다. 예를 들면, 놀이기구가 움직일 때 잡을 수 있는 안전 바가 있고, 공항에서 수하물 크기를 측정하기 위해 공항 체크인 카운터에 설치된 프레임, 서비스업에 종사하는 직원들의 적절한 외모(단정함 등)를 지속적으로 유지하기 위해 직원 휴게실에 거울을 설치하거나, 패스트푸드 식당 출구 옆에 놓은 접시(트레이) 반환 스탠드 등이 있다.

즉, Poka-Yoke는 고객의 요구를 수렴하고 새로운 것을 개발하는 방법은 아니지만, 사람의 실수를 유발하는 요인을 찾아내 제거하고, 올바른 행동을 취하게끔 유도함으로서 사람으로 인해 생기는 품질 저하 요인을 방지하여 원활한 품질 관리를 돕는 시스템이다.

## 4 서비스 회복

서비스 회복은 고객이 서비스에 불만족하는 경우, 고객의 문제를 기업에서 적극적으로 해결하여 고객의 신뢰를 회복하고 충성 고객으로 다시 만드는 활동들을 의미한다. 고객이 서비스에 불만족하면 안 된다는 것은 자명하다. 그러나 굳이 기업이 불만족한 고객을 다시 충성 고객으로 만들기 위해 비용이나 시간을 들일만큼 가치가 있을까?

### 가. 서비스 회복의 필요성

미 백악관 소비자 국(White House Office of Consumer Affairs)에 의하면 평균적으로 제품이나 서비스에 불만족한 고객들 중의 4%가량만 기업에 불만을 접수한다고 한다. 나머지 96%의 고객들은 불만을 접수하기 위해 굳이 노력을 기울이지 않는다고 한다. 그리고 그들 중 25%는 심각한 문제를 겪은 고객들이라고 한다. 그리고 불만을 제기한 4%의 고객들이 서비스 기업의 고객으로 여전히 남을 확률이 그렇지 않은 96%의 고객들보다 높다. 구체적으로, 불만을 제기한 고객 중 약 60% 정도는 문제가 해결되면 다시 그 기업의 고객이 되며, 만일 문제를 기업 측에서 빠르게 해결하면 95%의 고객이 다시 그 기업의 고객으로 남는다고 한다.

또한, 불만족스러운 고객은 주변의 10~20명의 다른 이들에게 자신이 겪은 불편을 이야기하는 반면, 문제가 해결된 고객들은 약 5명가량의 사람들에게만 자신이 겪은 상황을 이야기 한다고 한다.

즉, 기업의 서비스 회복 활동은 불만족한 고객들을 다시 고객으로 돌아오게 할 수 있는 효과적인 방법이며, 불만을 겪은 고객이 주변의 사람들에게 그 상황을 이야기하여 기업이 잃는 잠재 고객들의 수를 최소화하는 방법이다.

이러한 서비스 회복 활동은 단순히 고객의 만족과 충성도를 회복하기 위해서만 수행하는 활동은 아니다. 무엇보다 서비스 회복을 야기한 서비스 실패 상황을 파악하고 해결하는 과정에서 기업 차원에서 개선을 추진하는 데 도움을 준다.

### 나. 서비스 회복과 기업 성과와의 관계

Johnston and Michel (2008)은 서비스 회복 활동을 [그림 3.24]와 같이 불만족한 고객을 다시 만족하게 하기 위한 고객 회복, 프로세스를 개선하기 위한 프로세스 회복, 그리고 기업의 직원들을 만족하게 하기 위한 직원 회복 활동으로 이루어진 3가지 범주로 구분해서 재무성과에 미치는 영향에 대해 연구 하였다.

연구 모형을 보면, 서비스 회복 활동이 고객 회복, 프로세스 회복, 그리고 직원 회복 3가지 모두에 긍정적인 영향을 미치며, 고객 회복 활동을 살펴보면, 서비스 회복을 통해 고객이 만족하면, 그 고객은 다시 그 기업의 서비스를 이용하는데 긍정적인 영향을 미치며 이는 재무적 성과에 긍정적인 영향을 미치는 것으로 나타났다.

프로세스 회복 역시 프로세스가 개선을 촉진하고 개선된 프로세스는 재무성과에 긍정적인 영향을 미쳤다. 그리고 직원 회복을 통해 직원들의 만족도, 태도가 개선되면 직원들은 계

그림 3.24 서비스 회복과 기업 성과 간의 관계

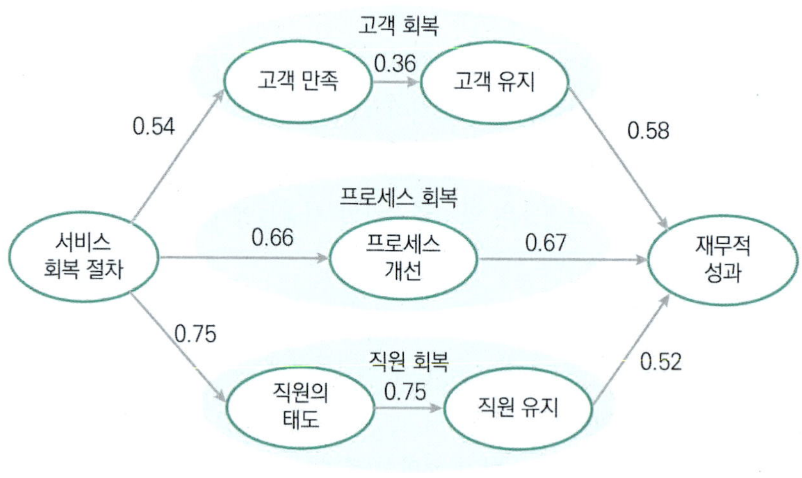


출처: Johnston and Michel (2008)

속해서 기업에 남아서 열심히 업무를 수행하게 되고, 이는 재무적 성과에 긍정적인 영향으로 이어진다.

정리하면, 서비스 회복 활동은 3가지 범주에서 긍정적인 영향을 미치며, 3가지 범주 모두 재무성과에 긍정적인 영향을 미침으로서, 불필요한 비용의 투자라고 비춰질 수 있는 서비스 회복 활동이 오히려 재무 성과에도 긍정적인 영향을 미칠 수 있음을 보였다.

## 5 서비스 수익 체인

### 가. 서비스 수익 체인

Heskett et al. (1994)은 서비스 수익 체인(Service Profit Chain)을 통해 종업원의 역량,

그림 3.25 서비스 수익 체인

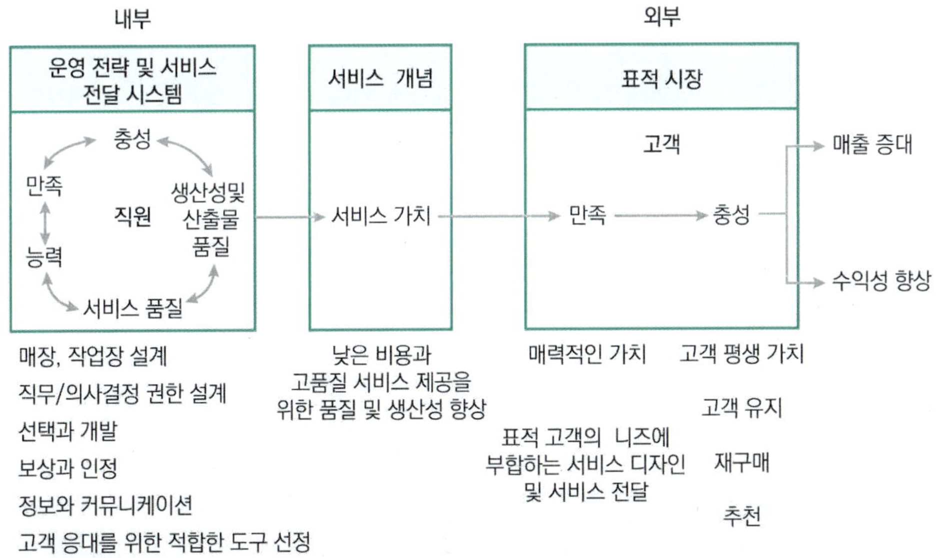


출처: Heskett et al. (1994)

만족, 서비스 품질, 서비스 가치, 고객 만족도와 수익과의 관계를 제시했다.

우선 서비스 기업의 수익성과 수익 증대는 충성 고객을 통해 확보된다. 충성 고객은 고객 만족으로부터 시작하며, 고객 만족과 충성은 고객이 인지한 서비스 가치에 의해 영향을 받는다. 그리고 고객이 인지한 서비스 가치는 직무에 만족하고, 역량 있고 생산성을 지닌 직원에 의해 만들어지며, 무엇보다 직원이 기업에 충성도가 높아야 한다는 점도 필요하다. 정리하면, 충성스러운 고객을 만드는 것은 고객이 인지한 서비스의 가치의 질이며, 서비스 가치는 훌륭한 기업 구성원들에 의해 만들어지는 것이다.

### 나. 서비스 수익 체인 사례

미국의 사우스웨스트 항공은 비교적 후발주자임에도 불구하고 시장에서 독자적인 위치를 갖는 성공적인 사례로 손꼽히는데, 사우스웨스트 항공은 단거리 운항을 하고 싶은데 비용 때문에 시간이 걸리더라도 자동차나 기차를 이용하는 승객들을 주된 타겟으로 삼아 기존 항공 요금보다 저렴한 가격으로 미국 내의 단거리 경로를 운항하는 서비스를 제공했다.

저렴한 가격을 내세웠기 때문에 비용 절감이 무엇보다 중요하였는데, 비용 절감을 위해 모든 항공기를 보잉 737 단일 기종으로 운영하여 항공기의 유지비, 조종사 훈련에 드는 비용 등을 절감할 수 있었다. 그리고 서비스를 간소화하여 비용을 절감하였는데, 티켓 없이 탑승하는 것을 가능케 하여 탑승 수속을 간소화 하였고, 지정좌석제를 폐지하여 선착순으로 좌석을 선택하게 하였다. 그리고 단거리 노선만을 운영하기에 기내식 대신 스낵 같은 간식류만 제공한다.

그리고 비용절감으로 인해 서비스 수준이 낮아지는 것을 최소화하고자, 승무원들이 부활절 같은 특별한 날에는 그 날에 어울리는 분장을 하여 승객들을 즐겁게 하거나, 제공하는 과자에 '당신을 위한 사치스러운 서비스'라는 농담을 적어 두기도 하였다.

무엇보다 이러한 서비스를 가능케 한 것은 사우스웨스트의 높은 직원 만족도 덕이었다. 사우스웨스트 항공의 경영진은 자주 현장에서 일하는 승무원, 정비사 등 직원들과 격의 없이 어울리는 것으로 유명한데, 이 과정에서 경영진은 현장에서 일하는 직원을 통해 고객의 소리 등을 더 자세히 청취함과 동시에 직원들의 유대감이 강화되어 소위 '가족 같은 회사' 문화를 만들 수 있었다. 특히, 사우스웨스트 항공의 초창기 구성원들 상당수는 다른 항공사에서 일하다 해고가 된 사람들이었는데, 이들에겐 절박함이 강했고, 그런 상황에서 사우스웨스트 항공의 경영진은 그들과 가족 같은 분위기를 만들고 이러한 문화는 이들에게 안정감과 동시에 강한 유대감 그리고 충성심을 가져올 수 있었다. 그리고 현장의 자율권을 최대한 부여하여 내부고객의 만족도를 극대화 하였다.

정리하면, 사우스웨스트의 성공에는 차별적인 마케팅 전략보다는 운영 시스템의 설계 및 성공적인 서비스 운영, 능력 있고 충성심이 강한 구성원들 덕에 가능한 것이었다.

## Takeaways

- 기업의 성과를 측정하는 기준을 성과지표라 하며, 성과지표에는 비용, 생산성, 시간, 유연성, 품질 등이 있다.
- 비용은 고정비와 변동비로 구성되며, 규모의 경제성 및 비경제성에 의해 총 비용 곡선이 영향을 받으며 이는 손익분기점의 변화로 이어진다.
- 생산성은 투입 대비 산출로 계산되며 다양한 측정법이 있다. 그리고 고객 가치 역시 생산성 측정 방식으로 접근할 수 있으며, 시장의 변화로 인해 서비스를 제공하기 위한 비용과 프로세스 품질을 함께 고려해야 한다.
- 시간은 고객의 대기 시간, 주문 처리 시간 등 운영과 관련된 척도로도, 시장 변화에 대한 민첩성, 신제품의 시장 진출 시간 등 전략적인 척도로도 활용할 수 있다.
- 유연성은 다양한 고객의 니즈를 만족시킬 수 있음으로서 유연성이 높을수록 수익성도 증대되지만, 유연성 향상을 위해 투입하는 비용을 고려했을 때, 적정 수준 이상의 유연성은 수익성 향상에 크게 기여하지 않는다.
- 고품질은 하나의 정의로 수렴되지 않으나, 크게 퍼포먼스(Performance), 컨포먼스(Conformance), 외관, 어슈어런스(Assurance), 경험 등의 차원으로 구성된다.
- 서비스 품질 측정의 시작은 고객이 기대한 서비스 수준과 실제로 받은 서비스 수준 간의 격차이다.
- Parasuraman et al. (1985)는 서비스 품질을 신뢰성, 대응성, 확신성, 공감성, 그리고 유형성으로 이루어져 있다고 하였다.
- SERVQUAL은 Parasuraman et al. (1988)가 제시한 서비스 품질 요소들을 기준으로 고객이 느낀 서비스 수준을 측정하는 모형으로, 고객의 기대 수준과 실제 느꼈던 서비스 수준 총 2번 측정한다.
- Cronin Jr and Taylor (1992)는 SERVQUAL의 비효율성을 비판하면서 SERVPERF 모형을 통해 고객이 실제로 느낀 서비스 수준만 이용해도 충분히 서비스의 질을 평가할 수 있다고 하였다.
- QFD를 통해 고객의 요구를 제품이나 서비스의 물리적, 기술적 특성과 매칭을 하여 고객의 니즈를 보다 잘 반영한 제품 및 서비스 설계를 할 수 있으며, HOQ는 QFD를 통해 도출한 설계 속성들을 제품 및 서비스 개발에 연관된 다양한 부서들 간 원활한 의사소통을 위해 집 모양으로 가시화 한 것이다.
- IPA는 설문 조사를 통해 제품이나 서비스의 각 속성 별 고객이 현재 느끼는 중요도와 만족도를 측정하여 산점도로 나타내는데, 각 사분면 별로 제품 속성들을 유지할 지, 개발할 지, 포기할 지 등을 결정하는 기준이 된다.
- 기업의 서비스 회복 활동은 불만족한 고객들을 다시 고객으로 돌아오게 할 수 있는 효과적인 방법이며

단순히 고객의 만족과 충성도를 회복하기 위해서만 수행하는 활동은 아니며 서비스 실패 상황을 파악하고 해결하는 과정에서 기업 차원에서 개선을 추진하는데 도움을 주며, 이는 기업 성과에도 긍정적인 영향을 미친다.

- Heskett et al. (1994)은 서비스 수익 체인 개념을 통해 종업원의 역량, 만족, 서비스 품질, 서비스 가치, 고객 만족도와 수익과의 관계를 제시했다.

## Reference


Costa, A., M. Dekker, and W. Jongen. 2000. Quality function deployment in the food industry: a review. *Trends in food science & Technology* 11 (9−10): 306−314.

Cronin Jr, J. J., and S. A. Taylor. 1992. Measuring service quality: a reexamination and extension. *Journal of marketing* 56 (3): 55−68.

Deng, W. 2007. Using a revised importance-performance analysis approach: The case of Taiwanese hot springs tourism. *Tourism management* 28 (5):1274−1284.

Fitzsimmons, J. A., M. J. Fitzsimmons, and S. Bordoloi. 2008. *Service management: Operations, strategy, and information technology*: McGraw−Hill New York.

Heskett, J. L., T. O. Jones, G. W. Loveman, W. E. Sasser, and L. A. Schlesinger. 1994. Putting the service−profit chain to work. *Harvard business review* 72 (2):164−174.

Johnston, R., and S. Michel. 2008. Three outcomes of service recovery: customer recov−ery, process recovery and employee recovery. *International Journal of Operations & Production Management.*

Kano, N., N. Seraku, F. Takahashi, and S. Tsuji. 1984. Attractive quality and must−be quality. *The Journal of Japanese Society for Quality Control* 14 (2):39−48.

Martilla, J. A., and J. C. James. 1977. Importance−performance analysis. *Journal of mar−keting* 41 (1):77−79.

Parasuraman, A., V. A. Zeithaml, and L. L. Berry. 1985. A conceptual model of service quality and its implications for future research. *Journal of marketing* 49 (4):41−50.

Parasuraman, A., V. A. Zeithaml, and L. L. Berry. 1988. SERVQUAL: A Multiple-Item Scale for Measuring Consumer Perceptions of Service Quality. *Journal of retailing* 64 (1):12-40.

Sullivan, L. P. 1986. Quality function deployment. *Quality progress* (ASQC):39-50.

Vavra, T. G. 1997. *Improving your measurement of customer satisfaction: A guide to creating, conducting, analyzing, and reporting customer satisfaction measurement programs*: Quality Press.

# Service Strategy & Systems Thinking

CHAPTER

04

# 서비스 전략 및 시스템 사고

## (Service Strategy & Systems Thinking)

CHAPTER 04

# 서비스 전략 및 시스템 사고 (Service Strategy & Systems Thinking)

본 장은 서비스 전략에 대해 다룬다. 전략이란 시장에 참여하는 경쟁자들 사이에서 작게는 기업의 생존, 크게는 지속적인 경쟁 우위를 달성하기 위한 방안으로서 구체적으로 경쟁 우위를 달성하기 위한 마이클 포터가 제시한 원가 우위, 차별화 등을 이용한 전략, 거시적인 서비스 비전 설계를 기반으로 시장 타겟팅, 서비스 컨셉, 운영 전략, 서비스 제공 시스템 등 세부적인 서비스 전략 설계 방안을 알아보도록 하겠다. 그리고 시스템적 사고를 소개함으로써 위기상황에 대한 대처방안을 살펴본다.

## 1 서비스 전략

### 가. 전략 수립의 이유와 서비스 전략

전략을 수립해야 하는 이유는 시장의 크기는 제한되어 있는데 시장에 참여하는 경쟁자가 존재하기 때문이다. 그리고 경쟁자가 많아질수록 자사가 얻을 수 있는 시장 수익의 폭은 점점 줄어들 것이며 그렇기에 고객들에게 자사가 경쟁자들보다 매력적인 대안임을 늘 보여줘야 한다. 서비스 경쟁이 특별한 이유는 다음과 같다.

우선 서비스는 규모의 경제를 달성할 수 있는 정도가 제한이 되어 있는데 이는 서비스를 받기 위해 고객이 서비스 매장으로 와야 하기 때문에 발생하는 이동 비용(Traveling Cost)도 함께 고려해야 하므로, 한 장소에만 집중적으로 서비스 자원을 투입할 수 없다. 그렇기에 프랜차이즈와 같은 소형 매장들이 각 지역에 걸쳐 만들어지기 때문에 시장에 존재하는 서비스 제공자의 수가 늘어나게 되고 이는 경쟁 격화의 원인이 된다.

서비스 수요의 변동성 역시 고려해야 한다. 서비스에 따라 시간별 고객의 도착률이 다 다르고, 그렇기에 피크 시간대 역시 모두 다르다. 무엇보다 고객이 도착하는 간격은 일정하지 않고 확률적이기 때문에 수요의 변동성이 발생한다.

또한 기술의 발달로 기존에는 서비스를 통해 제공되었던 것을 대체할 수 있는 제품들이 나오는데, 대표적으로 임신 테스트기가 있다. 원래는 임신 여부를 확인하기 위해 병원에 갔어야 했는데, 최근에는 집에서도 임신 테스트기를 통해 임신 여부를 확인할 수 있다. 병원 입장에서는 기술의 발달로 인해 시장의 크기가 줄어든 것과 같다.

이처럼 시장의 경쟁이 격화됨에 따라 기업에서는 기존 고객들의 충성도를 높여서 다른 대체 가능한 서비스로 쉽게 옮기지 못하도록 유도하는데, 이는 신규 진입자들에게 새로운 서비스 진입 장벽이 된다. 그리고 규모가 작은 서비스 기업이라도, 이익이 적거나 거의 없더라도 지속적으로 운영이 되기도 한다. 예를 들어 골동품 상점의 경우 수익의 규모는 작지만 취미나 낭만 등의 이유로 계속 운영하기도 한다. 그리고 비상장 기업의 경우 수익 극대화보다 가족을 직원으로 고용해서 지속적 경영에 초점을 맞추는 경우도 있다.

### 나. 마이클 포터의 5 Forces 이론

마이클 포터는 기업이 경쟁에서 생존하기 위해 고려해야 할 5가지 위협 요인을 제시했다. 새로 진입하는 기업, 대체재, 구매자의 교섭력, 공급자의 교섭력 그리고 기존 기업 간 경쟁이 5가지 위협 요인으로, 동시에 위협에 대처하기 위한 5가지 기본적 전략에 대해서도 제시한 바 있다.

그림 4.1 마이클 포터의 5가지 위협 요인

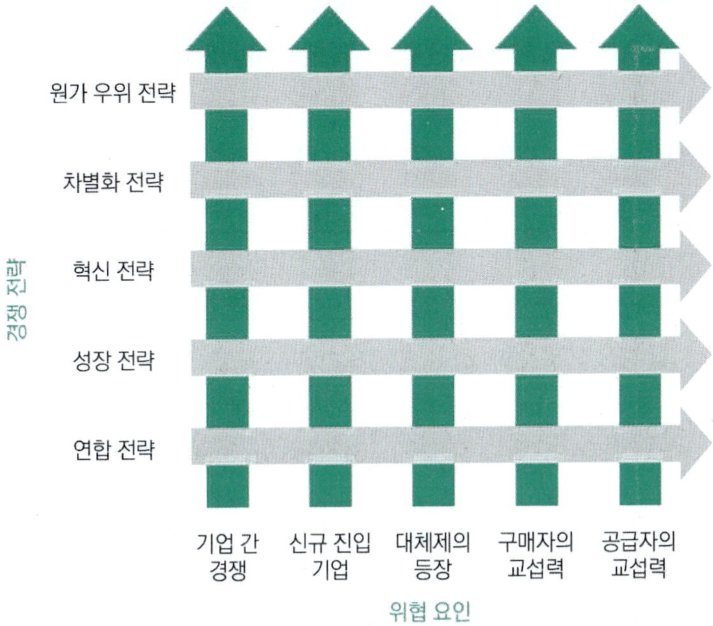


5가지 기본적 전략 중 원가 우위 전략, 차별화 전략과 집중화 전략은 포터가 제시한 근본적인 전략이라고 하는데, 기업이 지닌 경쟁 우위 요인이 저원가인 경우, 전반적인 시장에선 원가 우위 전략을, 경쟁 우위 요인이 고유성이라면 차별화 전략을 제시했다. 그리고 일부 세그먼트만을 차지하는 시장에서는 경쟁 우위 요소가 무엇이든 간에 집중화 전략을 제시했다.

그림 4.2 마이클 포터의 3가지 근본 전략

| 타겟 시장 | 경쟁 우위 요인 | |
|---|---|---|
| | 저원가 | 독특함 |
| 전체 시장 | 원가 우위 전략 | 차별화 전략 |
| 세분화된 시장 | 집중화 전략 | |

### a. 원가 우위 전략

지금부터 3가지 전략을 하나씩 살펴보자. 우선 원가우위 전략이다. 서비스 산업에서 원가 우위를 확보하기 위해서는 어떤 방법을 사용하는 것이 바람직한가?

우선 비용이 적게 드는 고객을 찾아내는 것이다. USAA는 군인과 그 가족에게만 자동차 보험 서비스를 제공하는데, 군인의 특성상 이동이 잦기 때문에, 전화나 온라인으로 서비스를 받고, 필요한 자료를 제출하는데 익숙한 사람들이다. 즉, USAA는 기존 보험사 대비 영업 인력의 수요가 크게 줄기 때문에 비용 절감을 달성할 수 있었고, 군인이라는 저위험군에 집중함으로써 이런 효과를 배가할 수 있었다.

고객 맞춤형 서비스를 표준화 하는 방법도 있다. 보통 고객 맞춤형 서비스는 표준화와 거리가 있는 개념으로 인식이 되는데, 소득세를 예로 들면 일반적으로 소득세 준비는 사람마다 소득이 다 다르고 적용되는 세율도 다르기 때문에 맞춤형 서비스로 간주된다. 그러나 H&R Block은 일상적인 세금 준비만 필요한 경우 전국적으로 고객에게 표준화된 서비스를

그림 4.3 멤피스 공항의 Federal Express 전경

출처: FedEx Newsroom: https://newsroom.fedex.com/newsroom/success-for-fedex-express-as-memphis-hub-wins-prestigious-award/)

제공한다.

서비스에서 사람이 차지하는 비중을 줄이는 것도 비용을 줄이는 방법이다. 예를 들어 ATM 같은 경우 은행 직원과의 상호작용이 없어도 많은 서비스를 제공할 수 있기 때문에 은행의 인건비와 효율성을 개선할 수 있다.

수배송 네트워크 비용을 절약하는 것도 한 방법이다. Federal Express는 미국의 중앙에 위치한 멤피스에 물류 허브를 갖춘 다음, 야간 항공 패키지 항공사를 통해 물건을 보냄으로써 서비스를 제공하는데, 네트워크상에 새로운 도시를 추가하여도, 기존 도시와의 다수의 경로를 추가하는 것이 아닌 허브와의 경로만 하나 추가함으로서 네트워크 비용을 줄일 수 있었다.

고객과의 접점을 줄이는 것 역시 비용을 절약하는 방법이 된다. 즉, 고객이 있을 필요가 꼭 없는 서비스의 경우 서비스 프로세스를 분리해서 일부를 오프라인으로 전환하는 것이다. 예를 들어 신발 수리 서비스의 경우 고객이 신발을 접수하거나 다시 신발을 찾을 때 꼭 사람을 통해서 할 필요 없이 키오스크를 통해 찾아도 되므로, 주문을 통합해서 받을 수 있으며, 한 지역에 수리 공장을 집중시킬 수 있기 때문에 규모의 경제를 달성할 수도 있다.

### b. 차별화 전략

다음은 차별화 전략이다. 차별화 전략은 경쟁사가 모방하기 힘든 제품이나 서비스를 설계해서 고객에게 경쟁사보다 비싼 가격으로 판매하는 것이다. 그러나 차별성이 좋은 제품이라해서 반드시 고객들이 구매하는 것은 아니기 때문에 차별화 전략을 수립하기 전 정확한 시장 세분화와 표적 시장 선정이 필요하다.

서비스에서의 차별화는 브랜드 이미지, 사용하는 기술, 기능 혹은 고객 서비스에 대한 평판을 차별화하는 것을 의미한다.

서비스에서의 차별화를 수행하는 방법을 보면, 무형적인 서비스를 눈에 띌 수 있게 하는 방법이 있다. 예를 들어 호텔의 경우 고객은 숙박을 하고 가는 것이 본질적인 서비스인데, 호텔 측에서는 호텔 이름이나 로고가 부착된 무료 세면 보조 용품을 제공하는 것 등으로 고객이 자사 호텔을 이용하고 있음을 강조하고 무형의 서비스를 유형화하여 차별화를 성취한다.

두 번째는 표준화된 제품을 맞춤화 하는 것이다. 미용실의 경우 다른 미용실과 차별화하기 위해 개인 지정 스타일리스트, 주스 바, 편안한 분위기에 맞춘 음악 등의 서비스를 제공한다. 그리고 버거킹은 주문 제작 햄버거 서비스를 런칭하고 이를 적극적으로 홍보했는데, 해당 서비스는 버거킹에서 제공하는 햄버거 레시피에서 고객이 별도로 원하는 재료를 더하거나 원하지 않는 재료를 제외할 수 있는 선택권을 고객에게 줌으로서, 표준화된 햄버거 레시피를 기반으로 고객의 다양한 니즈를 충족시킬 수 있게끔 맞춤화를 시도하였다고 할 수 있다. 이와 유사한 서비스를 제공하는 업체로는 스타벅스가 있다.

세 번째는 고객에게 서비스에 대한 정보를 충분하게 제공해서 신뢰 관계를 형성하는 것이다. 고객 입장에서 자동차 수리와 같은 전문적인 서비스는 서비스에 대한 사전 지식이 없기 때문에 서비스에 대한 불안감이 더 큰 편이다. 그래서 서비스에 대한 프로세스를 잘 설명하고 깨끗하고 체계적인 설비와 함께 서비스 보증을 제공하는 회사를 선호하게 된다. 즉, 고객은 이러한 신뢰 관계를 형성하는 곳에 추가적인 비용을 지불함으로서 '심적인 안정감'을 가지게 되는 것이다.

네 번째는 직원 교육이다. 서비스 품질을 향상시키는 데 있어서 가장 모방하기 힘든 것 중 하나가 인력 개발이다. 궁극적으로 서비스는 직원에 의해 제공되는 것이기 때문에 직원 교육과 인력 개발을 통해 서비스의 질을 차별화 시킬 수 있다. 그 근거로 업계를 선도하는 기업들은 교육 프로그램의 질로 잘 알려져 있는데 맥도널드의 햄버거 대학(Hamburger University)가 좋은 예이다.

마지막으로 품질 관리이다. 제조업과 마찬가지로 서비스업 역시 일관된 서비스 품질을 제공하는 것이 중요한데, 서비스업의 경우 인사교육, 프로세스의 시각화, 직접적인 감독 등의

그림 4.4 맥도날드 햄버거 대학

출처: 위키피디아: https://en.wikipedia.org/wiki/Hamburger_University

방식으로 품질을 관리해왔다. 그러나 서비스 품질은 고객의 기대를 최대한으로 충족시켜줘야 하기 때문에 그 관리는 더욱 어려워지며, 그렇기에 서비스 품질 관리를 우수하게 하는 것은 하나의 차별화 전략이 될 수 있다.

### c. 집중화 전략

마지막으로 집중화 전략이다. 집중화 전략의 아이디어는 고객의 세분화된 요구를 충족하여 특정 타겟 시장에서 우수한 서비스를 제공하게끔 하는 것이다.

세분화된 요구를 분석하기 위해서 고객의 특정 구매자 그룹, 요구하는 서비스, 지리적 여건 등의 기준으로 구분한다. 예를 들어 상당 규모의 현금을 잔고에 축적한 이들을 대상으로 한 프라이빗 뱅킹이나 불임 치료를 전문으로 하는 병원 등이 이에 해당한다.

미국 메사추세츠 주에 위치한 맥주 매장인 홉스터스(Hopsters Brewing Company)는 수제 맥주에 관심이 많은 애호가들 중 가정에서 직접 맥주를 양조하지 못하는 이들을 대상으로 그들의 매장에서 개인의 취향에 맞는 맥주를 스스로 만들 수 있게끔 서비스를 제공한다. 마치 양조장처럼 케그를 두고 고객이 스스로의 취향에 맞는 맥주를 스스로 생산해보는 체험을 통해 높은 고객 만족도와 이를 신기하고 재미있는 체험으로 여기는 많은 이들의 방문으로 인해

그림 4.5 홉스터스(Hopsters Brewing Company)의 광고 장면

출처: http://www.iconsumer.or.kr/news/articleView.html?idxno=12211

성공적인 운영을 하고 있다.

집중화 전략은 원가 우위 전략이나 차별화 전략과 달리 광범위한 시장보다 좁은 타겟 시장, 혹은 틈새시장에 맞춰서 더 효과적인 서비스를 제공하는 것에 초점을 맞춘다. 즉, 특정 고객의 요구사항을 충족하여 해당 시장에서 경쟁 우위를 확보하려는 전략이다.

## 2 전략적 서비스 비전

전략적 서비스 비전(Strategic Service Vision)은 기업이 서비스 전략을 설계하기 위해 어떤 고객을 대상으로 어떻게 전략을 수립하여 어떻게 이를 구체화할 서비스 전달 시스템을 설계할 지 종합적인 관점을 제시하는 것으로, 앞서 다루었던 QFD와 HOQ와 비슷한 역할을 한다. 구체적으로 표적 시장과 고객을 세분화하고 세분화된 시장에 포지셔닝하기 위해 표적 고객의 니즈와 경쟁자들의 가치 제안(Value Proposition)을 고려하여 자신이 제공할 서비스의 핵심 요소를 정의하는데, 이를 서비스 컨셉(Service Concept)이라고 한다. 그리고 고객에게 전달한 가치가 그 비용을 상쇄할 수 있게 인력, 자원, 프로세스를 구성하는 운영 전략, 그리고 운영 전략을 실행하기 위해 어떠한 요소를 어떻게 운영할지 서비스 전달 시스템을 통해 정의한다.

### 가. 전략적 서비스 비전 설계

전략적 서비스 비전을 설계하기 위해서는 다음의 4가지 요소를 정의하는 것이 필수적이다.

우선 타겟 시장을 세분화 하는 과정에서는 중요한 시장 세분화의 일반적인 특성은 무엇인지 정의해야 한다. 그리고 그 시장을 분할하기 위해 사용할 수 있는 도구는 무엇인지 정해야 하는데, 시장 세분화 과정에서 주로 사용되는 변수로는 성별, 나이, 거주지와 같은 인구통계학적인 자료와 심리 통계학적 자료도 함께 활용된다. 그렇게 세분화된 시장들의 각 세그먼트들은 얼마나 중요한지, 그리고 각 세그먼트 별로 어떤 니즈를 가지고 있는지 파악해야 하며, 각각의 니즈들이 현재 어떤 방법으로, 어떤 사람들에 의해 서비스가 이루어지는지 파악해

그림 4.6 전략적 서비스 비전 설계의 고려 요소

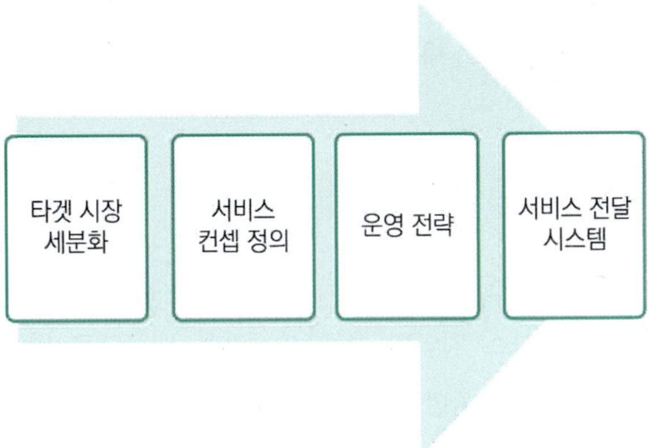


야 한다.

서비스 컨셉은 자신이 제공할 서비스의 핵심 요소를 정의하는 단계다. 그렇기에 서비스를 이루는 요소들을 결정하는데 영향을 미치는 요인들을 정의하는 것들이 많은데, 우선 고객에게 제공될 서비스 결과물에 있어서 중요한 서비스 요소는 무엇인지 정의해야 하며, 서비스 요소가 정의된 다음에는 이러한 요소가 타겟 시장을 분할하는 것, 일반적인 시장, 직원 그리고 그 외의 것들에 의해 인지가 되는지 파악해야 한다. 그리고 무엇보다 고객들이 서비스 컨셉을 어떻게 인식하는지 명확히 조사해야 하며, 서비스의 설계 및 전달, 그리고 고객에게 판매되기 위해 서비스 개념이 어떤 역할을 할 수 있는지 정의해야 한다.

운영 전략은 서비스 컨셉을 수행하기 위해 필요한 전략적 요소를 구체화하는 단계다. 이 단계에서는 전략의 중요한 요소는 무엇인지 정한다. 전략 요소에는 운영, 재무, 마케팅, 인적 자원 등이 해당된다. 그리고 원활한 전략 실행을 위해 어떤 요소에 집중하고 어떤 요소에 투자가 필요한지 정의하며, 품질과 비용의 교환 관계(Trade−Off)를 고려하여 어떻게 품질과 비용을 조절할지, 그리고 타사와의 경쟁이 활성화 됐을 때 품질, 비용, 생산성, 직원의 사기와 충성도 관점에서 어떤 결과가 예상되는지 예측해야 한다.

마지막으로 서비스 전달 시스템이다. 서비스 전달 시스템은 수립된 전략을 실행하기 위한 구체적인 방법을 설정하는 단계다. 그래서 서비스 전달 시스템에 포함되어 있는 중요한 특징은 무엇인지, 이를테면 사람의 역할이 어느 정도인지, 기술, 장비, 설비, 설비 배치 그리고 프로세스 등에서 자사의 서비스 전달 시스템에선 어떤 요소가 중요한지 결정해야 한다. 그 다음엔 서비스 제공 능력 관점에서 일반적인 수준에서 서비스를 제공할 것인지 아니면 최고 수준에서 서비스를 제공할 것인지 정해야 하며, 품질 표준을 맞출 정도에서 경쟁자에게 진입 장벽을 높이는 정도 사이에서 서비스 제공 정도 수준을 결정해야 한다.

### 나. Southwest Airlines 사례 분석

지금까지 다룬 내용을 토대로 Southwest Airlines의 사례에 접목해보자.

사우스웨스트 항공은 텍사스 지역의 출장 여행객을 대상으로 비교적 단거리지만, 기존 항공사의 높은 항공 운임 가격에 불만족해서 긴 시간이 걸리더라도 자동차로 오가는 이들을 타겟 고객으로 삼았다. 그리고 이들에게 제공할 서비스 컨셉은, 이들은 주로 출장을 위해 오는 사람이 대부분이기에, 비행 횟수가 많아야 하며 정시에 목적지에 도착하는 것이 무엇보다 중요하며, 보통 1시간 이내로 비행하기 때문에 식사 제공은 꼭 필요하지 않다.

이제 타겟 고객과 이들에게 어떤 서비스를 제공해야 하는지 큰 그림이 그려졌다.

그림 4.7 Southwest Airlines의 기내 이벤트

출처: https://www.usatoday.com/story/travel/flights/2019/04/23/southwest-airlines-hawaii-how-does-stack-up/3554297002/

이제 이 그림을 구체적으로 채색하는 단계로 넘어가자. 우선 운영 전략을 살펴보자. 이들은 잦은 비행을 해야 하기 때문에 무엇보다 가지고 있는 항공기를 최대한으로 활용해야 한다. 무엇보다 가장 중요한 것은 승객들을 태울 비행기가 필요하기 때문에 비행기 구매가 가장 중요한 투자다.

그리고 사우스웨스트는 고객에게 저렴한 비용으로 항공편을 제공하는 것이 주된 컨셉이기 때문에 저비용 생산자가 되길 원하며, 승객들에게는 편안한 비행 경험을 제공하고자 한다. 그리고 사우스웨스트의 직원들은 사우스웨스트를 즐거운 일터로 생각한다.

이 운영 전략을 구체적으로 실행하기 위해서 대인 관계 기술이 좋은 승무원들을 통해 재미있는 분위기를 조성하는 것으로 주된 항공사와 차별화를 꾀하며, 비용을 최소화하기 위해 티켓 판매 절차를 간단하게 해서 기계를 통해 티켓을 손쉽게 발급할 수 있게 하며, 지정 좌석제를 없앴고, 단거리 구간끼리 비행하고 휴대 가능한 수하물만 있는 승객들에게만 서비스를 제공함으로서, 정시에 도착하고 수하물의 분실을 방지했다. 또한 단거리 비행이 중심이기 때문에 기내식을 반드시 제공하진 않음으로서 관련 비용을 절약하였다. 대신 승객들에게 간단한 다과를 제공하여 승객의 불만을 최소화하였다.

그림 4.8 Southwest Airlines의 기내 간식

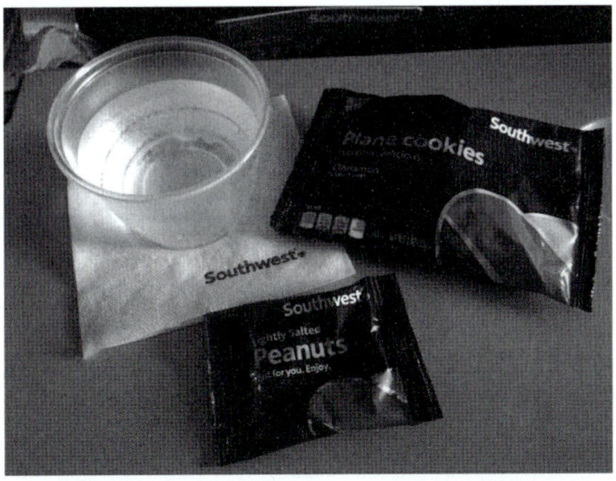


출처: https://liveandletsfly.com/southwest-airlines-snacks-on-longer-flights/

## 3 서비스 제공자의 선택

고객 입장에서 서비스 제공자를 선택하는 기준을 알아보자. 고객이 서비스 제공자를 선택하는 기준은 다음과 같이 여러 척도가 있다.

우선 접근성이다. 이건 서비스를 받기 위해 '얼마나 접근이 용이한가'이며, 대표적으로 ATM는 일부 은행 서비스를 24시간 받을 수 있게 한다.

두 번째는 편리성이다. 서비스 중 반드시 고객이 서비스 제공자에게 가야 하는 서비스가 있는데 이를테면 주유소 같은 경우 위치 선정이 매우 중요한데, 고객들이 쉽게 접근할 수 있는 위치일수록 편리성이 높아진다.

세 번째는 신뢰성이다. 말 그대로 '서비스가 얼마나 믿을 수 있느냐'를 평가하는 것으로, 항공 산업의 경우 '얼마나 정시에 목적지에 도착하는가'가 신뢰성의 주된 요소가 된다.

네 번째는 개인화다. 고객 개개인에 맞춘 서비스를 제공하는 것인데, 간단한 개인화 방법으로는 호텔에서 개별 고객의 이름을 기억해서 불러주는 것만으로도 고객은 고객 개인이

그림 4.9 서비스 제공자 선택 기준

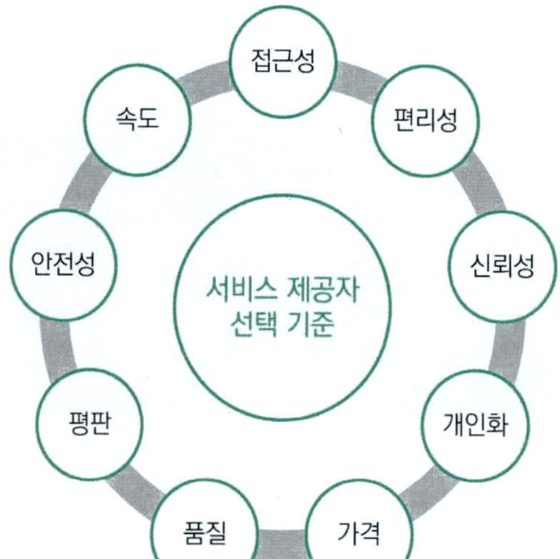

특별한 존재로 서비스를 받는다는 인식을 유도할 수 있다.

다섯 번째는 가격이다. 사실 가격으로 경쟁을 하는 것은 제품 경쟁만큼 서비스 산업에선 유효하지 않은 경우가 많은데, 일상적인 서비스의 경우 가격을 비교하는 것이 유효하지만, 전문적인 서비스의 경우 가격으로 경쟁을 하는 것이 오히려 '저 서비스는 가격이 터무니없이 저렴할 걸 보니, 실력이 부족한가 보네'라고 인식할 수 있다. 즉, 가격 수준이 고객이 인지하는 품질 수준으로 해석될 여지가 있기 때문에 오히려 가격 경쟁이 역효과가 될 수 있다.

여섯 번째는 품질이다. 서비스 품질은 고객의 기대와 실제로 고객이 서비스를 받은 후 인지한 경험 간의 관계로 판단한다. 즉, 서비스 품질은 고객이 서비스를 제공받는 과정과 결과 모두 판단 기준이 된다.

일곱 번째는 평판이다. 서비스는 눈에 보이지 않기 때문에 서비스 제공자를 선택하는 의사결정에 있어서 타인의 경험에 의존하는 경우가 많은데, 이 경우 기존 고객의 서비스 경험이 좋다면 좋은 이야기를 해줄 것이고, 그렇지 않다면 나쁜 이야기를 해줄 것이다. 즉 입소문이 가장 효과적인 광고 수단이 되며, 고객의 의사결정에 주요한 영향을 미친다.

여덟 번째는 안전성이다. 항공 서비스나 의료 서비스는 고객이 서비스 제공자에게 자신의 안전이나 건강을 맡기기 때문에 특히 중요하게 고려되는 요소이다.

마지막으로 속도다. 주로 응급 서비스의 경우 중요시되는 요소인데, 응급 환자가 발생하거나 화재가 발생하는 경우 응답 시간(Response Time)의 중요성이 강조된다. 반면, 개인화된 서비스를 받거나 기다리는 대신 서비스 가격을 할인해주는 경우 고객이 기꺼이 기다림을 감수한다.

## 가. 서비스 제공 기준에 따른 서비스 속성 분류

이처럼, 고객이 서비스 제공자를 선택하는 것에는 다양한 요소가 영향을 미친다. 그리고 이러한 요소들을 얼마나 충족하는지에 따라서 서비스 속성을 크게 3가지로 구분한다.

우선 Service Qualifier다. 이름 그대로 고객의 서비스 요소에 대한 기대 수준을 충족만 한 상태로, 패스트푸드점의 청결도, 항공사의 안전한 비행 등이 해당되며, 얼마나 충족해야 하는지는 고객이 기존 경쟁사와 비교해서 결정하기 때문에, 기존 경쟁사들의 평균적인 수준에 도달해야 한다.

그림 4.10 서비스 제공 기준에 따른 속성 분류

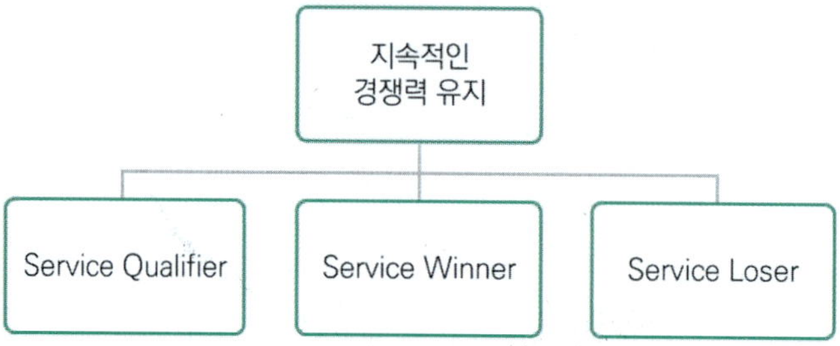


두 번째는 Service Winner다. 말 그대로 이겼다는 것으로, 경쟁사들 사이에서 최종적으로 자사를 선택하게 만든 요소들을 의미한다. 이를테면 저렴한 가격, 편리함, 그리고 좋은 평판 등이 해당된다.

마지막은 Service Loser다. 어감만 봐도 Service Winner와 반대의 의미로 보이는데 이것은 고객의 기대수준을 충족시키지 못한 것들을 의미하며, 자동차 수리점에서 수리에 실패했거나, 고객화된 서비스를 제공해야 하는 데 고객에게 무례하게 대했거나, 배송이 늦는 등의 상황이 좋은 예가 된다.

## 나. 지속적인 경쟁력 유지를 위한 서비스 운영 전략

서비스 기업이 경쟁력을 지속적으로 유지하려면 그만큼 지속적인 개선과 발전이 필요하다. 이를 위하여 벤치마킹 연구(Benchmarking Study) 등에 효과적인 컨셉을 살펴보자. 다시 말하면 서비스의 발전 단계에 대한 명확한 정의가 필요한데, 이를 위한 구분은 다음과 같다.

이 표는 Chase and Hayes (1991)에 의해 서비스가 발전함에 따라 기업은 구체적으로 어떤 행동을 취해야 하는지 제시된 개념이다. 즉, 오퍼레이션(Operations)의 역할을 강조한 프레임워크다.

구체적으로는 서비스 생산시스템에 의해 서비스 제공에 만족하는 단계(Available for Service), 숙련된 서비스를 제공하는 단계(Journeyman), 특색 있는 서비스를 제공하는 단계(Distinctive Competence Achieved), 그리고 세계 수준의 서비스를 제공하는 단계(World-Class Service Delivery)로 구분하였는데 하나씩 살펴보자.

그림 4.11 서비스 발전 단계에 따른 기업 행동 프레임워크

| 단계 | 1. Available for Service | 2. Journeyman | 3. Distinctive Competence Achieved. | 4. World Class Service Delivery |
|---|---|---|---|---|
| 특징 | 고객이 기업의 서비스 성과 이외의 이유로 회사를 애용하는 경우 | 고객은 기업을 찾지도, 피하지도 않는 단계 | 고객은 그들의 기대를 충족시킨다고 여겨지는 기업을 찾아나서기 시작 | 서비스의 탁월성으로 회사의 이름이 고유명사처럼 쓰임, 단순히 고객의 요구를 만족시키는 걸 넘어서 그들을 흥분시키고 경쟁사가 달성할 수 없는 서비스를 제공 |
| 오퍼레이션스 | 오퍼레이션은 기껏해야 반응적임. | 오퍼레이션 자체는 평범하게 운영 됨 | 인사 관리 및 고객에게 더 집중할 수 있게 하는 시스템의 도입으로 오퍼레이션스 관리의 기능 강화 | 오퍼레이션은 빠른 학습자이자 빠른 혁신가가 됨. 서비스 제공 프로세스의 모든 절차에 통달하며 모든 면에서 경쟁자보다 우월한 서비스 제공 |
| 서비스 품질 | 비용에 좌우되며 품질 관리가 들쑥날쑥함 | 하나 아니면 2개의 핵심적인 요소를 택해 고객의 기대에 충족 | 여러 개의 요소를 이용해서 고객의 기대를 뛰어넘음 | 고객의 기대를 높이고 지속적 발전 방안을 모색함 |
| 후방 지원 관리 | 계산을 위한 카운터 정도로만 운용 | 전체적 서비스의 중요한 역할을 하지만 여전히 분리되어서 여겨짐 | 전방 프로세스와 동등한 중요성을 가지며 중심적인 역할을 함 | 선제적으로 서비스를 제공하며, 고유의 생산 능력을 개발하고 기회를 창출 |
| 고객 | 불특정 다수의 고객을 최소 비용으로 만족시켜야 함 | 시장 내 특정 고객층의 기본적인 수요를 명확히 숙지 | 시장 내 개별 고객들의 수요를 숙지함 | 아이디어와 기회의 원천이 됨 |
| 신기술 도입 | 생존에 필수적인 경우에만 받아들임 | 비용 절감이 가능하다고 증명된 경우에만 받아들임 | 서비스 성과를 높일 수 있으면 도입 | 시장에서의 선발 주자의 이익을 위한 원천이 되며 경쟁자는 할 수 없는 것을 만들어내는 능력이 됨 |
| 노동력 | 부정적인 제약 | 자원, 훈련, 생산 프로세스의 효율화 | 특정 프로세스를 달성한 사람에 한해서 받아들임 | 혁신적이며, 새로운 프로세스를 창출함 |
| 경영 관리 | 근로자를 통제 | 프로세스를 통제 | 고객의 소리를 듣고 근로자들을 관리 감독 함 | 새로운 아이디어의 원천으로서 최고 경영층 및 멘토들이 그들의 커리어 성장을 도움 |

출처: Chase and Hayes (1991)

1단계는 서비스 제공에 만족하는 단계다. 이 단계는 고객 입장에서 만일 더 나은 대안이 존재한다면 고객이 더 이상 이용하고 싶지 않는 서비스로, 품질 개선과 투자에 소홀히 하여 경쟁력이 없는 상태로 더 우월한 경쟁자가 나타나는 경우 쉽게 시장을 내어주는 경우가 많다.

2단계는 숙련된 서비스를 제공하는 단계다. 이 단계는 고객이 서비스에 기대한 만큼 만족은 하는데, 그 이상이 없는 경우다. 직원들도 현상 유지에 급급하며, 고객에게 특별히 인상적인 경험을 제공하지 못하는 단계로, 이 단계에서 여러 투자와 서비스 혁신을 위한 의지가 수반된다면, 고객이 감동하는 차별화된 서비스를 제공할 여지가 충분하다.

3단계는 특색 있는 서비스를 제공하는 단계로, 기업이 다른 경쟁사 대비 차별화된 서비스를 제공하여 시장에서 경쟁력을 갖추고 있는 상태다.

마지막 4단계는 기존 시장뿐만 아니라 세계적 수준의 서비스를 제공하는 단계로, 소위 베스트 프랙티스(Best Practice)에 속하는 기업들이 해당된다.

정리하면, 각 단계별로 기업의 수준이 명확하게 구분이 되며, 궁극적으로 기업은 지속적인 품질 개선과 그에 따르는 적극적인 투자를 통해 서비스 기업이 지속적으로 발전할 수 있으며, 고객의 다양한 니즈와 변동하는 시장 환경에 민첩하게 대응할 수 있는 경쟁력을 확보할 수 있는 발판이 될 수 있다.

## 4 시스템적 사고

최근 들어 시스템적 사고, 시스템적 접근이라는 용어가 많이 쓰인다. 지금부터 시스템의 개념과 시스템을 분석하는 방법, 그리고 이 기법들을 어떻게 경영 활동에 접목시키는지 살펴보겠다.

### 가. 시스템의 개념

시스템은 하나의 공통된 목적을 수행하기 위한 하위시스템들의 조직화된 집합체다. 시스템의 구성 하위시스템들은 시간이 경과함에 따라 서로가 서로에게 영향을 미치고 하나의 목적을 위해 함께 작동하기 때문에 서로 함께 붙어 있는(Hang Together) 집합체라고도 해석할 수 있다.

시스템이란 단어는 그리스어로 '함께 서게 한다'라는 의미의 sunistanai에서 유래했다. 시스템의 예시는 다양하다. 우리 주변에서 볼 수 있는 많은 것들이 시스템이 된다. 가시적으로는 정치 단체, 커뮤니티, 가족, 팀 등도 시스템이 될 수 있고, 생물학적인 유기체, 대기 환경, 질병, 그리고 화학 반응 역시 그들을 구성하는 하위시스템들의 집합체이며, 하나의 목적을 함께 수행하기 때문에 시스템이라 할 수 있다.

시스템은 하위시스템들의 조직화된 집합체라고 하였는데 그렇다면 시스템은 여러 요소들의 합이라고 생각할 수 있을까? 아래 그림을 보자.

이 그림을 보면 무엇이 보이는가? 우선 수염 난 할아버지의 모습이 보인다. 그런데 자세히 살펴보면 저 안에서 서로 키스하고 있는 연인의 모습이 숨어있다. 착시현상의 예이지만, 시스템 역시 겉으로 보이는 시스템의 모습 외에도 그 안에서 보이지 않는 하위시스템들이 시스템을 구성하고 있으며, 그렇기에 시스템을 구성하는 가시적으로 보이는 부분의 단순 합을 시스템 전체라고 정의하기엔 무리가 따른다.

그림 4.12 노인과 젊은 연인이 혼재된 그림

출처: https://illusionsetc.blogspot.com/2004/11/old-man-or-young-couple.html

## 나. 시스템적 사고를 이해하는 열쇠

### a. 복잡성

그렇다면 시스템적 사고를 위해서는 어떤 방법으로 접근해야 할까? 그 시작은 복잡성(Complexity)을 이해하는 것이다. 복잡성이란 단어는 복잡하다 라는 표현 때문에 부정적인 의미로 받아들여지기 쉽다. 그러나 복잡성이란 단어 자체는 시스템의 효율에 영향을 미치는 시스템이 가진 고유의 특성치라는 뜻이며, 그렇기에 긍정적이지도 부정적이지도 않은 단어다. 즉, '복잡하다'가 문제가 되는 것이 아니라 '복잡해서 효율이 떨어졌다'라는 결과가 도출되어야 부정적인 것이다.

복잡성은 시스템 내, 외부의 조건으로 인해 시스템 효율에 영향을 미치는 시스템 고유의 특성이라 했다. 그렇기에 시스템을 이해하고, 시스템의 효율을 분석함에 있어서 매우 중요한 개념이라 할 수 있으며, 복잡성을 관리한다는 것은 복잡성을 구성하는 요인을 관리한다는 의미가 될 수 있다. 그러나 그 메커니즘이 명확하게 가시적이지 않으므로, 하나의 수치나 수식으로 표현하는 것이 사실상 불가능하다.

복잡성의 종류에는 2가지 종류가 있는데 첫 번째는 세부 복잡성(Detail Complexity)로 요소가 너무 많기 때문에 발생하는 복잡성이다. 반면, 시간의 흐름 또는 외부 환경과 시스템 간 상호 작용으로 인해 생기는 복잡성으로, 인과 관계가 복잡하게 얽혀 있기 때문에 발생하는 복

그림 4.13 1999년 이후 은행의 고객 변화 추이 예측

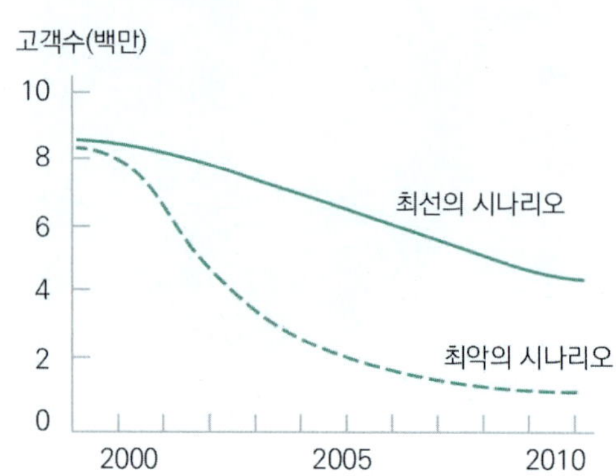

잡성을 동적 복잡성(Dynamic Complexity)이라 한다. 전통적인 기법으로는 이러한 동적 복잡성을 효과적으로 다루기 힘들다. 기업의 예를 들면, 무엇인가 생산하는데 며칠이 소요되고, 새로운 마케팅 전략을 개발하는데 몇 주가 걸리고, 새 직원을 고용하고 교육하는데 몇 달이 걸리는지 등의 모든 요소들이 지속적으로 서로 상호작용하면서 기업 활동이 이루어지기 때문에 동적 복잡성이 발생할 수 있다.

그러므로 대부분의 경영 환경에서는 동적 복잡성을 이해하는 것이 세부 복잡성을 이해하는 것 보다 더 어려움이 크다. 한편, 시스템적 사고를 위해서는 기존 사고방식의 전환이 요구된다. 구체적으로는 선형적인 인과 관계 보다는 요소들 간 상호 연관성에 초점을 맞추어야 한다. 그리고 스냅샷과 같은 단편적인 요소보다, 시스템의 변화가 일어나는 과정에 집중해야 한다.

시스템의 변화에 대한 예를 살펴보자. 과거에 실적이 좋았던 은행들은 최근 고객 손실과 거래량이 감소함에 따라 각 지점을 합리화해야 하는 과제에 놓였다. 기존의 은행들이 고객 손실이 발생하는 것에는 과거에는 고객이 점포에 방문하면서 서비스를 제공했지만, 최근에는 인터넷 뱅킹, 폰뱅킹 등의 발달로 새로운 비즈니스 모델이 나왔으며, 이로 인해 전통적인 은행 서비스는 점차 그 비중을 잃고 있다.

이 은행의 예를 자세히 살펴보면, 1999년부터 12년 동안 시간이 경과함에 따라 고객의

그림 4.14 전략적 자원과 기업 성과 간 관계 가시화

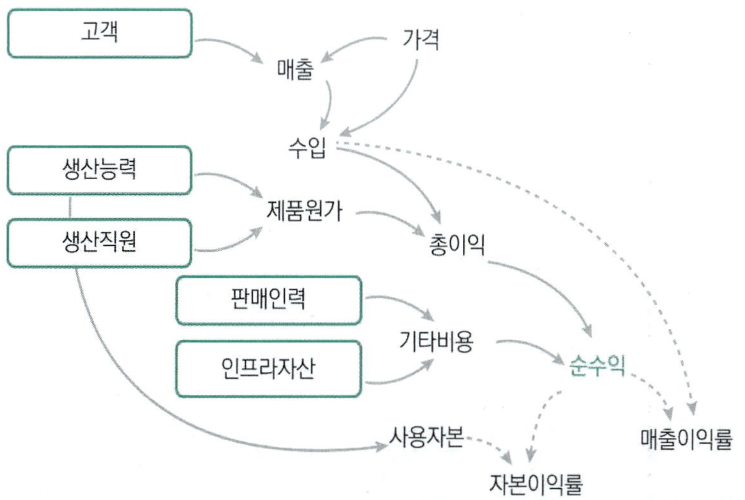

수가 어떻게 변할지 [그림 4.13]과 같이 그래프로 그려보았다. 그래프를 보면 최선의 시나리오와 최악의 시나리오 둘 다 제시되는데, 주의할 점은, 시간-경로 분석의 경우 전통적인 수요예측 모델과는 관점이 다르다.

시스템 다이나믹스(System Dynamics) 분석들은 전통적인 통계학적 예측 방법들이 가정이 많고 예외적인 변수가 많기 때문에 변수의 동태적인 변화를 예측하지 못한다는 점을 비판하면서 나온 기법이기 때문에, 통계적인 정확성 보다는 시스템의 동태 변화 패턴에 주목하는 것에 초점을 맞추고 있다.

다음 예로는 전략적 자원과 기업 성과와의 관계다. [그림 4.14]를 보면 고객, 생산능력, 생산 직원 등의 자원들이 매출, 수익, 제조원가 등의 회계 지표에 영향을 미친다는 것을 화살표로 표시했다. 그 인과관계가 뚜렷한 것은 실선을, 인과관계가 모호한 것은 점선으로 표시하였다. 이 인과관계를 이용하여 위와 같은 패턴의 그래프를 또한 작성할 수 있을 것이다.

### b. 레버리지

시스템적 사고를 위한 두 번째 열쇠는 레버리지(Leverage)다. 레버리지란 소위 지렛대 효과로 많이 알려져 있는데 지렛대를 이용해서 원래 움직이려 하지 않는 시스템에 작은 힘으로도 큰 물리적인 변화를 가져오는 것처럼, 소규모의 잘 집중된 행동이 시스템에 상당한 변화를 가져올 수 있음을 의미한다. 예를 들어 슬라이딩 도어는 작은 힘만 가지고도 문을 옆으로 열어버릴 수 있다. 그러나 작은 힘을 문을 옆으로 미는 데 사용 해야지, 문을 밀거나 당기면 문은 열리지 않듯 레버리지 효과를 얻기 위해서는 잘 집중된 행동과 더불어 그 방향성 또한 적절한 방향이어야 한다.

### c. 부수 효과

시스템적 사고를 위한 세 번째 언어는 부수 효과(Side-Effect)이다.

대다수의 시스템은, 시스템을 조정할 때 조정하는 사람이 기대한 효과 말고도 그에 따르는 부가적인 효과가 함께 발생한다.

간단한 예로 약을 생각해보자. 심장병 중에 협심증이라는 것이 있다. 협심증은 심장에 영양분을 공급하는 관상동맥이 막혀서 마치 심장을 조이듯이 통증이 온다고 해서 붙여진 이름으로, 협심증을 치료하기 위해 약을 개발하다가 나온 것이 그 유명한 비아그라다. 비아그라 하면은 소위 발기부전 치료제로 알려져 있지만, 원래는 협심증을 치료하기 위해 나온 약으로,

임상실험에서 심장 질환 치료 효과는 저조해서 사장될 뻔한 프로젝트였는데, 이게 처방 받은 환자에서 발기가 일어나는 부수 효과가 발생하여 후에 발기부전 치료제로 활용된 것이다.

### d. 피드백

시스템적 사고를 위한 네 번째 언어이자 가장 중요한 것은 피드백(Feedback)이다. 앞서 시스템을 구성하는 요소들은 서로 유기적인 영향을 미친다고 하였는데, 서로가 서로에게 영향을 미치려면 각 요소가 고립된 것이 아닌 서로 영향을 미칠 통로가 필요한데, 피드백은 바로 이 통로 역할을 한다.

피드백에 대해 하나 주의할 점은, [그림 4.15]를 보면 서비스 문제가 매출에 영향을 미치고 매출은 영업 사원의 노력에 영향을 미치는데, 동시에 영업사원의 노력 역시 서비스 문제에 영향을 미치는 일종의 '루프'가 형성이 된다. 즉, 시스템적 사고에서의 피드백은 원인이 결과에 단선적인 영향을 미치는 것이 아닌 모든 영향이 원인이면서 동시에 결과라는 보다 복잡한 개념이다.

그리고 이러한 루프를 강화함으로서 조직은 성장을 촉진할 수도 있고 반대로 악순환을 거듭할 수도 있다. 앞서 설명했듯이, 피드백 루프는 긍정적인 영향과 동시에 부정적인 영향 역시 모두 포괄한 개념이기 때문이다. 그리고 피드백 루프가 강화되면서 생기는 영향력은 선형 관계가 아닌 지수분포 형태의 성장폭을 보인다. 즉, 기하급수적인 성장 혹은 나락폭을 보이는 것이다. 그런데 종종 피드백을 강화하는 것을 긍정적인 피드백(Positive Feedback)이라고 한다. 왜냐하면 모든 피드백 루프들은 한 사이클에서의 결과물이 다음 사이클에서의 투입물이

그림 4.15 서비스 문제, 매출에 대한 피드백 루프 예시

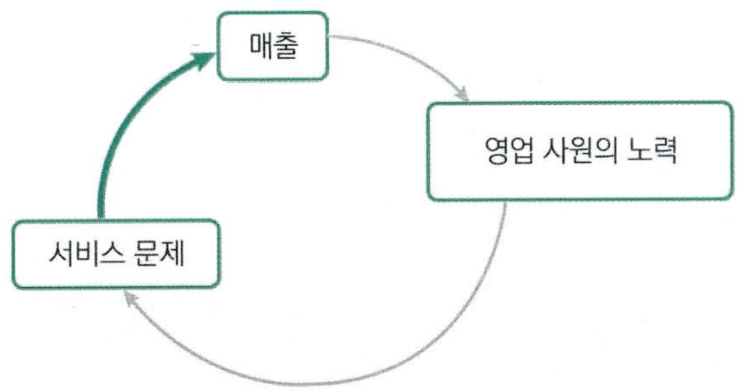

되는데, 루프를 강화하게 되면, 이러한 투입물이 다음 산출물의 크기가 더 커지도록 하게 하기 때문이다.

간단한 예를 들면, 복리 이자가 있다. 우리가 돈을 더 많이 은행에 예금해 놓을수록, 이자로 인해 은행에 입금한 돈보다 결과적으로 더 많은 돈을 받게 된다. 그리고 이자는 원금과 이자율의 곱으로 결정되는데, 원금은 매번 이자를 받을 때마다 증가하기 때문에 매번 이자를 계산할 때마다 이자로 인해 받는 금액이 더 커지는 것이 강화 피드백의 좋은 예가 된다.

기하급수적 성장은 다음과 같이 시간이 지남에 따라 시스템의 상태가 매우 큰 폭으로 증가하는 패턴을 의미한다. 그리고 루프가 돌 때마다 시스템을 이루는 변수들이 서로 크기가 커지도록 상호작용하는 모습을 보여야 한다. 다시 한번 강조할 점은, 변수들의 크기가 커진다는 것은 긍정적인 영향이건, 부정적인 영향이건 크기의 절대값이 커진다는 의미다.

그림 4.16 기하급수적 성장 패턴의 예시

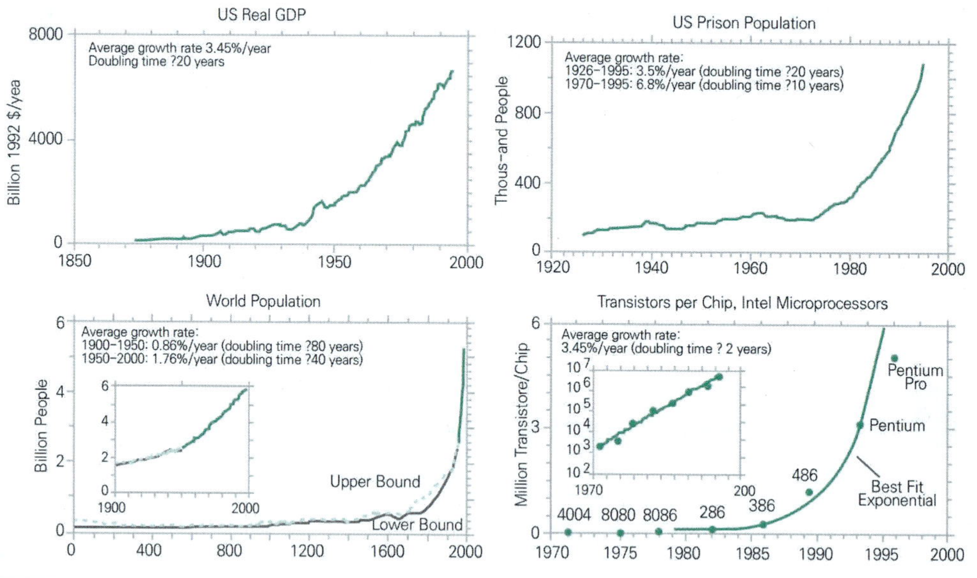


출처: Bureau of Economic Analysis; Kurian (1994); US Census Bureau; Joglekar (1996)

기하급수적 성장의 예를 보면, 미국의 실질 GDP, 투옥 인원 수, 세계 인구, 그리고 인텔 마이크로프로세서의 칩 당 트랜지스터 비율이 그 예가 되겠다.

강화 피드백만 존재한다면, 관리자 입장에서는 그 크기의 기하급수적 변동 때문에 통제하기가 매우 어려워진다. 그래서 피드백 루프에는 강화 피드백 외에 피드백 루프의 균형을 맞추는 메커니즘이 존재한다. 쉽게 말해 억제기 역할을 하는 것이다. 보통, 강화 피드백 루프와 함께 발생하며, 시스템의 변화를 방해하는 등의 활동으로 강화 피드백 루프로 인해 발생하는 크기의 성장폭을 제한하는 역할을 한다. 그리고 궁극적으로 시스템 안정성을 유지하고, 균형을 맞추려는 용도다.

피드백 루프의 균형을 잡기 위해선 3가지의 요소가 필요하다. 바로 목표 수준, 실제 수준, 그리고 목표와 실제 수준 간의 격차인데, 강화 피드백 활동으로 인해 목표에 비해 실제 수준이 너무 높거나, 반대로 실제 수준에 비해 목표 수준이 너무 높은 경우, 이 격차를 감소시킴으로써 피드백 루프의 균형을 잡는 것이다.

특히, 목표 수준을 명확히 설정하는 것이 중요한데, 실제 수준은 현재 운영되는 시스템 상태이므로 관리자가 임의로 변경을 할 수 없는데, 목표 수준의 경우 관리자가 설정하는 것이기 때문에 정확한 목표 설정이 이루어져야 그에 맞는 피드백 루프의 균형 활동이 이루어질 수 있는 것이다. 만일 너무 터무니없는 목표를 설정한다면, 그것은 오히려 시스템의 질적 하락을 불러올 수 있다.

그림 4.17 병원의 서비스 능력과 환자의 만족도 간 균형 피드백 루프 예시

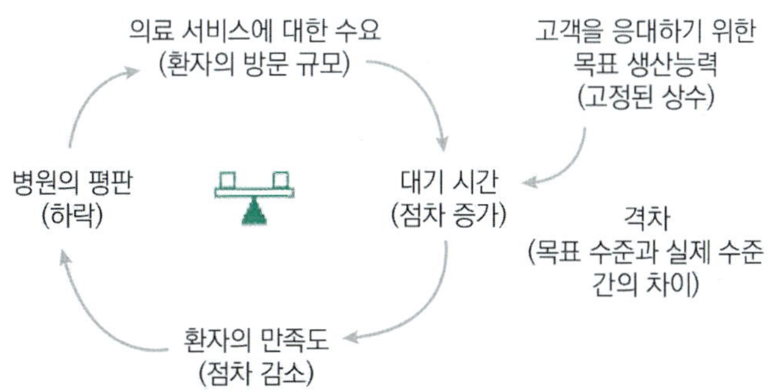

### e. 지연

시스템적 사고를 위한 다섯 번째 키워드는 지연(Delay)이다.

지연은 이름 그대로 시스템 운영 중에 지연으로 인한 기다림이 발생한다는 것인데, 지연은 강화 피드백 루프와 피드백 루프의 균형을 잡는 과정 모두에서 일어날 수 있다.

예를 들어, 더 많은 돈을 벌기 위해서 높은 학위를 취득하러 학교를 다니면서, 학비를 지불하고 시험을 보기 위해 준비하는 시간들은 오히려 도움이 안 된다고 여겨질 수 있지만, 학위를 취득하면, 시간이 지남에 따라 더 많은 돈을 벌 확률이 높아진다. 즉, 학위를 위해 들인 비용과 시간은 피드백 루프가 강화되는 것을 일시적으로 지연 시키는 셈이다.

지연이 발생하는 경우 시간이 흐름에 따라 지연에 대처할 때 과잉 반응을 하게 되는데, 이에 따라 진동이 발생한다. 그래서 지연으로 인한 시스템 상태 패턴을 진동(Oscillation) 패턴이라고도 한다.

진동 패턴의 예로는 시간의 흐름에 따른 실질 GDP 변동, 제조업에서의 생산능력의 가동률, 그리고 실직율의 변화 등이 해당된다.

그림 4.18 병원의 서비스 능력과 환자의 만족도 간 지연이 존재하는 균형 피드백 루프 예시

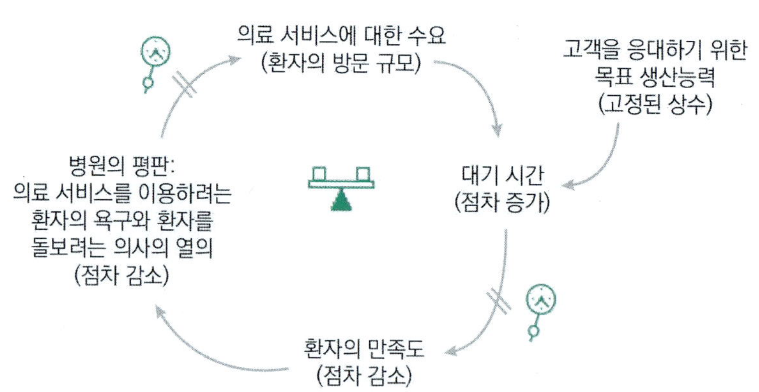

그림 4.19 진동 패턴의 예시

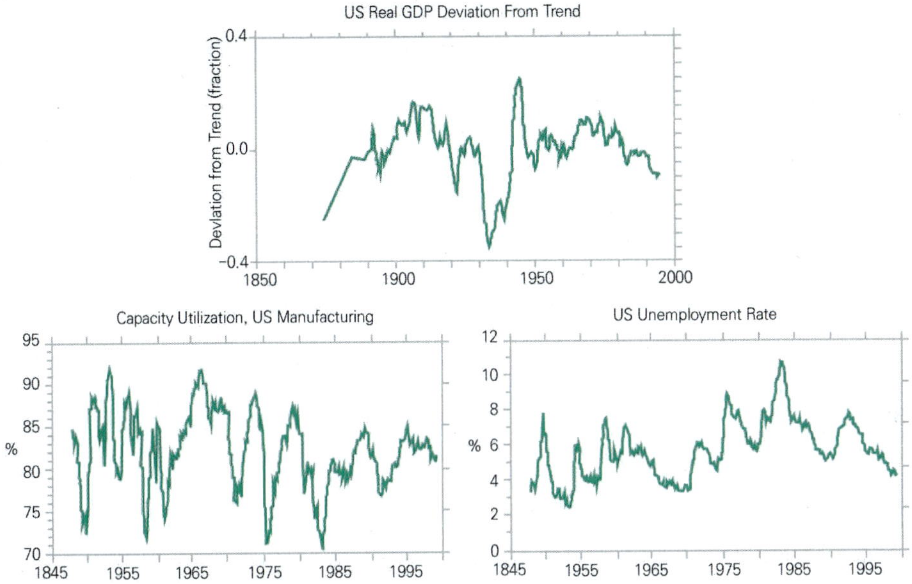


출처: Historical Statistics of the United States, US Bureau of Economic Analysis

## 다. 시스템적 사고와 전통적인 경영 관리적 사고의 비교

시스템적 사고를 다시 정리해보자.

우선 시스템적 사고는 나무보다 숲을 보는 방법론이다. 그러므로 각 속성 간의 상호관계에 집중하고, 정적인 상태보다는 시스템의 변화의 양상에 집중한다.

그리고 복잡성, 레버리지 이론과 같은 몇 가지 원칙을 바탕으로 접근하여, 사이버네틱스 분야의 피드백 개념과, 기계 공학의 서보 메커니즘 기법을 통한 기술적 방법론들을 활용한다.

서보 메커니즘은, 시스템에서 해당 기기를 시스템이 요구하는 특정 위치로 이동하거나. 특정한 수치(속도, 토크 등)만큼 가동시킬 때, 피드백이나 에러 정정을 통해 정확하게 제어할 수 있는 구조를 갖추고 있다는 의미로, 피드백 루프를 바탕으로 강화 피드백과 피드백 루프의 균형을 맞추는 활동의 원리가 서보 메커니즘과 유사하기 때문이다.

시스템적 사고방식은 전통적인 경영 관리적 사고와 사뭇 다른 점을 보인다. 우선 전통적인 사고는 시스템의 특정 상황에 집중하는 정적인 사고에 초점을 맞춘다. 반면 시스템적 사고는 시스템의 동태에 초점을 맞춘다.

상기한 바와 같이 전통적인 사고는 나무에 집중하지만 시스템적 사고는 숲에 집중한다. 그렇기 때문에 전통적인 사고는 인자 하나하나에 집중하는 반면, 시스템적 사고는 요인보다는 인자들이 만들어내는 시스템의 변화에 집중한다.

그리고 전통적인 사고는 인과 관계가 일방적이란 점에 초점을 두어 생각한다면, 시스템적 사고는 원인과 결과가 서로에게 상호 영향을 미칠 수 있다는 점에서 순환을 형성한다.

또한, 전통적인 사고는 현상에 집중하기 때문에 현상을 측정하는 것에 초점을 맞추는 반면, 시스템적 사고는 전통적인 통계적인 가정이 오히려 현실을 제대로 보는 것에 방해가 된다고 하여, 고유의 시스템 다이나믹스 분석들을 제시하였는데, 통계적인 정확성 보다는 시스템의 동태 변화의 패턴에 주목하게 된다.

이처럼, 전통적인 사고와 시스템적 사고는 정적인 현상과, 시스템의 동태 변화라는 상반된 시각을 가진 것으로 출발하여 집중하는 척도도 다르고, 그것을 위한 방법론과 원칙 모두 다른 형태를 보인다.

### 라. 시스템적 사고의 법칙

시스템적 사고에는 몇 가지 법칙이 있다.

첫 번째, 오늘의 문제는 어제의 해법으로부터 시작한다.

어제의 의사결정이 오늘의 내 모습에 영향을 미치고, 오늘 내가 내린 최선이라고 생각한 답이 다음날이 되면 예기치 못한 문제를 불러오기도 한다. 즉, 시간의 흐름에 따른 내 모습은 상호 독립적이지 않으며, 예상치 못한 결과로 인해 새로운 과제가 생길 수 있다는 것이다. 예를 들어 부동산 대란은 부동산 문제를 해결하기 위한 과거 정책의 산물이다.

두 번째, 더 세게 밀수록 시스템의 저항도 커진다. 전형적인 예로 기업이 마케팅 비용을 확보하기 위해 서비스 관련 비용을 줄여버린다면, 서비스의 수준은 낮아지고, 고객은 실망하고 결과적으로 마케팅 비용을 통해 얻으려는 매출 증대라는 목적을 달성할 수 없다. 그리고 저소득층을 위한 주택을 건설하고 도시 내의 직업 기술을 향상시키려는 대규모 정부 계획은 다른 도시와 농촌에서 최선의 지원 프로그램을 찾아서 온 이주민들에 의해 실패했다.

세 번째, 결과물은 나빠지기 전에 먼저 좋아진다. 어떤 조치들은 단기적으로는 효과가 있는 것처럼 보이나 궁극적으로는 부정적인 부가 효과가 시차를 두고 발생하여 단기적인 효과를 압도함으로써 결과적으로 부정적인 효과만 남는 경우가 있다. 예를 들어, 신기술이나 설비 등에 대한 투자를 전혀 하지 않는 것은 당장의 재무제표 상으로는 비용이 줄어들기 때문에 당기 순이익이 높게 측정될 수 있으나, 장기적으로는 급변하는 경영 환경에서 생존할 수 있는 기술력이나 설비가 없기 때문에 기업 생존에 위협이 될 수 있다.

네 번째, 쉬운 방법은 보통 문제를 원점으로 되돌린다. 보통 문제가 발생할 때 이미 알고 있는 것에만 집착해서 익숙한 방법만 사용하려 하는데, 대부분은 그 정도로 해결되지 않는 경우가 많다. 즉, 쉬운 해결책에만 집착 하다 보면 문제는 점점 더 악화되는 경우가 많다.

다섯 번째, 해결책이 문제를 악화 시킨다. 때로는 쉬운 해결책이 효과가 없을 뿐 더러 나아가 위험하기도 하는데, 대표적으로 미봉책과 같이 단기적으론 쉬운 해결책이지만, 조직 전체 관점에서는 문제가 해결되지 않은 상태이고, 시간이 흐르면서 문제는 더 커질 수 있다.

여섯 번째, 최단 거리가 빠른 것만은 아니다. 예를 들어 서울과 LA의 최단 거리는 해양을 이용하는 것이 최단 거리이나 항공기나 우주선을 이용하는 것이 소요 시간이 훨씬 짧다.

일곱 번째, 원인과 결과가 꼭 시공간과 연관되어 있지 않다. 예를 들어 나비 효과에 의하면 호랑나비의 날갯짓이 허리케인의 발생에 직접적인 영향을 미쳐야 하나 그러한 연관이 확실시 되지는 않는다. 기업 경영의 경우 생산에 문제가 있다면 생산라인, 판매에 문제가 있으면 마케팅 부서의 문제라고만 1차원적으로만 해석할 수 없다는 이야기며, 무엇보다 복잡한 시스템에서의 현실의 본질과, 우리의 지배적인 사고방식 간 근본적 불일치로 인한 문제이며, Beer Game을 예로 들면, 수요와 공급이 불일치하는 가장 근본적인 이유는 바로 게임을 하는 사람들의 과잉 반응이 가장 큰 이유인 것과 같다.

여덟 번째, 작은 변화가 큰 결과를 가져온다. 레버리지 효과가 작지만 적절한 행동을 통해 큰 결과를 가져온다는 것처럼, 가장 큰 레버리지 효과를 가져올 수 있는 부분을 찾아야 하지만, 문제는 그 부분은 거의 가시적이지 않다.

아홉 번째, 일거양득이 가능한 경우는 쉽게 볼 수 없지만 장기적으로는 가능하다. 한 가지 목표를 달성키 위해서는 다른 목표들은 잠시 접어 둬야 하지만 장기적으로는 두 가지 목표를 모두 달성하는 것이 가능하다.

열 번째, 코끼리를 반으로 나눈다고 해서 두 마리 코끼리가 되진 않는다. 코끼리를 반으로 나누면 두 마리 코끼리가 아니라 그냥 죽은 코끼리가 되는 것처럼 생명체는 분할이 불가능하고 통합성을 갖는다. 조직 역시 마찬가지로, 문제를 찾기 위해서는 전체 시스템을 살펴보아야 하며, 특정 부서나 조직만 조정하는 것이 근본적인 해결책은 아닐 수 있다.

열한 번째, 누구도 탓할 수 없다. 시스템적 사고 관점에서는 문제의 원인 역시 시스템의 상호작용의 결과로 인식되기 때문에, 문제의 원인을 한 가지로 특정할 수 없다.

열두 번째, 정답은 없다. 시스템은 복잡하기 때문에 그 누구도 정확한 수치나 함수로 제시하기 어려운 유기적인 개념이다. 그렇기 때문에 고정된 정답은 없으며, 다만 해법이 만들어내는 인과 관계를 이해하는 것이 중요하다.

## 5 시스템적 사고의 아키타입

세 번째 주제는 시스템적 사고의 원형(Archetypes)이다. Archetypes라는 단어는 그리스어로 '최초의' 라는 뜻인 Archetypos에서 유래했는데, 심리학자 칼 융(Carl Jung)이 어느 민족이나 인종이 같은 유형의 경험을 반복하는 동안 정신 속에 남겨진 무의식적 관념을 나타내기 위해 사용한 단어다. 마케팅 분야에서는 특정 아이템에 대한 인지도가 가장 높은 브랜드를 의

그림 4.20 시스템 아키타입 8가지

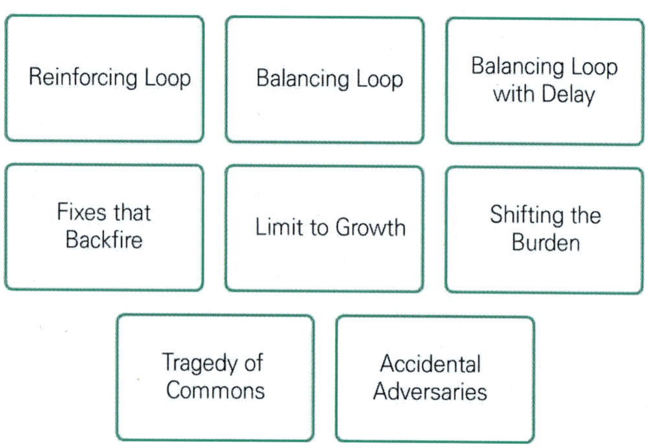

미하는데, 예를 들어 대표적인 스마트폰을 물었을 때 아이폰이라 답을 한다면 그 사람의 뇌리에는 아이폰이 스마트폰의 아키타입이 되는 것이다.

시스템의 동태에 대한 연구는 지금까지 복잡한 인과 루프 매핑이나, 컴퓨터 모델링에 의존해왔는데, 제니퍼 케메니(Jennifer Kemeny) 등은 시스템 다이나믹스에 대해 8개의 다이어그램을 통해 시스템의 동태에 있어서 가장 흔하게 나타나는 현상을 가시화하려고 하였다.

즉, 시스템의 동태에 대한 8가지 아키타입을 제시하였고 이 중 강화 루프(Reinforcing Loop), 균형 잡기 루프(Balancing Loop), 그리고 지연(Balancing Loop with Delay)은 앞서 살펴보았던 피드백 루프에서의 개념과 같다. 그래서 나머지 5개의 아키타입을 하나씩 살펴보도록 하자.

## 가. Fixes that Backfire(미봉책)

첫 번째는 Fixes that Backfire(이하 미봉책)이다. 이 아키타입은 문제가 발생해서 그 문제를 해결하기 위한 방법이 처음에는 효과가 있으나 오히려 더 안 좋은 결과를 초래하는 경우를 의미한다.

예를 들어 심적인 고통을 경감하려고 술을 마시는 것에 의존하는 것은 일시적으론 심적인 고통이 경감하지만, 점차 알코올 중독으로 이어져 더 큰 문제를 야기한다.

다른 예로 아이들이 부모의 관심을 끌기 위해 물건을 집어 던지거나 다른 사람을 때리는 등의 행동은 아이가 원하는 대로 부모의 관심은 끌지만, 아이가 원하는 형태가 아닌 부모의 분노를 불러오는 것과 같은 이치다.

또한 [그림 4.21]의 예에서도 볼 수 있듯, 현재 수익을 개선하고자 직원을 감축하면, 단기적인 순이익은 늘어날 수 있으나, 곧 이어 생산성의 감소를 불러와서 오히려 매출이 줄어들고, 수익이 줄어드는 악효과를 가져온다.

그렇다면 미봉책 현상에 어떻게 대응해야 할까?

이 현상은 주로 일시적인 문제 해결을 위해 뒤따를 영향을 고려하지 않을 때 생기는 문제다.

그렇기 때문에, 의도치 않은 결과에 대한 인지 능력을 향상시켜야 하며, 바람직하지 않은 결과가 도출될 때를 대비하여, 이 결과들을 관리하거나 최소화 할 수 있는지 늘 자문해야 한다.

그림 4.21 미봉책의 예

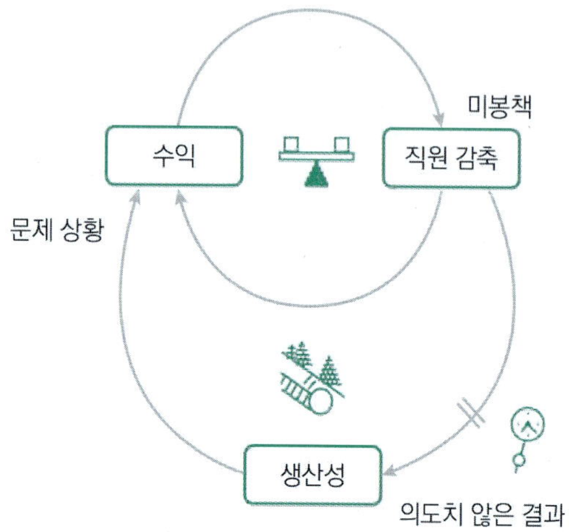


그리고 문제의 단편적인 모습만 집중하는 것이 아니라, 근본적인 문제가 무엇인지 초점을 맞춰야 하며, 전략의 수정을 가할 때, 수정을 가하는 것에 조직의 비전이 충분히 담겨있는지 확인해야 한다.

## 나. Limit to Growth(성장의 한계)

두 번째는 Limit to Growth(이하 성장의 한계)다. 조직이 성장을 위해 여러 활동을 수행한다. 그러나 모든 성장은 항상 저항에 부딪히기 마련이고, 이것들이 성장 속도를 늦추게 만드는 요인이 된다. 그리고 성장을 촉진하기 위해 더 많은 노력을 기울임에 따라 저항 역시 더 강해진다. 그리고 특정 시점부터, 성장을 촉진하기 위한 힘보다 저항에 따르는 힘이 더 강해지기에 기업의 성장이 정체되거나 중지된다.

기업의 예를 들면, 기업의 성장을 제한하는 주된 요인으로는 생산 능력, 자본, 인력 자원의 제한이다. 또한, 공급업체 부족, 규제 등과 같은 외부 요인 역시 기업의 성장 속도를 늦추는 저항 요인이 된다.

그렇기 때문에, 초기에 성장 전략을 적극적으로 수행하면서, 기업이 성장하는 모습을 보이지만, 이윽고, 기업이 처한 제약 조건들을 초과하게 되면서 점차 현실적인 대안으로 수렴하

그림 4.22 성장의 한계 아키타입

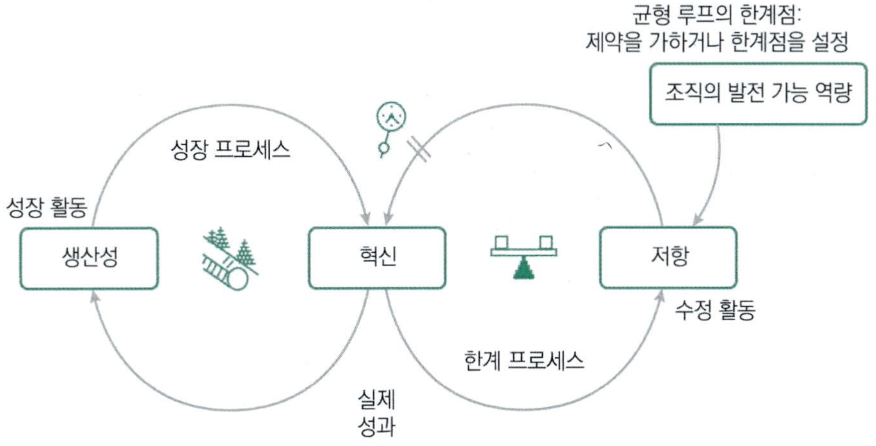


게 되면서 성장 속도가 늦추어지고, 종국에는 균형점을 찾아 성장이 멈추는 것이다.

성장의 한계 개념을 도식화한 것이다. 생산성을 높이는 여러 행동들은 기업 혁신을 촉진한다. 그러나 조직의 생산성을 높이는 과정에서 피드백 루프의 균형을 이루려는 행동이 일어나고, 이러한 저항이 혁신이라는 성장 속도를 늦추어서 특정 시점부터 균형을 찾게 하는 것이다.

성장의 한계 현상이 일어났을 때 대응 전략이다. 우선 강화 프로세스에 더 많은 자원을 투자하려는 유혹을 이겨내는 것이다. 앞서 알아봤듯이, 강화 프로세스가 아무리 강하더라도, 결국에는 균형을 찾기 위한 조정이 함께 이루어진다. 그렇기 때문에 강화 프로세스를 키우는 것에는 한계가 있다.

모든 제약 조건에는 그에 맞는 효과적인 전략이 존재한다. 그러나 우리는 보통 그것에 집중하지 않고, 단지 과거에 잘 통했던 방법에 의존해서 제약을 고려하지 않은 채, 거기에 노력을 기울인다.

그리고 안정을 찾느냐, 정점을 추구하느냐 사이의 결정은 종종 루프의 균형을 찾기 위한 지연(Delay) 시간과 그에 따르는 우리의 반응에 영향을 받는다.

성장의 한계의 진정한 레버리지는 초기 단계에 아직 할당할 수 있는 자원이 여유로울 때다. 따라서 초기 단계에 강화 프로세스에 더 많은 자원을 투자하기 보다는 제한 프로세스의 활동을 감쇄 시키는 것이 필요하다.

그리고 성장의 한계가 발생하는 것은 성장에 따르는 제약 조건이기에, 성장을 촉진할 수 있는 다른 원동력을 찾는 것도 방법이다.

## 다. Shifting the Burden(부담의 전가)

세 번째는 Shifting the Burden(이하 부담의 전가)이다. 이 방식은 문제가 발생했을 때 근본적인 문제 해결보다 대중적인 방법에만 의존하여, 즉각적인 효과를 달성하는 데 초점을 두는 방식이다. 장기적으로 해결해야 할 문제를 단기적인 대중요법으로 무마하는 경우가 해당되는데, 이는 시간이 지남에 따라 장기적인 해법에 오히려 악영향을 미쳐서 시스템이 스스로 문제를 해결할 수 있는 능력을 저해하고, 근본적인 문제 해결이 되지 않았기 때문에 문제에 따르는 증상이 더욱 심해지는 결과를 초래한다.

건강관리를 예로 들어보면 우리는 건강에 문제가 생기면 진료를 받고 약을 먹는다. 그런데 사실 근본적으로는 몸의 면역력이 강하고 운동을 통해 체력이 강하면 건강 상태는 좋아지게 되어 있다. 그러나 아픈 증상을 완화하기 위해 약에만 의존하면 몸이 약에 적응해서 같은 양의 약으로는 처음처럼 효과가 나오지도 않고, 심하면 약물 중독까지 갈 수 있을 뿐만 아니라 근본적인 해결책에 악영향을 미치게 된다.

그럼 일반적인 부담의 전가가 일어나는 상황을 살펴보자. 위기에 대처하는 영웅의 등장이 대표적인 예다. 신상품 런칭의 지연과 같은 위기 상황이 발생하면, 위기 관리자를 고용하여 제품을 출하하기 위해 '거의 무엇이든 할 수 있는' 엄청난 재량권을 주게 된다.

반면, 몇몇 사람들은 프로젝트 관리 시스템의 재설계와 같은 근본적인 해결책을 제안하게 된다. 그러나 이러한 전략은 근본적인 해결책이기 때문에 시간이 오래 걸리고, 당장 급한 불부터 끄고 싶기 때문에 회사 내 관심 대상에서 제외되는 경우가 많다. 위기 관리자의 고용은 근본적인 해결책이 아니므로 더 큰 위기를 불러오게 되고 이에 대처하기 위하여 더 유능한 위기 관리자를 필요하게 된다. 이런 관행은 결국은 근본적인 해결책을 주장하는 목소리를 없애는 계기가 된다.

부담의 전가에 대처하려면 어떻게 해야 할까? 부담의 전가는 미봉책과 상당히 유사하다. 그렇기에 미봉책을 해결하기 위한 방법과 같은 방식에서 출발하는 것이다.

부담의 전가는 근본적인 해법 대신 일시적인 해법에만 매몰되기 때문에 문제가 되는 것

그림 4.23 건강관리를 예로 든 부담의 전가 아키타입

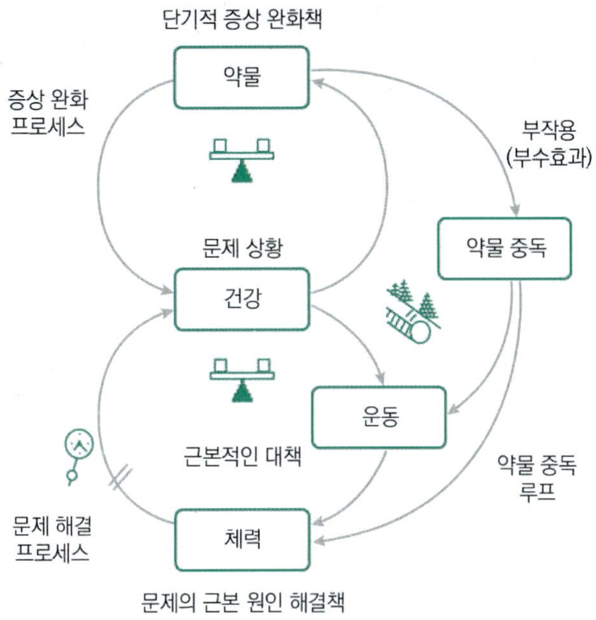


이다. 그렇기에 근본적인 해결을 위해 필연적으로 수반되는 장기간의 솔루션을 강화해야 한다. 가능하다면, 단기적인 해법 대신 장기적인 해법만 지원하는 것도 방법이다. 그리고 장기적인 해법을 강화할 수 있는 역량이 뒷받침된다면, 단기적으로 해결할 수 있는 것들에 대한 의존도를 점차적으로 줄여 나가야 한다.

### 라. Tragedy of commons(공유의 비극)

Tragedy of commons(이하 공유의 비극)는 모두에게 개방된 목초지가 있다면, 목동들은 개인의 사유지를 보존하기 위해 그들 개인에게 할당될 목초의 양 이상으로 소들에게 목초를 먹이고, 같은 생각을 한 목동들 역시 그들 개인에게 할당될 목초의 양 이상을 소들에게 먹이므로 공유지는 빠르게 황폐화될 것이라는 것이다. 즉, 시스템이 제공할 수 있는 자원 할당량을 넘어갈 정도로 시스템에 참여한 개인들의 활동량이 커지면 시스템이 과부하하게 되고, 결국은 모두의 이익이 감소할 것이라는 것이다.

과거 브라질의 경우, 1987년 367%, 1988년 933%, 1989년 1764%, 1990년 1794%라는 초유의 인플레이션을 경험했다. 이러한 환경에서 브라질 시장의 상인들은 인플레이션이 지속될 것으로 예상하여 각자 인플레이션 율을 따라잡기 위해 가격을 인상했다. 그리고 같은 생각을 한 다수의 상인들이 동시에 가격을 올리기 때문에 인플레이션이 지속될수록 가격 인상 또한 지속되었다. 그리고 인플레이션으로 인해 물가가 오르면서, 기업 입장에서 인건비 등의 비용이 높아지고, 이 비용을 충당하기 위해 제품의 가격을 인상했다. 다수의 기업이 제품의 가격을 인상하기 때문에 추가적인 인플레이션이 발생하게 된다. 즉, 시간이 경과함에 따라 각 개인은 생산성을 높이는 방법을 강구하는 대신, 가격 인상을 통해 더 높은 이익을 추구하게 되고, 이는 결국 국가 경제 시스템의 붕괴로 이어지게 되었다.

[그림 4.24]의 시스템을 살펴보자. 이 시스템 내에는 A, B 두 제품을 생산하는데, 이 두 제품의 성능을 높이기 위해, 각자 두 제품에 필요한 전력 요구량을 높이게 된다. 시스템 내의 A, B 생산에 관여하는 팀 입장에선 각자 자신이 담당하는 제품의 성능을 극대화하기 원할 것

그림 4.24 공유의 비극의 예

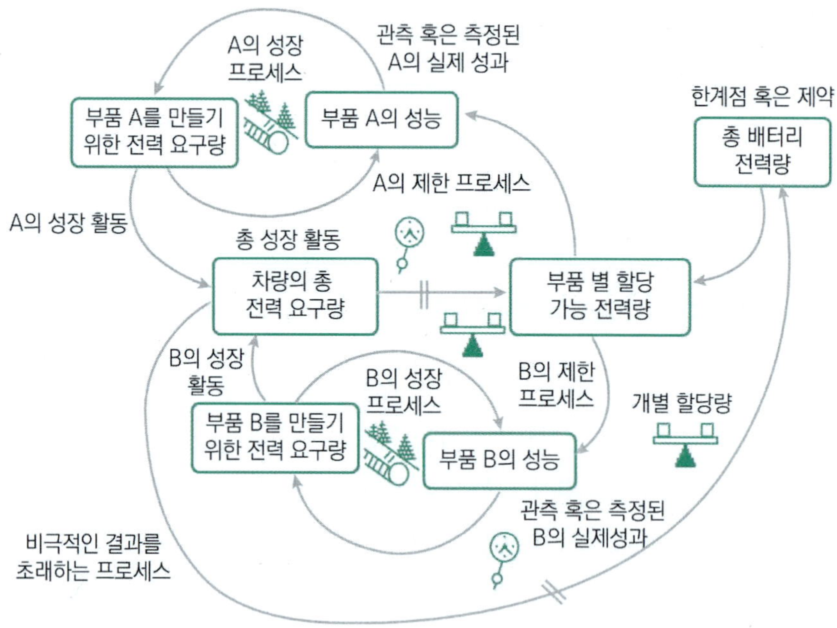

이고, 그에 따라 전력 요구량의 합은 점점 더 커질 것이다. 그러나 전력을 제공해줄 수 있는 능력에는 한계가 있고, 결국 총 배터리 량을 초과하는 전력 수요량이 발생한다면, 원활한 전력 공급이 되지 않을 것이고, 결국에는 시스템 내의 전체적인 지연(Delay)를 불러오는 원인으로 작용한다.

공유의 비극 현상을 보여주는 상황은 많지만, 여기서는 Ford 사의 1994년 링컨 컨티넨탈 프로젝트의 예를 보자. 링컨 컨티넨탈에 들어가는 구성들은 여러 가지이며, 각 구성을 담당하는 설계자들은 그 누구도 전력 사용 가능량을 양보할 의사가 없었다. 왜냐하면 전력을 많이 사용하도록 설계할수록 실제 할당되는 전력량이 많아지기 때문에, 과설계를 통해서 할당 전력을 확보하려는 시도를 한다. 그렇기 때문에, 각 설계 팀은 자체 그룹 내에서 자신들의 부품이나 구성에 더 많은 기능을 추가해서 더 많은 전력을 할당 받는 것을 정당화했다.

공유의 비극은 시스템 내의 구성원들이 큰 그림을 보지 못하고 자신들의 영역을 성장시키는 것에만 집중하기 때문에 발생하는 문제다. 그렇기에, 공동의 이익을 위한 정책을 우선적으로 입안하고 실행해야 하며, 공동의 목표나 초점을 명확하게 설정해줘야 한다.

## 마. Accidental Adversaries(우발적 악연)

시스템 아키타입의 마지막 유형은 Accidental Adversaries(이하 우발적 악연)이다.

이 유형은 원래 파트너 관계를 가진 두 조직이, 더 높은 수익을 거두기 위해 취하는 전략들이 의도치 않게 상대방 측에 피해를 끼치게 되면서 파트너십이 무너지는 과정을 보여주는 아키타입이다.

예를 들어 A와 B사가 [그림 4.25]와 같은 관계를 가지고 있다고 하자.

A사는 자사의 설계나 아이디어를 B사를 통해 생산을 하여 수익을 내는 회사다. 그러던 중 A사가 자신의 수익을 높이기 위해 프로모션을 진행했고, 프로모션을 통해 더 많은 주문량이 발생하고, 더 많은 주문량을 커버하기 위해 B사는 더 많은 생산 능력을 가동해야 하고, 급격한 수요 상승에 대응할 준비가 필요하다. 그렇기에 A사는 B사에게 추가적인 비용을 전가한 셈이 된다. B사는 갑작스러운 주문 상승 때문에 재고를 더 보충해야 했고, 프로모션으로 인해 더 낮은 가격에 물건을 팔아야 하므로, 따지고 보면 A사의 수익에도 안 좋은 영향을 미치는 것이다. 즉, 처음에는 A사, B사 모두 서로의 니즈를 충족시켜줄 수 있기 때문에 파트너십을 맺은 것이지만, A사가 자신의 수익을 늘리기 위해 취했던 행동이 B사에겐 피해를 끼쳤고, 결

그림 4.25 우발적 악연의 예

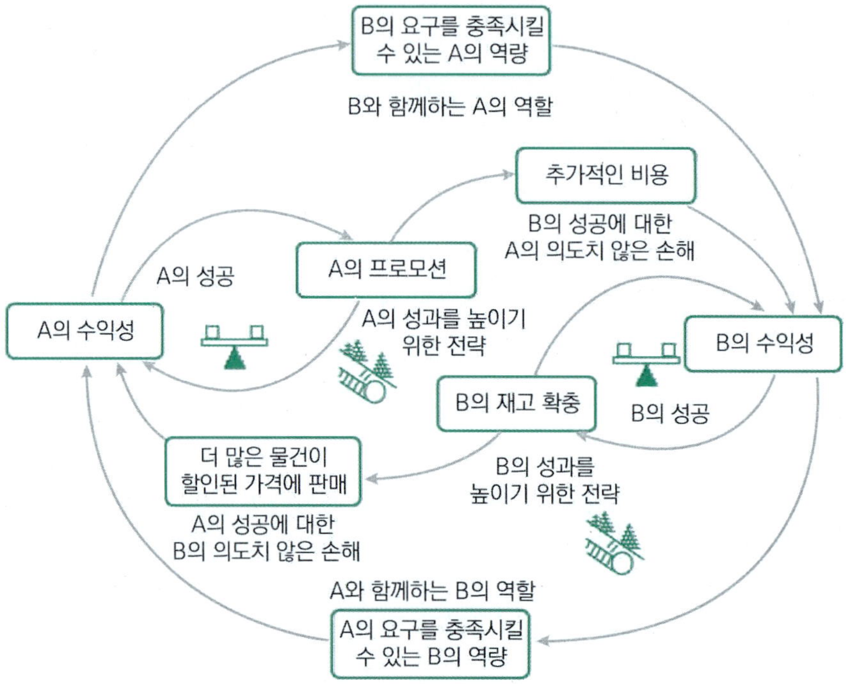


국에는 A사 역시 안 좋은 영향을 받게 된 것이다.

실제로도 우발적 악연과 같은 상황은 종종 일어난다. P&G와 Walmart의 관계가 그러했는데, 7~80년대 P&G와 같은 제조업체는 시장 점유율을 높이고 수익을 높이기 위해 판촉 전략에 의존하기 시작했다. 그러나 이러한 프로모션은 Walmart와 같은 유통업체에게 많은 비용과 어려움을 초래했다. 그래서 유통업체들은 할인 기간 동안 대량의 제품을 구매한 다음, 프로모션이 종료되면 다시 정상 가격으로 판매하여 유통업체 자체의 수익을 보충했다. 그런데 유통 업체가 제조업체의 예상보다 더 많이 할인된 제품을 구매했기 때문에, 제조업체 자체의 수익성이 크게 떨어졌다. 그리고 유통업체는 이미 많은 양을 미리 구매해 두었기 때문에 재고 부담을 안게 되면서 비용을 더 증가 시키게 된다. P&G와 Walmart는 자신의 의사결정이 의도치 않게 협력업체에 부담을 전가하는 결과를 낳게 됨을 인식하고 이 문제를 해결하기 위해서 P&G는 Everyday Low Price 전략을 통해 할인 행사를 더 이상 하지 않는 의사결정을 내

그림 4.26 Campbell Soup의 품목들

출처: https://www.delish.com/food-news/a25250291/campbell-soup-in-trouble/

리게 된다.

Campbell은 정보의 공유를 통한 공급사슬 관리로 이러한 문제에 대처했다. Campbell은 매일 유통업체로부터 그들의 수요량과 재고 보충이 필요한 품목을 접수하였다. 그리고 재고 보충이 필요한 품목에 대해 지속적으로 재고를 보충해줬다. 이를 지속적 재고 보충 시스템이라고 하는데, 특히 Campbell이 판매하는 물건들은 시장의 불확실성이 낮은 편이기 때문에 이 시스템이 제대로 작동했다.

지속적 재고보충 시스템을 개발하기 전 Campbell 역시 유통업체와 마찰을 일으켰다. Campbell은 1년에 한 번 큰 프로모션을 제공하는데, 유통업체들은 이 때 1년 동안 판매할 전체 물량을 미리 구매(Forward Buying)해 두었다. 이는 수요의 급격한 변화를 가져오고, 그 결과 치킨 수프에 들어갈 닭 발육 공장은 초과 근무를 해야 했고, 이는 Campbell의 생산 비용 증대를 가져왔고 유통업체 역시 그 많은 치킨 수프를 보관하기 위한 비용을 지불해야 했다. 그러나 정보의 공유를 통한 지속적 재고보충 시스템 덕분에, 이러한 문제를 해결하여 상호 윈-윈(Win-Win) 관계를 유지할 수 있게 되었다.

우발적 악연 상황에 대처하는 전략을 살펴보자. 우발적 악연이 발생하는 원인은 파트너에게 미치는 영향을 고려하지 않고 자사의 이익만 높이기 위한 행동이다. 따라서 그러한 행동을 지양하고 의사결정이 파트너에게 미치는 영향에 대한 심도 깊은 이해가 필요하다.

## 6 인과 지도의 표기 방식

지금까지 시스템 아키타입들을 보면, 각 변수들 간의 관계에 대해서 화살표로 관계를 나타냈다. 이는 시스템 내의 구성 요소들 간의 관계성을 보다 손쉽게 파악하는 용도로 활용되었다. 특히 시스템은 피드백 루프로 움직이기 때문에, 피드백 구조를 표현하는 것이 중요한데, 지금부터는 인과 지도(Causal Map)를 통해 단순하지만 효과적으로 시스템 구성요소들 간의 관계를 도식화 하는 것을 살펴보겠다. 이를 통하여 전략의 파급 효과를 시각화 할 수 있겠다.

### 가. 인과 지도의 구성 및 표기 시 주의 사항

인과 지도는 다음과 같이 구성된다. 변수 간의 인과 관계를 화살표로 표현하고, 원인이 결과에 긍정적인 영향을 미치는지, 부정적인 영향을 미치는지 여부는 +, −로 표시한다. 그리고 시스템은 피드백 루프로 구성된다고 하였는데, 루프는 다음과 같이 표시한다. 그리고 루프 역시 강화 루프인지, 아니면 균형을 찾기 위한 부정적인 루프인지 여부를 +, − 혹은 Reinforcing과 Balancing의 앞 철자를 따서 R, B로 표시한다. 지금까지의 논의를 [그림

그림 4.27 출산율, 인구, 사망률 간의 인과 관계

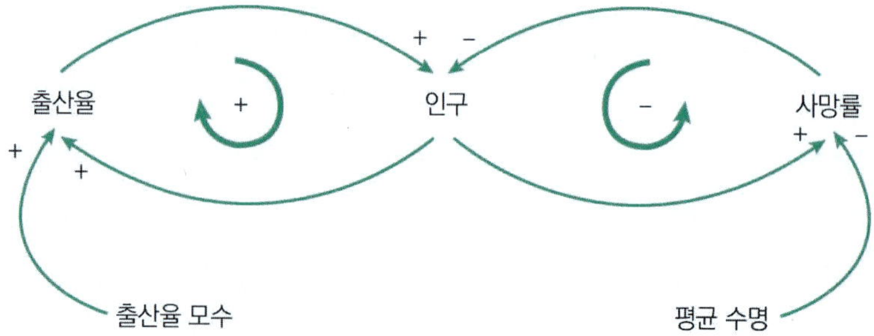

4.27]을 통해 살펴보자.

[그림 4.27]을 살펴보면 출산율, 인구, 그리고 사망률 간의 인과 관계를 표시하였다. 출산율이 높아지면 인구 또한 높아지며, 인구가 많을수록 출산율을 높이기 위한 기저 조건이 형성 되므로 서로 긍정적인 강화 루프를 형성 한다. 반대로, 인구가 많다는 것은 그만큼 사망할 수 있는 사람도 많다는 이야기 이므로 사망률을 높이는 것에도 기여를 하지만, 반대로 사망률이 높아지면 인구수도 줄어들 것이기 때문에 이 두 개념은 서로 부정적인 루프를 형성하는 것이다. 그리고 출산율 모수는 출산율에 긍정적인 영향을 미치므로 '+' 표시를 하였으며, 평균 수명이 길어질수록 사망률은 낮아지므로 '−' 표시를 해 두었다.

이어서 인과 지도를 만드는 것에 있어서 주의할 점들을 살펴보자. 인과 지도를 만드는 목적은 시스템을 구성하는 변수들 간의 인과 관계를 간결하고 명확하게 확인하는 것이기 때문에, 여러 주의점들 역시, 인과관계를 간결하고 명확하게 표현하는 것과 관련된 것들이다.

우선 변수의 이름에 관한 사항들이다. 변수들의 이름은 명사로 표시해야 한다. 예를 들어 가격의 증가나 감소와 같은 문장 형으로 만들어버리면 혼선을 빚을 수 있기 때문에 가격이라는 명사로 변수를 표시한다. 변수를 정할 때는 부정적인 방향의 단어보다는 긍정적인 방향성을 가진 단어를 선택한다. 이를테면 수익과 손실이 있으면 수익을 변수로 정하는 것이다. 그리고 변수의 이름은 명확한 인과 관계를 가진 것으로 선정해야 한다. 수요가 제품 가격에 긍정적인 인과 관계를 가지지만, 가격과 재고는 구체적으로 어떤 쪽이 원인이 되고 어떤 쪽이 결과가 되는지 명확치 않다. 반면 고객 주문과 재고량과 같이 주문량에 따라 재고량이 바뀌는 명확한 인과관계가 있고, 재고량의 변동이 제품 가격 변동의 명확한 원인이 되기 때문에 [그림 4.28]과 같이 표시하는 것이 적합하다.

두 번째 고려 사항은 인과관계에 대한 것이다. 우선 주의할 점은, 인과관계를 상관관계와 헷갈리면 안 된다. 인과관계는 특정한 변수가 다른 변수에 직접적인 영향을 주는 것을 의미한다. 상관관계는 두 개의 변수들 간의 선형관계를 상관계수를 통해서 살펴보는 것이지만, 상관 계수가 유의미하다고 해서 변수들 간 직접적인 원인이 존재하고 그에 따른 결과인지는 파악할 수는 없다. 즉, 직접적인 원인이 논리적으로 무엇인지 증명되지 않은 상태이기 때문에 제대로 된 인과성이 존재하지 않는다.

그리고 피드백 루프의 경우 앞서 제시했듯, 루프의 방향성 또한 함께 제시해야 한다. 방향성이 '−' 값이 짝수 개 있을 때는 긍정적인 루프(+), 홀수 개 있을 때는 부정적인 루프(−)로 판단할 수 있다. 인과관계를 작성할 때는 긍정적인지, 부정적인지 인과관계의 방향이

그림 4.28 명확한 인과관계의 표기 예시

명확해야 한다. 그리고 피드백 루프를 작성할 때도 루프의 이름을 지어줘서 각 루프를 구분짓고, 중요한 지연이 생기는 경우 어느 곳에서 지연이 생기는지 표시해 준다.

그리고 인과관계를 작성할 때는 자세하게 원인과 결과 사이의 중간 과정을 제시해줘야 한다. 예를 들어 시장 점유율이 단위 당 원가에 부정적인 영향을 미친다는 일견 와 닿지가 않는다. 그러므로 시장점유율이 높아지면 생산량도 높아지고, 생산 경험이 쌓이면서 단위당 원가가 줄어든다고 중간 과정들을 명확히 제시해야 한다.

다음은 루프를 그릴 때 주의 사항들이다.

우선 모든 루프를 하나의 큰 다이어그램에 넣지 않는 것이다. 특히 밸런싱 루프의 경우, 루프 내의 변수들이 서로의 상호작용을 통해 목표 지점까지 균형을 찾아 나간다는 것이 주된 개념인데, 그렇기 때문에 구체적으로 밸런싱 루프를 통해 달성하고자 하는 것을 명시해줘야 한다.

물론, 루프나 인과관계를 표시할 때는 자세하게 표시하는 것도 좋지만, 근본적인 목적은 변수들 간의 인과관계를 간결하게 보는 것이기 때문에, 교차 선을 최소화할 수 있도록 다이어그램을 설계해야 한다.

그리고 인과 관계 다이어그램의 변수 주위에 불필요한 원, 육각형 등의 기호를 사용하지 않는다. 그리고 만족스러운 결과가 나올 때까지 이 과정을 반복한다.

## 나. 시스템 아키타입을 기반으로 한 의사결정 예제

마지막으로 Clifford Security Trucks 사례를 통해 정리해 보도록 하겠다.

Clifford는 근 100년 간 북미 지역에서 잘 알려진 장갑 트럭 운송 업체였다. 이들의 주된 고객은 은행이었는데, 비교적 큰 규모의 지점과 외딴 지역에 떨어진 지역까지 운송 서비스를 제공했다. 그들의 서비스는 매우 중요하고 필수적이지만, 돈을 운송하는 것이기 때문에 잘 알려져 있지 않다.

그러나 최근 은행의 보안 능력이 향상되면서, Clifford와 같은 업체들은 점점 설 자리를 잃어가고 있으며, 장갑차 업체들은 서로 가격 경쟁을 하기 시작하고 경쟁이 격화되면서, 출혈 경쟁으로 이어지게 됐다.

Clifford가 시세에 맞게 서비스를 제공하게 되면, 이들이 생각하는 수준의 서비스를 제공할 수 없게 된다. 그러나 시세에 맞추지 않는다면, Clifford의 생존에 더욱 위협이 될 것이다.

이 상황에서 Clifford의 경영자는 2개의 선택지 중 하나를 택해야 한다. 하나는 회사가 지금까지 쌓아온 강력한 인지력과 평판으로 가격 경쟁에 뛰어 들어서, 다른 경쟁자들을 밀어내는 것이다. 또 다른 방법은, 가격 경쟁으로 인한 지속적 수익 하락을 피하기 위해 가격 경쟁에 참여하지 않는 것이다. 이 방법은 지속적 손실을 줄일 수 있으면서도 은행으로 하여금 현재 시세에 문제가 있음을 보여주는 것이다.

그렇다면, 어떤 전략을 선택해야 할까? 그리고 어떤 시스템 아키타입을 통해 선택한 전략을 정당화시킬 수 있을까?

## Takeaways

- 기업은 시장에서 생존하고 지속적 경쟁 우위를 위해 전략을 수립한다.
- 마이클 포터는 5 Force 이론을 통해 기업 생존의 위협이 되는 5가지 요인과, 3가지 근본적인 경쟁 전략을 제시하였다.
- 전략적 서비스 비전은 기업이 서비스 전략을 수행하기 위한 설계도의 역할을 하며 타겟 시장 세분화, 서비스 컨셉 정의, 운영 전략 수립, 그리고 서비스 전달 시스템 설계로 구성된다.
- 서비스 제공자를 선택하는 기준에는 이용가능성, 편리성, 신뢰성 등 여러 가지 기준이 있으며, 이러한 점을 충족시키는 지 여부에 따라 Service Qualifier, Service Winner, 그리고 Service Loser로 서비스 속성을 구분 짓는다.
- Chase and Hayes (1991)는 서비스 발전 단계에 따른 기업 운영의 틀을 제시하였으며 특히 기업 성장에 따른 오퍼레이션스 관리를 강조했다.
- 시스템적 사고는 복잡한 문제를 작은 문제로 나누고, 작은 문제부터 풀어서 이를 통합하여 하나의 궁극적인 해법을 탐색하는 사고다.
- 시스템이란 공통된 목적을 수행하기 위한 요소들의 조직화된 집합체로서 단순히 가시적으로 보이는 것 외에 수많은 요소들이 시스템의 활동에 영향을 미친다.
- 시스템적 사고를 위한 첫 번째 키워드는 복잡성으로, 복잡성으로 인해 시스템의 메커니즘이 명확하지 않으므로 기존의 통계적 분석과는 다른 시스템 동태(System Dynamics) 분석이 요구된다.
- 시스템적 사고를 위한 그 외의 키워드로는 레버리지, 부작용, 피드백, 지연이 있으며 특히 피드백을 통해 시스템 내의 요소들 간 서로 상호작용을 주고받는 루프(Loop)를 형성함으로서 단순한 선형 관계 이상의 효과를 불러온다.
- 제레미 케메니(Jennifer Kemeny) 등은 흔하게 나타나는 시스템의 예를 8개의 아키타입으로 분류하였으며, 공통적으로는 단기적인 이익을 위해 장기적인 협력 관계와 같은 눈에 보이지 않는 비용을 희생하여 더 안 좋은 결과를 초래하지 말라는 교훈을 담고 있다.
- 시스템 아키타입을 정확히 표기하기 위해서는 각 변수들 간의 인과 관계를 명확히 해야 하며, 구체적인 표현을 통해 누구나 쉽게 변수들 간의 상호 작용을 예상할 수 있게 해야 한다.

## Reference

Chase, R. B., & Hayes, R. H. (1991). Beefing up operations in. *Manag Rev*, 33(1), 15.

Heskett, J. L. (1986). Managing in the Service Ecconomy. *Harvard Business School Press.*

Heskett, J. L. (1987). Lessons in the service sector. *Harvard business review*, 65(2), 118–126.

Kim, D. H., & Anderson, V. (1998). Systems archetype basics. *Waltham, Mass, Pegasus Communications Inc.*

Porter, M. E. (1980). Competitive strategy: Techniques for analyzing industries and competitors. In: New York: Free Press.

Porter, M. E. (2008). *Competitive advantage: Creating and sustaining superior performance*: simon and schuster.

# Service Configuration

1. 서비스 제공을 위한 환경 조성, 서비스스케이프
2. 서비스 프로세스 분석
3. 대기행렬 모형
4. 서비스 생산 능력 의사 결정

CHAPTER

# 05

# 서비스 프로세스 설계

## (Service Configuration)

CHAPTER 05

# 서비스 프로세스 설계 (Service Configuration)

본 장에서는 위기에 대응하고 원활한 서비스를 위한 적합한 물리적인 환경 조성의 중요성과 서비스스케이프의 개념을 살펴보고, 서비스 프로세스의 운영을 위한 정량적 프로세스 분석과 프로세스의 설계 그리고 대기행렬 모형을 중심으로 정량적인 고객 대기 관리 기법과 서비스 생산능력 결정을 살펴본다.

## 1 서비스 제공을 위한 환경 조성, 서비스스케이프

### 가. 서비스스케이프의 정의

서비스스케이프는 서비스 제공과 관련된 물리적인 환경을 의미하는 표현이다. 서비스스케이프는 고객과 직원 모두에게 영향을 주기 때문에 중요한 경영의 도구로 활용된다.

소위 첫인상이 매우 중요하단 이야기가 있다. 잘 설계된 서비스스케이프는 고객에게 좋

그림 5.1 서비스 수행 주체 및 물리적 복잡성에 따른 분류 예시

| 서비스 수행 주체 | 물리적 복잡성: 단순 | 물리적 복잡성: 복잡 |
| --- | --- | --- |
| 셀프 서비스 | KIOSK, ATM | 골프 코스, 서핑 |
| 상호작용 서비스 | 저가 호텔, 버스 정류장 | 고급 호텔, 테마 파크 |

은 첫인상을 심어주는데 도움을 주는데, 매장의 인테리어, 조명, 음악 등이 고객의 구매 의사에 많은 영향을 주고, 첫 인상이 좋으면 고객은 재방문할 가능성이 높아진다.

직원 입장에서는 잘 정돈된 환경과 적절하게 배치된 설비를 통해 생산성을 향상할 수 있으며, 사기 고취 및 서비스 인식 수준에도 도움이 된다. 그리고 이는 고객과의 더 나은 상호작용을 유도한다.

서비스의 종류가 다양하듯 서비스스케이프 역시 다양하다. 그래서 서비스스케이프의 개념을 제안한 Bitner (1992)는 물리적 복잡성과 서비스를 수행하는 주체에 따라 서비스스케이프를 분류했는데, 서비스를 수행하는 주체는 셀프서비스, 고객과 직원이 함께 하는 상호작용 서비스로 구분했고, 물리적 복잡성은 단순함과 복잡함으로 구분했다.

몇 가지 예를 들면 [그림 5.1]과 같이 분류 할 수 있다.

## 나. 서비스스케이프 프레임워크

Bitner (1992)는 서비스스케이프가 구체적으로 어떻게 직원과 고객에게 영향을 주는지 다음과 같은 프레임워크로 제시했다. 거시적으로 살펴보면 물리적인 환경이 전체 환경에 영향을 주고, 전체 환경의 모습이 직원과 고객의 내적인 인식에 영향을 주고 그들이 갖게 된 인식을 바탕으로 서비스 구매나 조직에 대한 충성심 증가 등의 구체적인 행동으로 이어지게 된다는 것이다.

하나씩 살펴보면, 가장 왼쪽의 환경적 요인 차원은 매장의 온도, 공기, 소음, 냄새 등의 주위 환경 요소, 소비자의 니즈에 부합하는 서비스 공간 내의 설비 및 가구 배치, 골프 코스에서 다음 홀로 가는 방향을 나타내 고객이 길을 잃지 않게 도와주는 표지판과 같은 사인, 소

그림 5.2 Bitner (1992)의 서비스스케이프 프레임워크

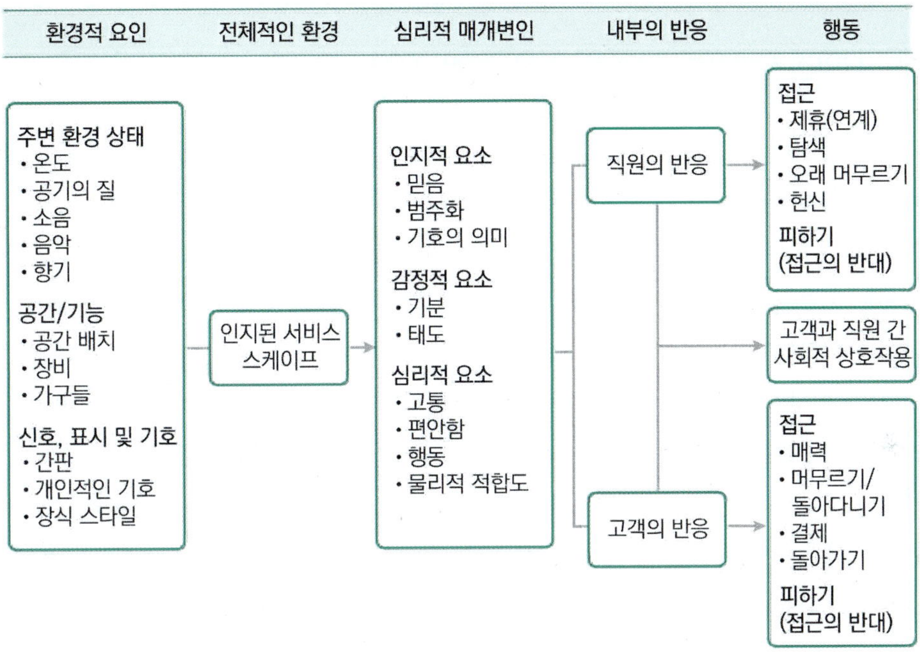


품 등이 해당된다. 그리고 이러한 사인들은 단순히 의미전달 만이 아니라 디자인에 신경 써서 소비자들에게 서비스의 품격을 각인시켜야 한다.

고객은 이제 매장의 이미지를 머릿속으로 형성하고 이러한 생각을 통해 서비스 기대 수준을 형성한다. 그리고 매장의 물리적인 환경이 주는 감성적인 요소를 통해 마음속에서 매장에 대한 인상을 각인시키고, 푹신한 의자 등의 배치를 통해 고객은 편안함을 느끼게 되어 결과적으로 매장에 머무르는 시간을 더 늘릴 수 있다.

이렇게 서비스스케이프가 잘 조성된다면, 고객은 매장에 대해 호의를 가지게 되고 그 매장에 더 머물고, 구경하는 등 접근 행동(Approach Behavior)을 하게 된다. 그러나 서비스스케이프가 제대로 조성되지 않는다면 빨리 떠나고 싶고, 그 서비스를 받기 싫어지는 회피 행동(Avoidance Behavior)을 하게 된다.

직원 입장에서도 마찬가지로, 업무 현장이 잘 정돈되어 있고 휴게실과 같은 직원 복지 시설이 잘 구성되어 있다면, 그 매장에서 더 일하고 싶어지고, 적극적인 업무 수행을 하게 된

다. 그러나 그 반대라면, 그저 하루 빨리 이직하고 싶고, 매장이 잘 되든 말든 신경을 안 쓰게 되기 때문에 업무 수행도 소홀히 하게 된다.

## 다. 서비스스케이프 설계를 위한 고려 사항

지금까지 서비스 경영에서의 물리적 환경 조성의 중요성을 살펴보았다. 지금부터 물리적 환경을 설계함에 있어서 고려해야 할 5가지 요소를 살펴보겠다.

첫 번째는 서비스 기업의 성격과 목적이다. 예를 들어 맥도널드의 M자 모양의 아치, 그리고 IHOP의 푸른 지붕과 같이 고객의 눈에 보이는 디자인을 통해 고객이 바로 해당 장소가 무엇을 하는 매장인지 알아차리게 유도하는 방식의 설계가 있는 한편, 주차장과 소방서와 같이 효과적인 업무 수행에 초점을 맞추어 설계를 하는 경우가 있는데 주차장은 차량이 주차하는 장소이므로, 최소한의 심미적 요소가 필요한 장소이지만 대부분의 주차장은 설비가 과잉 치장되어 있다고 여겨진다. 소방서에는 소방차 외에도 다양한 화재 진압 도구가 있고, 이를 운용하는 기계 설비 등이 있다. 그리고 이 작업을 소방관 및 정비사들이 수행하는데, 그러므로 소방서는 인원 및 해당 설비들을 모두 수용하거나 대기할 수 있는 공간이 확보되어야 하

그림 5.3 서비스스케이프 설계를 위한 고려 사항

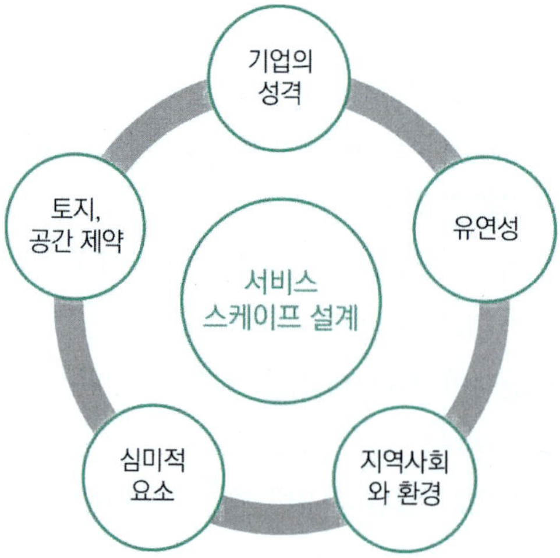

며 화재 발생 시 즉시 출동할 수 있도록 출구에는 다른 차량의 진입을 제한하는 넓은 공간이 필요하다.

두 번째는 토지와 공간에 관한 제약이다. 아무리 좋은 설계를 하더라도, 그것이 공간 규모의 제약을 충족하지 못한다면 그 설계가 의미가 없듯, 기업은 주어진 공간을 최대한으로 효율적으로 활용하기 위해 독창적인 설계를 구상하게 된다. 예를 들어, 도시에서는 사용 가능한 토지 면적이 상대적으로 부족하기 때문에, 건물의 규모만 확장할 수 있는데, 일부 지역의 맥도널드의 경우 고객의 식사 공간을 제공하기 위해 2층 공간까지 통합해서 운영하는 사례가 있다. 반면, 교외나 농촌 지역은 비교적 더 크고 저렴하게 토지를 활용할 수 있다.

세 번째는 유연성이다. 앞 장에서도 강조되었듯, 시장의 수요는 역동적이고 매우 다양하기 때문에 유연성을 갖추는 것은 매우 중요하다. 서비스의 설계 역시 마찬가지다. 설계 단계에서 현 시점에서 어떻게 설계를 해 두어야 향후 서비스 확장에 대비할 수 있을까? 그리고 지금 어떻게 설계를 해 두어야 향후 새로운 서비스를 제공해야 할 때 원활할까? 즉, 유연성을 고려한 설계는 소위 "미래를 위한 설계"라는 표현을 사용한다. 일례로, 패스트푸드점은 원래 보행자 위주로 서비스를 제공하는 데 맞추어져 있었는데, 요즈음은 차량으로 운전하면서 빠르게 음식을 받아가려는 고객들의 니즈를 충족시키기 위해 드라이브 스루 점포로 서비스스케이프를 확장한다.

네 번째는 심미적 요소다. 백화점과 아웃렛의 예를 보자. 백화점의 경우 발 아래 카펫이 깔려있고, 옷걸이 간 충분한 공간이 있고, 직원 또한 고객 한 명 한 명을 가까운 거리에서 도움을 준다. 탈의실의 경우 옷을 입은 후 사방에서의 모습을 볼 수 있게 하기 위해 측면과 후면 모두에 거울을 설치해 둔다. 즉, 매장의 모든 것이 고객의 요구에 이들이 집중하고 있다는 것을 보여주며 심미적으로도 우아하다. 아웃렛의 경우, 대조적으로 창고형 매장의 방대한 의류들이 쌓여 있는 테이블 중에서 옷을 선택해야 하며 탈의실 역시 간이 설비 내에서 해결하며 거울 또한 한 개만 설치되어 있다. 직원 역시 카운터에 상주해 있다가 고객이 찾는 경우에만 움직인다. 즉, 백화점에 비해선 우아함이나 직원의 관심 등이 부족하지만 그 대신 할인 규모가 크다는 장점이 있다. 이처럼 옷의 품질 간에 차이가 크게 없더라도 심미적 요소의 차이에 따라 고객이 받는 느낌은 매우 다르며, 직원 입장에서도 그들이 제공하는 서비스에도 영향을 미친다.

마지막으로, 지역 사회와 환경을 고려한 서비스스케이프 설계가 필요하다. 예를 들어 교회의 경우 '신도들의 주차를 위한 충분한 공간을 제공하는가?', 그리고 세탁소의 경우 '세탁 과정에서 발생하는 유해 물질이 지역 환경에 미치는 영향을 차단할 수 있도록 설계를 하였는가?' 등을 고려하는 것이 해당된다.

## 2 대기행렬이론의 기초

지금까지 서비스 경영에서의 물리적 환경 조성의 중요성 그리고 서비스스케이프를 설계함에 있어서 고려해야 할 5가지 조건을 살펴보았다. 서비스 설계를 함에 있어서 물리적인 환경 조성의 중요성과 동시에 서비스 프로세스가 원활히 진행되는가, 그렇지 않다면 어떻게 프로세스를 재설계해야 하는가? 그리고 원활한 프로세스와 그렇지 않은 프로세스를 어떻게 판단해야 하는가를 고려해야 한다. 그렇기에 지금부터는 서비스 프로세스 관점에서 프로세스를 분석하고 개선안을 도출하는 방법으로 대기행렬이론(queueing theory)의 기초를 살펴보도록 하겠다. 대기행렬 모형의 상세한 내용은 다음 절에서 살펴본다.

### 가. 대기행렬의 정의

대기행렬은 한 명 혹은 그 이상의 고객들이 서비스를 받기 위해 기다리는 것을 의미한다. 이를 다르게 표현하면, 대기행렬이란 특정 제품이나 서비스를 받는다는 동일한 목적을 가진 사람들의 일시적인 모임이다.

그래서 대기행렬 역시 일시적인 사회시스템이라 할 수 있으며, 대기행렬이론에는 심리학, 사회학자들이 연구한 내용들이 포함되어 있다. 예를 들어, 고객의 불안심리를 줄여주는 방법이 있다. 대부분의 기다리는 고객들은 자신의 주문이 제대로 전달이 되었는지, 시간 내에 서비스를 받을 수는 있는 건지 등의 불안이 고객에게 영향을 미치는데, 이에 대응하기 위해 직원이 고객에게 얼마나 더 기다리면 되는지 알려주거나, 표지판 등을 활용해서 예상 대기시간을 알려주는 방법이 있다.

그리고 고객들은 자신보다 늦게 도착한 사람이 먼저 서비스되는 것을 보는 순간, 대기시간에 대한 불안감은 분노로 바뀌어 고객 불만족으로 이어진다. 그렇기 때문에 대기하는 고객들의 명확한 순서를 기억하고 있어야 하며 번호표를 나눠주는 것이 한 방법이 된다.

## 나. 고객 대기의 8가지 심리적 작용

Maister (1984)는 고객의 대기에는 다음과 같은 8가지 원칙이 있다고 하였다.

그림 5.4 Maister (1984)의 대기의 8가지 원칙

|  |  |
| --- | --- |
| 법칙 1 | 아무 것도 하지 않을 때의 대기 시간이 더 길게 느껴진다. |
| 법칙 2 | 서비스 개시 전 대기 시간이 더 길게 느껴진다. |
| 법칙 3 | 관심은 대기 시간을 더 길게 느끼게 한다. |
| 법칙 4 | 불확실한 대기 시간이 더 길게 느껴진다. |
| 법칙 5 | 원인을 알 수 없는 대기는 더 길게 느껴진다. |
| 법칙 6 | 불공정한 대기가 더 길게 느껴진다. |
| 법칙 7 | 가치가 적을수록 대기 시간이 더 길게 느껴진다. |
| 법칙 8 | 혼자 기다리면 대기 시간이 더 길게 느껴진다. |

이를 마이스터의 8원칙이라고도 하는데, 같은 대기 시간이라도 심리적인 요소가 작용하여 고객이 느끼는 대기 시간을 더 길게 할 수 있다는 의미로서 몇 가지 사례를 통해 고객의 심리적인 대기 시간을 줄이는 예를 보겠다.

중국식 샤부샤부인 훠궈 프랜차이즈인 하이디라오는 비수기에도 고객이 기본 1~2시간을 대기할 만큼 유명한 프랜차이즈다. 비수기에도 고객이 최소 1시간 이상을 기다리는 것이 일상이다 보니, 하이디라오는 별도의 대기 공간과 대기하는 고객을 위한 전담 직원을 갖추어, 대기하는 고객에게 우선 대기표를 배부하고, 과일이나 음료를 제공하며 음식이 떨어지는 순간 빠르게 채워 놓고, 부가적으로 구두닦이 서비스 등을 제공한다. 이를 통해 고객들은 대기하는 순간부터 자신이 서비스를 받고 있음을 느끼게 하는 것이다. 이 사례는 8개의 원칙 중 '아무

그림 5.5 하이디라오의 전경

출처: http://economychosun.com/client/news/view.php?boardName=C01&t_num=13606186

것도 하지 않을 때의 대기 시간이 더 길게 느껴진다'와 '서비스 개시 전 대기 시간이 더 길게 느껴진다', 그리고 '불확실한 대기 시간이 더 길게 느껴진다'에 대응한 예다.

디즈니랜드는 대기시간을 잘 관리하는 것으로 유명한데, 중앙통제센터에서 각 기구 별 대기 인원의 정도에 따라 그 기구의 가용 가능한 자원을 더 할당하거나, 현장에 있는 퍼레이드에게 사람들의 시선을 끌게 하여 놀이기구의 부하를 일시적으로 낮춘다. 그리고 오랜 대기 시간으로 인해 고객들이 부정적인 서비스 경험을 하는 것을 최소화하기 위해 디즈니 캐릭터 분장을 한 사람이 돌아다니면서 깜짝 이벤트 등을 제공하여 기분 전환과 동시에 기다리는 지루함을 덜어준다. 그리고 패스트 트랙 제도를 활용하여 놀이기구의 승차 시간을 예약하게 만들어 고객을 줄 서는 지루함에서 해방시키고 한편으로 줄을 서는 대신 고객들은 디즈니랜드 내부를 돌아다니면서 음료나 간식 등을 구매하기 때문에 음료 등의 매출을 증가시킨다. 이 외에도 디즈니는 최고의 고객 경험을 설계하기 위해 매직 밴드라는 팔찌에 IT 기술을 접목시켜 생일 정보 등을 넣게 하여 직원들이 생일을 축하해주는 서비스를 제공하고, NFC 기술이 적용되어 원 포인트로 일정 프로세스들을 자동화하는 등 다양한 전략을 수행한다.

그림 5.6 디즈니랜드 매직 밴드

출처: https://www.disneytouristblog.com/new－magicband－upgrades－now－available/

## 다. 리틀의 법칙

대기행렬이 생기는 이유는 기다리는 사람이 생기기 때문이다. 그렇다면 왜 기다림이 발생하는 걸까? 고객의 수는 많은 반면 많은 고객들의 서비스를 동시에 처리할 만큼의 인력이나 자원이 부족하기 때문이다. 즉, 생산 능력이 고객의 서비스 수요량을 따라가지 못하는 것이기 때문이다. 바꿔 말하면, 자원 가동률이 높아질수록 대기 시간도 더 길어진다는 것이다. 그렇다면 이 관계를 이용해서 대기 시간을 추정해볼 수 있을까? 그리고 그것이 가능하다면 그것을 이용해서 서비스를 설계하는 데 나은 방안을 줄 수 있을까?

대기 시간을 추정해 볼 수 있는 가장 간단한 방법 중 하나로 리틀의 법칙(Little's Law)이 있다. 리틀의 법칙은 존 리틀(John Little, 1961)에 의해 제시된 대기행렬과 관련한 간단한 수식으로, 시스템 안의 '평균 사람 수(L)＝사람들의 평균적인 도착 빈도 수(λ)와 평균대기 시간(W)의 곱'으로서, 예를 들어 1시간에 20명꼴로 손님이 오는 식당이 있다고 하자. 그리고 식당에서 식사하는 손님이 30명이라면, 손님 한 명 당 평균적으로 식당에 머무르는 시간은 $W=\frac{L}{\lambda}=\frac{30}{20}=1.5$이므로, 1시간 30분이다.

리틀의 법칙이 간단하지만 중요한 이유는 식이 쉬울 뿐 더러, 확률 분포의 종류에 상관

없이 일반적으로 식이 성립하기 때문에 범용적으로 쓰일 수 있기 때문이다. 그래서 서비스 외에도 재고의 흐름, 현금의 흐름 등을 추정하는 데에도 쓰일 수 있다.

다음의 간단한 예를 통해 리틀의 법칙의 활용 예시를 살펴보자. 학위를 마치기 위해 4년이 걸리는 경영대 프로그램에 매년 300명이 들어온다고 하면, 평균적으로 1,200명의 학생이 늘 경영대 내에 있을 것이라는 간단한 계산을 리틀의 법칙에 접목해서 할 수 있다.

그리고 병원에서 환자들이 머무는 평균 시간을 알아보고 싶은데, 매일 평균적으로 들어오는 환자 수가 300이고, 평균적으로 900명의 환자들이 병원에 머무른다면, $W=\frac{L}{\lambda}=\frac{900}{300}=3$이므로 환자가 한번 새로 들어오면 평균 3일을 머물다 간다고 판단할 수 있는 것이다.

또 하나의 예로 리드 타임과 WIP 간의 관계를 리틀의 법칙으로 살펴보자. WIP는 완제품이 아닌 작업이 진행 중인 제공품이라는 의미로, 이를 서비스업에 대입하면, 현재 매장에서 서비스를 받는 중인 사람들의 수로 표현할 수 있다. 리드 타임은 제품 하나를 생산하기 위해 시작부터 끝까지 걸린 시간을 의미하는데, 서비스의 시작과 끝 사이의 시간, 즉 매장 내에 체류하는 시간으로 생각할 수 있다. 리틀의 법칙에 의하면 시스템 내의 '평균 사람 수=사람들의 평균적인 도착 속도×평균대기 시간'이라는 1차 함수의 형태를 나타내며, 리드 타임이 길어질수록, 대기 시간도 길어지고 이는 시스템에 체류하는 평균적인 인원의 증가를 불러온다.

## 3 대기행렬 모형

대기행렬 모형(queueing model)은 원래 통신 분야에서 Erlang과 Palm에 의해 20세기 초에 처음 개발되었는데, 이는 전화기의 통화율을 높이기 위해 고안한 방법이었다. 당시 전화를 사용하려면 전화 교환수를 반드시 한 번 거쳐야 했는데, 전화 교환수가 한정이 되어 있기 때문에 Erlang은 이를 가장 효율적으로 활용하게 되면 통화를 하기 위해 대기하는 사람들의 수가 줄어들 것이라고 판단하여 대기행렬 모형을 고안했다. 그리고 이 모형이 나아가 커뮤니케이션 시스템, 컴퓨터, 서비스 시스템, 제조업 등의 시간과 관련한 다양한 분야에서 활용이 되었고 대기행렬의 네트워크를 분석하는 효과적인 도구로 발전하였다.

### 가. 대기행렬의 발생 이유

대기행렬이 발생하는 이유를 한 마디로 표현하면 '자원의 제약과 불확실성'이다. 시설이 충분히 크고 고객이 일정 시간 간격대로만 온다면, 서비스 제공자도 그에 맞춰서 서비스 구성을 한다면 아무도 기다릴 일 없이 대기행렬은 발생하지 않을 것이다. 그러나 고객이 도착하는 간격은 매번 다르기 때문에 시설이 충분하더라도 완벽하게 일정간격을 유지하지 않는 이상 대기하는 인원은 반드시 생기게 된다.

그리고 서비스 공급자 측에서 서비스를 제공해주는 시간의 변동성도 있다. 고객이 요구하는 서비스의 난이도에 따라 서비스 제공 시간이 달라질 것이고, 서버의 컨디션, 숙련도에 따라서도 같은 일을 하더라도 소요 시간이 다를 것이다. 혹은, 기술 기반 서비스를 설명해야 하는데 고객이 기술에 대한 지식이 풍부하면 이해를 잘 하겠지만, 그렇지 않은 경우엔 많은 시간이 소요될 것이다. 즉, 이러한 것들이 모두 불확실성의 원인으로 작용하는 것이다.

### 나. 대기행렬의 구성 요소

대기행렬 모형은 고객, 그리고 고객이 도착해서 대기하고 있는 대기열, 그리고 고객에게 서비스를 제공하는 서버로 구성이 되어 있다. 쉽게 생각해보면 우리가 은행을 갔을 때, 은행업을 도와주는 직원들이 서버, 번호표를 뽑고 순서를 기다리는 것이 대기열이라 할 수 있겠다.

대기행렬 모형을 통해 기본적으로 산출할 수 있는 것은 시스템 내에 평균적으로 머무는 고객의 수인 평균 대기행렬의 길이, 평균적으로 고객이 기다리는 시간인 평균 대기시간, 그리고 평균적인 작업완료 시간(리드 타임)의 길이를 구할 수 있다. 이는 서비스 시스템의 성과를 측정하는 지표가 된다.

대기행렬 모형을 이용하여 분석하기 위해 필요한 자료는 특정 시간 동안의 평균적인 고객 도착 인원 수, 서비스 시간 그리고 서버의 수와 같은 물리적 조건, 선입 선출과 같은 서비스 규칙 등을 기술한 시스템 구성 자료가 필요하다.

보통, 평균 고객 도착 수와 고객 처리 수는 포아송 분포(Poisson Distribution)를 활용하는데, 포아송 분포는 일정 시간 구간 내에 발생하는 확률적인 사건들의 횟수를 나타내는 분포이기 때문에 평균적으로 고객이 도착한다는 확률적인 사건의 횟수 및 고객 처리 수를 기술하는 용도로 적합하다. 고객 도착 간 시간 및 서비스 시간은 지수 분포(Exponential Distribution)를 활용하여 정식화 한다. 따라서 포아송 분포와 지수 분포는 같은 현상을 다른 척도로 측정하는데 따른 차이일 뿐 본질적으로는 연결되어 있는 분포이다. 한편 지수 분포는 기억 상실(Memoryless) 특성을 띠고 있는 유일한 분포로서 예컨대 버스 정류장에서 버스가 떠나는 것을 보았을 때 다음 버스가 올 때까지의 대기 시간은 상당히 길 것으로 예측할 수 있으나 버스 도착 시간이 지수 분포를 따른다면 대기 시간이 그리 길지 않을 수도 있다. 이런 비현실적인 상황 하에서도 지수 분포를 가정하는 것은 지수 분포가 다루기 쉽고 간단하기 때문이다.

### 다. M/M/1 대기행렬 모형

가장 간단한 형태의 대기행렬은 M/M/1 대기행렬이다. 여기서 M, M, 1의 의미는 순서대로 고객의 도착 간격 시간 분포, 서비스 시간의 확률 분포, 그리고 서버의 수로서, M은 러시아의 수학자 마르코프(Markov)의 이름을 따왔고 그 이유는 마르코프 프로세스가 과거의 기억에 의존하지 않는 프로세스이기 때문에 즉, 지수 분포를 따르기 때문에 고객의 도착 간 시간 및 서비스 전달 시간이 지수 분포인 경우를 의미한다. 즉. M/M/1 대기행렬은 고객의 도착 간격 시간이 지수 분포를 따르고, 서비스 시간도 역시 지수 분포를 따르며 1명의 서버가 있는 대기행렬을 의미한다.

M/M/1 대기행렬은 몇 가지 가정이 있는데 우선 고객의 수는 무한대이며, 모든 고객은 서비스를 받을 때까지 끝까지 대기한다는 것이다. 즉 고객이탈을 가정하지 않는다. 그리고 고객의 도착 분포는 지수 분포로서 평균 도착률은 람다($\lambda$)이며, 서비스 시간 역시 지수 분포를 따르며 서비스 전달률은 뮤($\mu$)라는 빈도를 따른다. 그리고 서비스는 선입 선출로 이루어지며, 대기행렬의 길이는 무제한이다.

우선, 평균 서비스 시간을 살펴보면 서비스 시간은 지수 분포를 따르기 때문에, 지수 분포의 평균은 '1/빈도 모수'로 계산하므로 $1/\mu$이 된다. 마찬가지로 고객 도착 간격 시간은 $1/\lambda$이 된다.

두 번째는 가동률이다. 가동률은 전체 시간 대비 서비스를 제공하는 시간이므로, 고객의 평균 도착률에 서비스 시간의 평균을 곱해주면 된다. 즉, $\lambda \times \frac{1}{\mu} = \frac{\lambda}{\mu}$가 된다.

세 번째는 시스템 체류 시간이다. 시스템에 체류한다는 것은 서비스를 받기 위해 대기하는 시간과 서비스를 받는 시간을 모두 포함한다. 예컨대 은행을 방문했을 때 관측되는 평균 고객의 수는 L이므로, 본인과 L명의 고객이 일을 모두 마치는 시간 W는 $(1+L) \times \frac{1}{\mu}$가 되고 이 식을 리틀의 법칙과 관련된 식과 함께 연립 방정식으로 풀면, W와 L의 값을 구할 수 있다.

$$W = (1+L) \times \frac{1}{\mu}$$
$$L = \lambda W$$

따라서 W와 L은 $W = \frac{\frac{1}{\mu}}{1-\rho}$, $L = \frac{\rho}{1-\rho}$가 된다.

평균적인 서비스를 받는 사람 수는 곧 시스템 가동률이기 때문에 $\rho$를 그대로 활용하고, 평균 줄에서 대기하고 있는 사람 수 $L_Q$는 $L_Q = L - \rho$가 된다. 이와 같은 결과를 얻을 수 있는 이유는 포아송 프로세스가 'Poisson Arrival Sees Time Average(PASTA)'라는 특성을 가지고 있기 때문이다. 다시 말해 은행 문을 열었을 때 앞 선 고객 L명이 있다는 특성은 포아송 프로세스가 갖고 있는 PASTA의 성질 때문에 이러한 것이지 일반적인 확률 분포에서 나타나는 특성은 아니다.

## 라. 가동률과 다른 지표와의 관계

가동률과 다른 지표와의 관계를 보자.

우선 리드 타임과의 관계를 살펴보면 가동률은 시스템이 정해진 시간 내에 얼마나 많은 시간 동안 일을 수행하는가 나타내는 척도이기 때문에 가동률이 높을수록 여유 자원이 적어지기 때문에 리드타임 역시 함께 증가할 것이다.

이를 수식으로 표현했을 때 리드 타임은 $W = \frac{(1/\mu)}{(1-\rho)}$이고 여기서 가동률은 $\rho$다. 즉, 가동률이 높아진다는 것은 리드타임 함수의 분모가 점점 작아진다는 것이고, 분모가 작아졌기 때문에 리드타임이 점점 커진다는 것이다. 그리고 가동률이 0인 상태인 경우, 리드타임의 분모가 1로 고정되므로 $W = 1/\mu$가 된다. 정리하면, 가동률이 0인 경우에는 $W = 1/\mu$을 시작으로 가동률이 증가함에 따라 리드 타임도 함께 증가하되, 지수 함수의 형태를 따르기 때문에 리드 타임의 증가폭이 기하급수적으로 커지게 되는 것이며 위의 관계식은 가동률 $\rho$가 1보다 작은 경우에만 성립한다.

다음은 가동률과 시스템 체류 인원과의 관계다. 가동률이 높다는 것은 같은 시간 동안 처리 중인 인원도 많지만, 그만큼 대기하는 인원도 많아진다는 것이다. 즉, 가동률이 높아질수록 시스템 체류 인원도 많아질 것이다.

수식으로 살펴보면, 시스템 체류 인원은 $\frac{\rho}{(1-\rho)}$다. 이 역시 가동률을 이용해서 계산을 하기 때문에 바로 대입해보면, $\rho$가 커질수록 분모는 낮아지고 동시에 분자는 커지므로, 시스템 체류 인원의 수는 가동률이 높아짐에 따라 증가하는 추세를 보인다.

## 마. 서비스 시스템 분석 예시

지금까지 이론적으로 제시했던 수식들을 이용해서 예제를 통해 서비스 시스템을 분석해 보자.

---

**예제 1** A 은행은 새로운 지점을 개설 할 것을 고려중이다. 경영진은 고객들이 시간 당 15명꼴로 도착 할 것이라 예상하였다. 그리고 창구 직원의 증언에 의하면 고객은 3분 당 1명꼴로 서비스를 제공받는다고 하였다. 이 때 고객의 도착 분포가 포아송 분포를 따르고, 서비스 제공 시간은 지수 분포를 따른다고 가정하였을 때, 1) 창구 직원의 가동률, 2) 시스템의 평균 체류 인원 그리고 3) 평균리드타임을 계산해라.

**풀이** 예제에 나온 은행은 고객이 시간 당 15명이 올 것이라 추정했고, 3분 당 1명 꼴로 서비스를 제공할 수 있을 것이라 보았다. 그리고 고객의 도착 간격은 포아송 분포, 서비스 시간은 지수 분포를 따른다고 가정했을 때, 직원의 가동률, 시스템 내 평균 체류 인원, 그리고 평균리드타임을 구해야 한다.

우선 가동률을 구하면, 시간 당 15명이 오는데, 3분 당 1명을 처리하기 때문에 시간 당 20명에게 서비스를 제공할 수 있을 것이다. 그렇기에 15/20 = 0.75로, 가동률은 75%다.

평균 체류 인원은 앞서 $L=\lambda\times W=\frac{\rho}{1-\rho}$ 관계식을 이용한다. 가동률이 0.75이므로, 0.75/0.25 = 3명이 된다. 그리고 평균리드타임은 $W=\frac{1}{\mu-\lambda}=\frac{1/\mu}{1-\rho}$이므로 (1/20)/(1 − 0.75) = 0.2, 시간 단위로 계산했으므로, 평균리드타임은 12분이 된다.

본 예제에서는 단일 서버만 운영한다고 가정했지만, 실제 현장에서는 여러 명의 서버를 운영하는 경우도 흔하며, 선입 선출형 서비스 외에도 후입 선출형 서비스 등 다양한 대기 규칙이 존재한다. 이 외에도 공간적인 제약이나 비용이나 효율성 측면에서의 전문화 그리고 서비스 업무의 성격에 따라 서비스 프로세스의 구성이 달라질 것이다. M/M/1 대기행렬 사례에서 만일 평균 도착률이 2배라면 서비스 제공자는 어떤 방식으로 서비스 시스템을 수요의 증가에 대처 할 수 있을까? 첫 번째 방법은 서버를 1명 더 고용해서 2개의 대기열을 운영하는 것이다. 고객이 2배로 늘어났으므로, 서버도 2배로 늘려서 대응하는 것이다. 이때 고객은 대기열을 갈아탈 수 없다. 두 번째 방법은 서버는 1명 그대로 두되, 서비스 제공 능력이 기존의 시간 당 5명에게 서비스를 제공할 수 있는 직원에서 시간 당 10명의 고객에게 서비스를 제공할 수 있는, 능력도 2배인 직원 1명을 이용하는 것이다. 세 번째 방법은 서비스 프로세스를 2개의 순차적인 단계로 분업화하여 1번 프로세스를 끝낸 사람들을 대상으로 2번 프로세스를 수행하게 하는 방법이 있다.

그림 5.7 A 은행의 효율성 개선 방안 후보군

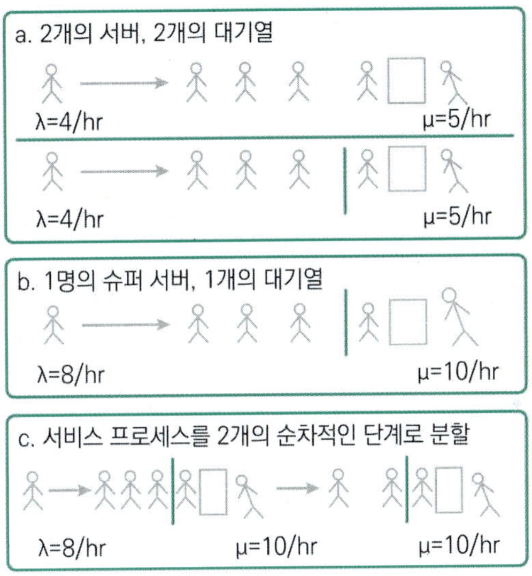


**예제 2** 위에서 제시한 3가지 대안의 가동률, 평균리드타임, 평균대기시간을 계산해서 대안을 비교해보라.

**풀이** 세 대안 모두 가동률은 80% 수준을 보인다. 평균리드타임과 평균대기시간의 경우 2개의 서버를 운영하는 것 보다 한 개의 슈퍼 서버를 운영 할 때 더 나은 모습을 보인다. 서비스를 2개의 프로세스로 나누었던 세 번째 대안의 경우 평균리드타임이 30분, 그리고 대기시간은 평균리드타임에서 원래 대기시간이었던 12분에서 반을 나눈 6분만 제외하므로 24분이다. 그러나 2개의 프로세스를 모두 고려해야 하기 때문에 총 리드

타임과 총 대기시간은 단순히 2명의 서버를 고용한 경우와 다르지 않은 결과를 보인다. 결과적으로 3개의 대안 중 가장 나은 것은 두 번째 대안인 슈퍼 서버를 운영 하는 것이다.

---

그렇다면 2개의 새로운 대안을 고려해보자. 첫 번째는 2개의 서버를 운영하되, 2개의 대기열이 아닌 1개의 대기열만 운영해서 빈 서버가 생기는 곳에 서비스를 받는 것이다. 두 번째는 2개의 서버, 2개의 대기열을 이용하되, 새로 오는 고객들은 대기열이 짧은 곳에 가서 줄을 서거나 줄을 바꿀 수 있는 것이 가능해진 케이스다(이런 현상을 Jockeying이라고 함). 전반적으로 처음 고려했던 대안들과 비슷하지만, 처음 고려했던 대안들의 질을 개선하기 위한 아이디어가 추가된 것이다.

그림 5.8 고객 대기를 관리하기 위한 추가적인 대안들

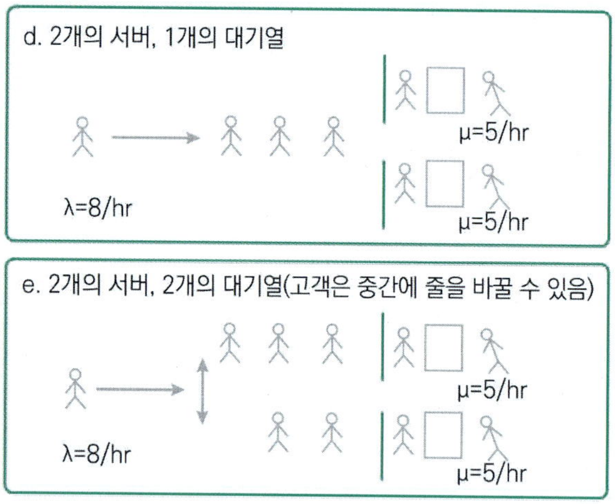


대안 d와 e의 경우는 평균리드타임과 평균대기시간을 지금까지 배운 식으로는 구할 수 없으므로 다른 공식을 활용하여 구한다. 프로세스 분석을 해보면, 대안 d, e는 평균리드타임(60 → 33.33분)과 평균대기시간(48 → 21.33분)이 기존의 2개의 서버, 2개의 대기열 대안 a, c보다 크게 개선된 모습을 보였다. 그리고 대안 b와 비교하더라도, 평균리드타임은 길지만 평균대기시간은 단축되었음을 알 수 있다. 따라서 대안 d, e는 가장 우수한 대안임을 알 수 있

다. 그러나 d, e 방식은 먼저 온 고객이 먼저 서비스를 받는 것은 맞지만(First Come First Serve) 아무리 고객이 먼저 와서 서비스를 받아도 나중에 온 고객이 더 빠르게 서비스를 받고 나갈 수 있기 때문에 선입 선출(First Come First Out)이 보장되지는 않는다.

두 번째 대안 역시 첫 번째 대안과 같은 수치가 나왔는데, 비록 세부적인 대기열 규칙은 다르지만 서버들의 역량이 동일하기 때문에 같은 평균수치가 나온 것이다(그러나 분산값은 다르다). 이 방식은 첫 번째 대안처럼 선입선출이 보장되지 않음과 동시에 먼저 왔다 하더라도 다른 서버에 대기열이 계속 짧아지면, 새로운 고객이 그 줄로 가서 줄을 서므로 먼저 왔다고 해서 꼭 먼저 서비스를 받을 수 있는 것 역시 아니다.

그러면 d와 e 중에서는 어떠한 Configuration이 가장 합리적일까? [그림 5.8]에서 d는 한 줄 서기, e는 여러 줄 서기를 대표하는 사례이다. 한 줄 서기를 하면 얻을 수 있는 장점은 먼저 온 사람이 먼저 서비스를 받는 형평성이 유지되고, 앞으로 전진하는 진행 속도가 빠르기 때문에 대기행렬 상의 고객들이 덜 지루해 하며 줄에 선 사람과 서비스를 받는 사람 사이에 공간이 생겨서 프라이버시를 보장 받을 수 있다. 또한 이 시스템을 발전시키면, 번호표 시스템으로 발전 시켜서 고객을 줄로부터 일시적으로 해방시킬 수 있는 방안의 기초가 될 수 있다. 한편 여러 줄 서기를 하는 경우는 한 줄 서기를 할 때 보다 줄이 짧아 보이기 때문에 고객의 이탈을 막을 수 있으며 공간 활용도 역시 높일 수 있는 방안이다. 따라서 한 줄 서기 방식은 고객 지향적인 시스템인 데 반해서, 여러 줄 서기 방식은 서비스 생산자에게 매력적인 방식이 될 수 있다.

## 4 서비스 생산 능력 의사 결정

서비스 생산 능력을 결정함에 있어서 하나의 주된 고려 요소는 비용이다. 생산 능력이 높아질수록 고객의 대기는 줄어들고 그에 따라 대기에 따르는 비용은 줄어들게 된다. 그러나 높은 인건비, 설비를 구축하기 위해 투자한 비용 등 생산 능력을 갖추기 위해 드는 비용은 계속 늘어나기 때문에 총 비용 곡선은 U자형의 함수 형태를 보인다. 즉, 총 비용을 최소화하는 지점을 탐색해야 하는 것이다.

그림 5.9 서비스 생산 능력과 비용 간의 관계

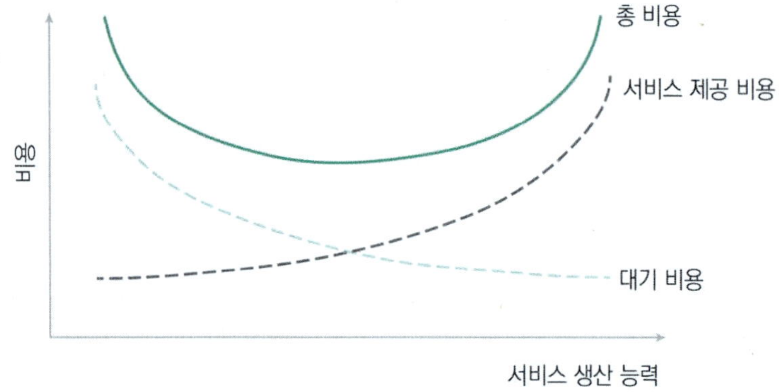


## 가. 생산능력과 총 비용 함수

앞 장의 예시 중 슈퍼 서버의 예를 보면, 슈퍼 서버를 갖춤으로서 서비스 프로세스 성과가 크게 개선된 모습을 보였으나, 비용 관점에서 보면 슈퍼 서버를 고용하기 위해 다른 대안에 비해 더 큰 비용을 들였을 것이다.

이러한 현상을 수리 모형을 통해 해석해 보자. 앞서 활용했던 고객 도착률과 서비스 비율을 기본으로, 서비스 생산능력을 위해 투자한 비용과 서비스 지연으로 인해 발생하는 비용을 추가로 설정한다.

M/M/1 대기행렬 시스템에서 평균리드타임은 $W$였는데, 이것을 함께 사용해서 일간 총 비용을 $TC = \mu \times Cs + \lambda \times W \times Cd$와 같이 계산한다. 식을 해석하면, 서비스를 제대로 받은 비율을 나타내는 서비스 비율과 서비스 생산능력을 확보하기 위해 투자한 비용을 곱한 값($\mu \times Cs$)과, 시스템에 체류하는 사람 수에 지연으로 인해 들어가는 비용을 곱하고 ($\lambda \times W \times Cd$) 이 두 값을 더해서, 원활한 서비스 생산능력을 위해 투자한 비용과 서비스 지연으로 인해 발생하는 추가적인 비용을 함께 고려한 것이다. 앞서 구한 총 비용 함수를 그래프로 나타내면 [그림 5.10]과 같다.

이제 구해야 할 것은, 총 비용을 최소화하는 서비스 비율($\mu$)을 구하는 것이다. 서비스 비용 함수와 같은 다항 함수의 특정 변수에 대한 최대, 최소점을 찾기 위해서는 그 함수를 해당 변수에 대해 미분해서 0이 되는 값을 찾는 식을 풀어야 한다. 총 비용 함수를 $\mu$에 대해 미분하여 0이 되는 지점은 $\mu^* = \lambda + \left[\dfrac{\lambda \times Cd}{Cs}\right]^{0.5}$ 가 된다. 식은 풀어보면, 앞의 λ는 고객의 도착률을 나타내는 것이고, $\left[\dfrac{\lambda \times Cd}{Cs}\right]^{0.5}$ 는 생산능력의 버퍼를 의미한다.

그림 5.10 서비스 비용 함수 및 최적 서비스 제공 수준 지점

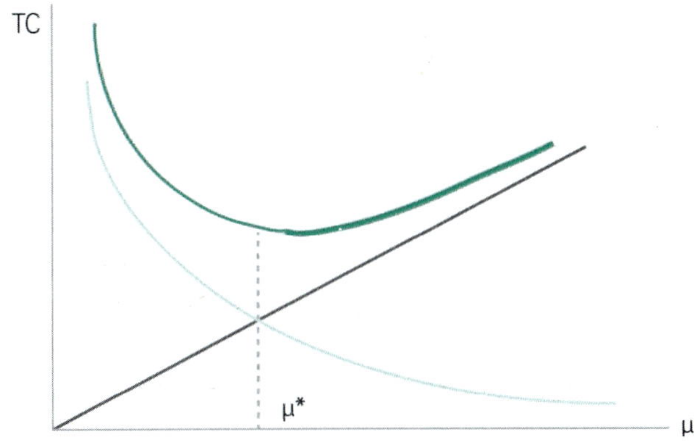


## 나. 서비스 생산 능력 의사결정 예시

이제 구한 최적 서비스 비율 함수를 이용해서 예제를 풀어보자.

---

**예제 3** Quick Lube Inc는 보통 하루에 24명의 고객이 온다. 각 작업은 한 명의 기술자가 작업하면 평균 30분 정도의 시간이 소모된다. 그리고 작업 시간은 기술자의 수로 나누어서 계산할 수 있다고 한다. 예를 들어 한 명이 잡으면 30분, 두 명이 잡으면 15분, 세 명이 잡으면 10분이라는 것이다. M/M/1 대기행렬을 가정했을 때, 1) 4명의 기술자 팀이 투입되었을 때 자동차가 수리되기까지의 총 소요 시간, 2) 기술자 한 명을 고용하는데 시간당 16달러, 고객의 대기시간으로 인해 발생하는 비용이 시간당 16달러라면, 최적 서비스 비율을 구해야 하고 3) 총 비용을 최소화하기 위해서는 몇 명의 기술자를 고용해야 하는지 결정하라.

**풀이** 우선, 첫 번째 문제는 총 리드타임을 구하라는 것이므로, 이 회사는 하루에 8시간 근무를 하므로 24를 8로 나누면 시간 당 3명꼴로 고객이 도착하는 것이다. 그렇기에 총

리드 타임은 $1/(8-3)=0.2$, 즉 12분이다.

최적 서비스 비율을 계산하기 위해서 $Cs$, $Cd$를 구해야 하는데, $Cs$는 각 기술자는 시간 당 2건의 작업을 수행할 수 있으므로(1명이 1건의 작업을 하는데 30분 걸리므로), 16/2 =8이 되고, $Cd$는 그대로 16이다. 이제 $\mu^* = \lambda + \left[\frac{\lambda \times Cd}{Cs}\right]^{0.5}$ 식에 대입하면, $\mu^* = 3 + \left[\frac{3 \times 16}{8}\right]^{0.5} = 5.45$인데, 즉 시간 당 5.45건의 작업을 수행하는 것이 최적 서비스 수준이다.

그리고 이 식은 비용 최소화를 이미 고려한 수식이기 때문에 총 비용을 최소화하기 위한 시간 당 처리 건은 5.45건이며, 기술자 한 사람 당 시간 당 2건을 처리할 수 있으므로 3명의 기술자를 고용하는 것이 최적 수준이다.

## Takeaways

- 서비스스케이프는 서비스 제공과 관련된 물리적인 환경을 의미하는 표현이며, 고객과 직원 모두에게 영향을 주기 때문에 중요한 마케팅 도구로 활용된다.
- Bitner (1992)는 서비스스케이프 프레임워크를 제시하였는데 이는 물리적인 환경이 전체적인 환경에 영향을 주고, 이는 직원과 고객의 인식에 영향을 주어 구체적인 행동으로 이어진다고 한다.
- 효과적인 서비스스케이프를 설계하기 위해서는 기업의 성격, 토지와 공간 제약, 심미적 요소, 유연성, 그리고 지역사회와 환경을 고려해야 한다.
- 대기행렬은 한 명 혹은 그 이상의 고객들이 서비스를 받기 위해 기다리는 것을 의미한다.
- Maister (1984)는 심리적 작용에 의한 고객이 느끼는 대기시간에 대한 8가지 원칙을 제시하였다.
- 리틀의 법칙(Little's Law)은 시스템 안의 평균 사람의 수를 평균 도착 빈도 수와 평균대기시간의 곱으로 나타낸 등식으로 재고 관리, 현금 흐름 등 다양한 예가 있다.
- 대기행렬이 존재하는 이유는 불확실성으로 요약되며, 고객, 그리고 고객이 도착해서 대기하고 있는 대기열, 그리고 고객에게 서비스를 제공하는 서버로 구성이 되어 있다.
- 가장 간단한 형태의 대기행렬 모형은 M/M/1 대기행렬로, M, M, 1의 의미는 순서대로 고객의 도착 간격 시간 분포, 서비스 시간의 확률 분포, 그리고 서버의 수다.
- 서비스 생산 능력을 결정함에 있어서 하나의 주된 고려 요소는 비용으로 생산 능력이 높아질수록 고객의 대기는 줄어들고 그에 따라 대기에 따르는 비용은 줄어들게 된다. 그러나 높은 인건비, 설비를 구축하기 위해 투자한 비용 등 생산 능력을 갖추기 위해 드는 비용은 계속 늘어나기 때문에 총 비용 곡선은 2차 함수 형태를 보인다.
- 비용 최소화를 위해 총 비용 함수를 서비스 수준에 대해 편미분 하여 최소 비용을 달성하는 서비스 수준을 계산할 수 있다.

## Reference

Bitner, M. J. 1992. Servicescapes: The impact of physical surroundings on customers and employees. *Journal of marketing* 56 (2):57–71.

Buffa, E. S. 1964. Allocating facilities with CRAFT. Harvard business review 42 (2):136–159.

Fitzsimmons, J. A., M. J. Fitzsimmons, and S. Bordoloi. 2008. *Service management: Operations, strategy, and information technology*: McGraw–Hill New York.

Little, J. D. 1961. A proof for the queuing formula: L= λ W. Operations research 9 (3):383–387.

Maister, D. H. 1984. *The psychology of waiting lines*: Harvard Business School Boston, MA.

# Service Demand Forecasting

1 수요 예측이란

2 인과 관계를 이용한 수요 예측

3 시계열 분석

4 예측 오차

CHAPTER 06

# 서비스 수요 예측

(Service Demand Forecasting)

CHAPTER 06

# 서비스 수요 예측
(Service Demand Forecasting)

예측이란 '미리 헤아려 짐작'한다는 뜻으로 아직 실현되지는 않았지만, 미래에 어떤 일이 일어날지 미리 짐작해보는 것이다. 경영 활동 중에도 예측은 다양하게 활용된다. 특히 경영 활동과 관련된 여러 요소들, 이를테면 기업 간 경쟁, 시장 정세의 변화, 신기술의 등장 등 경영 활동의 불확실성에 대응하기 위한 도구로서 다양한 예측 기법이 활용되고 있다. 본 장에서는 수많은 예측 방법 중, 생산된 제품이나 서비스의 수요를 예측하는 기법들을 다루도록 한다.

## 1 수요 예측이란

### 가. 수요 예측의 목적

상술한 바와 같이 예측을 하는 목적은 아직 일어나지 않은 일을 짐작해 보는 것이다. 즉, 수요 예측이란 아직 발생하지 않은 수요에 대해서 그 수요량을 짐작해보는 것으로 이는 수요가 늘 일정하지 않기 때문이며, 이는 '불확실성'이라는 단어로 귀결된다. 특히 급변하는 기업 환경에서 이러한 불확실성은 나날이 증가하고 있으며, 이러한 불확실성에 대비하는 기업 수준에서의 전략의 일환이 수요 예측이라고 할 수 있겠다. 특히, 올바른 예측이 이루어지지 않는다면 제품이나 서비스를 과다 생산 혹은 과소 생산을 하게 되며, 이는 과잉 재고 혹은 고객의 매우 긴 대기 시간을 초래함으로서 기업의 생존을 위협하는 결과를 초래한다. 그러므로 올바른 수요 예측을 통해 이러한 불확실성의 영향력을 최소화 하는 것이 수요 예측의 목적이다.

## 나. 수요의 불확실성이 발생하는 이유

수요가 불확실성을 띄는 요인에는 다양한 요인이 있지만 대체적으로 수요의 5가지의 패턴이 원인이 되는 경우가 많다.

그림 6.1 수요의 패턴을 이루는 5가지 속성

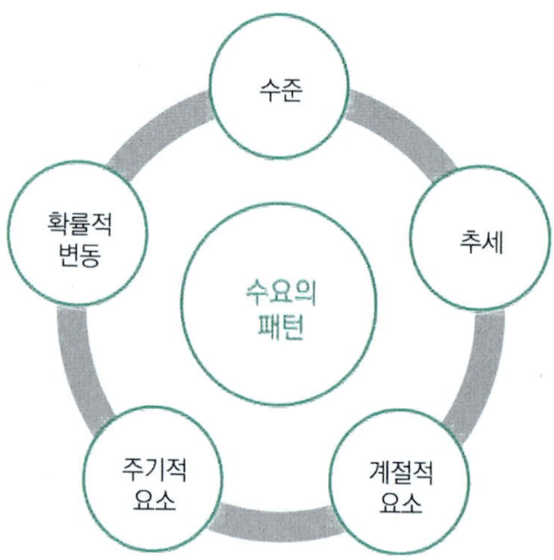


수준은 일정한 평균을 중심으로 하는 수요 데이터의 동태를 의미하며, 추세는 시간의 흐름에 따른 데이터의 평균 수준의 구조적인 증감을 나타내며, 계절적 요소는 시간대, 계절 등의 요소에 따른 수요의 반복적 증감 패턴이며, 주기적 요소는 특정 주기에 따라 수요의 수준이 변화하는 요소, 그리고 확률적 변동은 그 밖의 예측 불가능한 수요의 변동을 의미한다.

정리하면, 수요를 이루는 5가지 요소들 중 하나 혹은 복수의 요인들이 작용함으로서 수요의 불확실성을 일으키는 요인이 되며, 다시 말해 수요의 5가지 특성에 따른 적합한 방법을 통해 관리하는 것이 수요 관리의 핵심이라 할 수 있다. 특히 제조업과 달리 서비스업의 경우 재고를 구축하는 것이 어렵고 비수기와 성수기로 대표되는 극심한 수요의 변동이 동반되는 경우가 많은데, 수요 예측이 정확하지 않다면, 비수기에는 잉여 시설 및 인력이 발생하면서 자원의 가동률 등의 운영 효율성이 줄어들며, 반대로 성수기에는 시설 및 인력이 부족하여 모든 고객에게 서비스를 제공하지 못하거나 제공하더라도 대기열의 과도한 발생 등 서비스의 질이 저하될 가능성이 높고 이는 결과적으로 판매 기회의 상실 및 고객 불만족 비용의 지불이라는 악영향을 불러온다. 그렇기 때문에 정교한 수요 예측은 서비스 기업 운영의 출발점이라고 할 수 있다.

## 다. 수요 예측의 방법

수요 예측은 크게 정성적 방법, 정량적 방법으로 이루어진다.

그림 6.2 수요 예측 기법

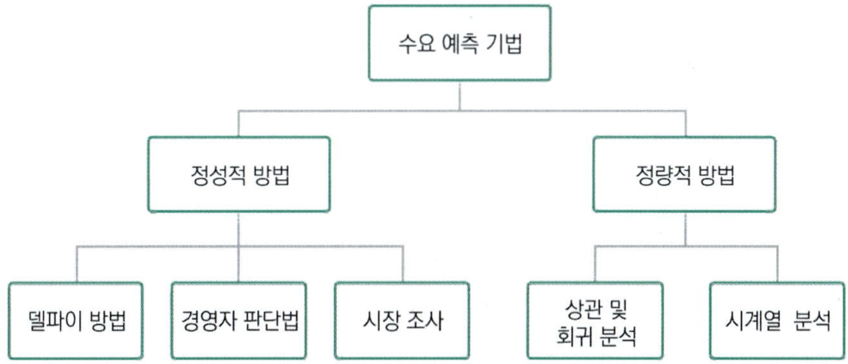


정성적 방법은 경영자의 판단, 전문가의 지식 및 경험에 입각하여 수요를 예측하는 방법으로 델파이 기법, 경영자 판단법 그리고 시장 조사 등이 해당된다.

델파이 기법은 예측 대상에 대한 과거 경험이 부족하거나 수치적인 자료가 부족할 때 쓰이는 방법으로서, 익명의 전문가 집단에게 제각각 설문 조사를 실시하고, 그들에게 일관된 합의를 이끌어내어 자료로 활용하는 방법이다. 이 때 델파이 연구에 참여하는 각각의 전문가들은 서로가 누군지 모르게 하는 익명성의 확보가 매우 중요한데, 이는 연구에 참여하는 이들의 일관적인 답변이 필요로 하는 본 기법의 특성상 전문가 집단 중 주도적인 의견을 피력하는 누군가의 의견으로 기계적으로 수렴되는 것을 방지하기 위함이다.

경영자 판단법은 경영자나 관리자 계층의 의견이나 지식 등을 정리하여 수요 예측의 자료로 활용하는 기법으로 주로 신제품 런칭이나 새로운 전략을 수행하기 전 관련된 경험을 가지고 있는 경영자들의 의견을 대면으로 조사하여 의사결정을 내린다. 그러나 한 두명의 경영자들의 의견만을 활용한다고 하면 한 쪽으로 치우친(bias) 예측을 할 위험이 생긴다. 그러므로 이러한 위험을 최소화하기 위해 여러 명의 경영자들의 의견을 수집하는 것이 바람직하다고 할 수 있다.

시장 조사는 잠재적인 고객들로부터 제품이나 서비스를 구매할 의사가 있는지 물어보는 것으로 단순한 설문조사부터 표적 집단 면접(Focus Group Interview) 등 다양한 방법이 존재하며, 비용과 시간이 많이 드는 기법이지만 고객의 소리를 가장 직접적으로 들을 수 있다는 점에서 비교적 정확한 기법이라고 할 수 있다.

정성적 기법이 경영자의 판단, 고객의 소리를 청취함으로서 수요를 예측하는 방식인 반면 정량적 기법은 과거의 수요 등의 수치 자료를 이용하여 미래 수요를 예측하는 기법이다.

정량적 기법에는 인과 관계를 이용하는 상관 분석 및 회귀 분석, 시계열 자료를 이용하는 기법 등이 있으며, 정량적 기법을 활용하는 구체적인 방법은 이어지는 절에서 다루도록 하겠다.

## 2 인과 관계를 이용한 수요 예측

### 가. 인과 관계의 의미와 시각화

인과 관계란 원인과 결과 간 관계라는 뜻으로, 수요 예측을 위해 과거의 자료에서 수요와 밀접한 관련을 갖는 변수들을 찾아낸 다음, 해당 변수와 수요 간의 구체적인 관계를 파악하여 예측에 활용한다. 이러한 관계들은 주로 수학적인 방정식에 의해 정의되는 경우가 많으며, 단순하게는 1차 함수 꼴로 관계가 형성되지만, 종종 매우 복잡한 형태의 인과 관계를 띠는 경우도 많다. 과거에는 이러한 관계를 추정하기 위해 많은 시간과 노력을 들여야 했으나 최근에는 컴퓨터 소프트웨어의 비약적인 발전으로 인해 자료 간의 함수 관계를 추정하는 것은 매우 편리해 졌다.

자료들 간의 관계를 정교하게 추정하기 앞서 자료를 그래프 위에 표현해서 두 변수들 간의 대략적인 관계를 추정해볼 수 있는 방법이 있는데, 바로 산점도(Scatter Plot)을 활용한 방법이다. 산점도란 [그림 6.3]과 같이 x, y 두 축을 중심으로 두 가지 변수 간 데이터의 산포를 2차원 그래프에 표시하는 방법으로 두 자료 간의 관계를 시각적으로 확인 할 수 있는 장점이 있다. 다음의 예를 통해 산점도의 활용 방법을 살펴보자.

그림 6.3 산점도 예시

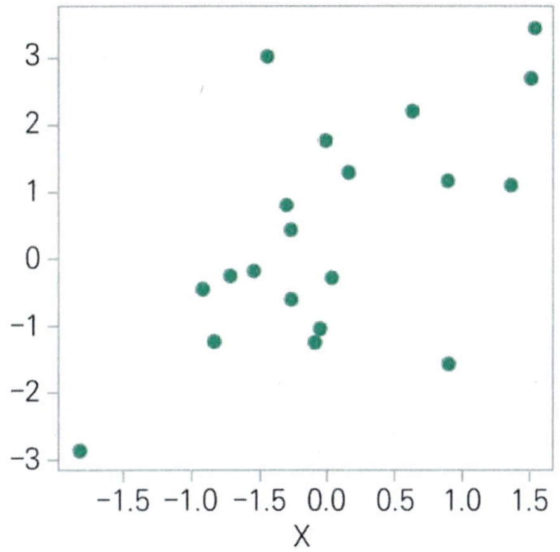


출처: 위키피디아.

예제 1 다음 자료는 수업 수강생들의 중간고사 및 기말고사 점수 자료이다. 이 자료를 보았을 때 학생들의 중간고사 점수와 기말고사 점수는 어떤 관계를 띠고 있는가?

| 중간 고사 점수 | 기말 고사 점수 |
|---|---|
| 71 | 83 |
| 49 | 62 |
| 80 | 76 |

| 73 | 77 |
|---|---|
| 93 | 89 |
| 85 | 74 |
| 58 | 48 |
| 82 | 78 |
| 64 | 76 |
| 32 | 51 |
| 87 | 73 |
| 80 | 89 |

**풀이** 본 자료를 Excel을 이용해서 산점도로 그려보겠다. 이미 시중에는 SPSS, Minitab, SAS 등의 관련 프로그램들이 많이 있으나, 본 장에서는 가장 접근하기 쉽고 범용적인 Excel을 이용해서 작업하겠다.

우선 데이터를 엑셀 시트에 작성한 후 데이터의 수치 영역만 드래그한 후 엑셀 상단의 [삽입] → [차트] → [분산형 또는 거품형 차트 삽입]을 클릭 한 후 분산형 그래프 아이콘을 클릭하면 다음과 같은 산점도가 그려진다.

**그림 6.4** Excel을 이용한 산점도 작성 예시

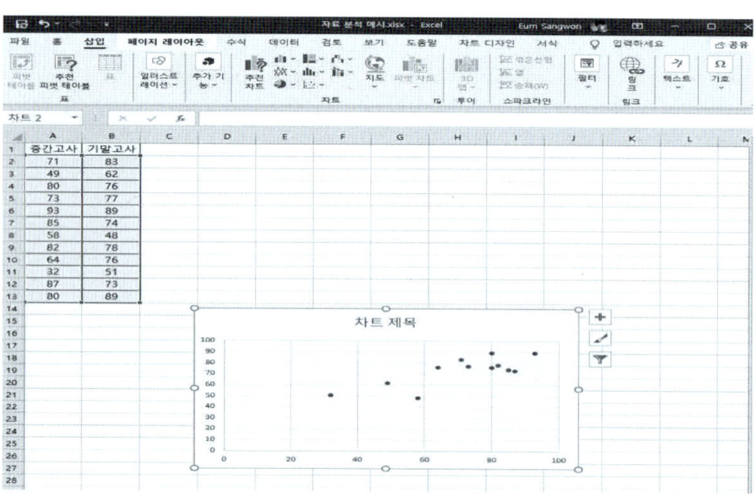

차트를 더블 클릭한 후 차트 제목, 축 등의 옵션을 설정한 후 산점도는 다음과 같다.

그림 6.5 완성된 산점도

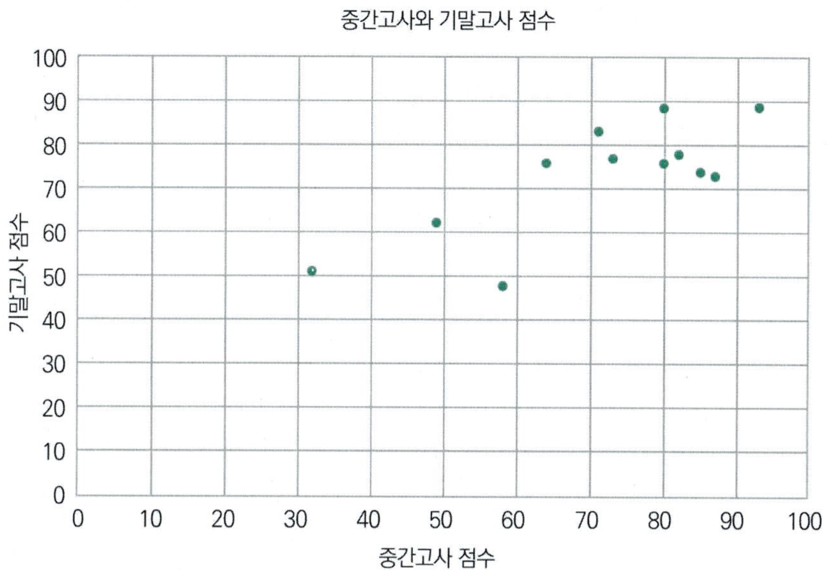


산점도를 살펴보았을 때 중간고사 점수가 높을수록 기말고사 점수도 높아 보이는 모양을 보인다. 그러나 산점도를 작성하더라도 일견 변수들 간 서로 관계가 있는 것처럼 보이지만 수리적으로 엄밀하게 관계가 있다고 할 수 있는지는 알 수 없다. 그러므로 다음 절에서 이어질 상관 및 회귀 분석 기법의 더 정교한 수치 분석을 통해 데이터들 간의 관계성을 밝힌다.

## 나. 상관 분석

앞 절에서 살펴보았듯이, 산점도는 두 변수 간의 관련성을 시각적으로만 유추할 수 있는 도구였다. 그러나 실제로 두 변수가 관계를 가지고 있다고 주장하기 위해서는 더 엄밀한 검정이 필요하다. 그 중 상관 분석은 두 변수가 '선형(Linear)' 관계를 가지고 있는지 여부를 분석하는 기법으로 다음과 같이 상관계수를 계산하여 두 변수의 선형 관계를 추정한다.

상관계수의 정의

$$\rho = \frac{Cov(X,Y)}{\sqrt{(Var(X)\,Var(Y))}}$$

그러나 위 상관계수 $\rho$는 모집단의 상관계수이기 때문에 주어진 표본집단에서 확률을 추정하는 통계학의 특성상 위 식을 표본집단에 접목하여 표본 상관계수를 구함으로서 모상관계수를 추정해야 하는데, 표본상관계수는 일반적으로 r로 표기한다. 모상관계수의 정의를 이용해 표본상관계수를 구하기 위해 하나씩 살펴보면 Cov(X,Y)는 X, Y라는 두 변수의 공분산(Covariance)를 의미하며 Var(X)와 Var(Y)는 각각 X, Y의 분산을 의미한다. 이 때 두 변수 모두 n개의 관측치가 있다고 하고 각각의 관측치를 $x_1, x_2, \ldots, x_n$ 그리고 $y_1, y_2, \ldots, y_n$이라 할 때 위 표본상관계수는 다음과 같이 계산할 수 있다.

표본상관계수의 계산

$$r = \frac{\Sigma_{i=1}^{n}(x_i-\overline{x})(y_i-\overline{y})}{\sqrt{\Sigma_{i=1}^{n}(x_i-\overline{x})^2}\,\sqrt{\Sigma_{i=1}^{n}(y_i-\overline{y})^2}}$$

계산된 표본 상관 계수는 −1에서 1 사이의 범위를 가지며, r의 절대값이 1에 가까울수록 상관관계가 강함을 의미하며, +, −는 각각 양의 상관관계 및 음의 상관관계를 의미한다. 즉, 양의 상관관계를 가진다면 X가 증가할 때 Y도 증가할 가능성이 높다는 의미이며, 음의 상관관계가 있다면 X가 증가할 때 Y는 감소할 가능성이 높다는 의미다.

주의할 점은, 앞서 제시한 바와 같이 상관분석은 두 변수 간 선형 관계를 측정하는 지표이기 때문에 상관계수가 낮다 하더라도 두 변수가 서로 무관한 변수라는 해석은 피해야 한다. 단순히 선형 관계가 없을 뿐 곡선 관계와 같은 더 복잡한 형태의 관계를 가질 수 있기 때문이다.

앞서 [예제 1]의 자료를 이용해서 상관관계를 분석해보자. 위의 상관계수 식에 따라 자료를 계산해도 되지만 Excel은 따로 [분석 도구]라는 강력한 통계 분석 툴을 제공한다. 본 장에서는 [분석 도구] 기능을 활용해서 자료를 분석하는 방법을 제시한다.

[분석 도구]는 Excel에서 추가적으로 제공하는 기능이기 때문에 처음 Excel을 실행하면

그 기능이 보이지 않는다. 그러므로 그 기능을 불러오는 작업이 필요하다. 우선 화면 좌측 상단에 [파일] 버튼을 누른 후 좌측 하단에 [옵션]을 클릭한다.

그림 6.6 Excel 옵션 메뉴

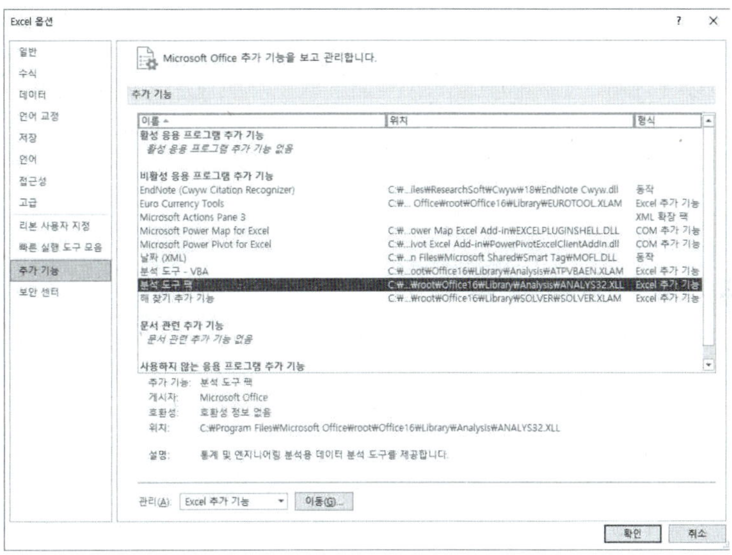


그러면 [그림 6.6]과 같은 Excel 옵션 대화 상자가 뜨는데, 이 중 추가 기능 탭을 클릭한 후 [분석도구–VBA], [분석 도구 팩]을 클릭 후 하단의 [관리] 메뉴의 [Excel 추가 기능] 옆 [이동] 버튼을 누르면 추가 기능을 선택하는 메뉴가 토글 되는데 이 때, [분석 도구]를 클릭하면 데이터 분석 Tool이 설치된다. 설치 된 분석 Tool은 엑셀 상단 부 [데이터] 메뉴 탭 가장 오른 쪽에 [데이터 분석]이라는 이름으로 설치가 되어 있으며, 이 도구를 활용해서 상관 분석을 실시하겠다.

### [데이터 분석 Tool을 이용한 자료 분석]

우선 [데이터] → [데이터 분석] 탭을 누르면 다음과 같이 여러 데이터 분석 기법들이 나온다. 이 중 [상관 분석]을 클릭한다.

그림 6.7 Excel의 상관 분석 메뉴

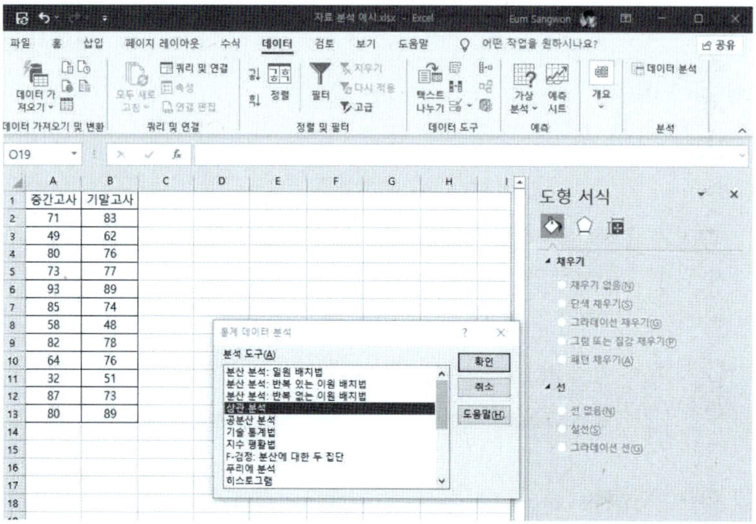

상관 분석을 선택하면 다음과 같은 메뉴가 나오는데, 입력 범위는 우리가 쓸 데이터인 중간고사 및 기말고사 점수이므로 해당 영역을 드래그 혹은 다음과 같이 직접 작성해준다. 그리고 데이터의 방향이 세로로 되어 있으므로 [열]로 선택해주며, 첫 번째 행은 제목을 작성해 주었으므로 [첫째 행 이름표 사용] 체크 박스를 클릭해준다. 그리고 출력 옵션은 본인이 직접 출력 범위를 지정할 수 있고, 아니면 새로운 시트를 만들어서 분석 결과를 볼 수 있는데 이번에는 [새로운 워크시트]로 설정해 보겠다.

그림 6.8 Excel의 상관 분석 조건 삽입 창

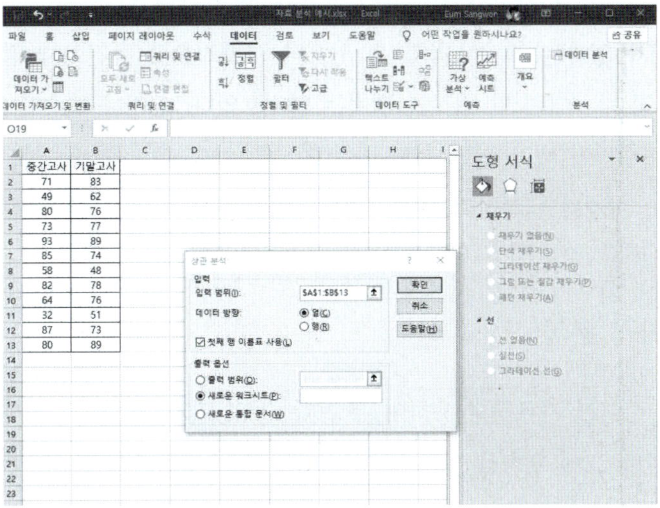


설정이 끝나고 확인을 누르면 다음과 같은 새로운 시트가 만들어지며 각 변수 간 상관 분석 결과가 도출된다.

그림 6.9 Excel을 이용한 상관 분석 결과 창

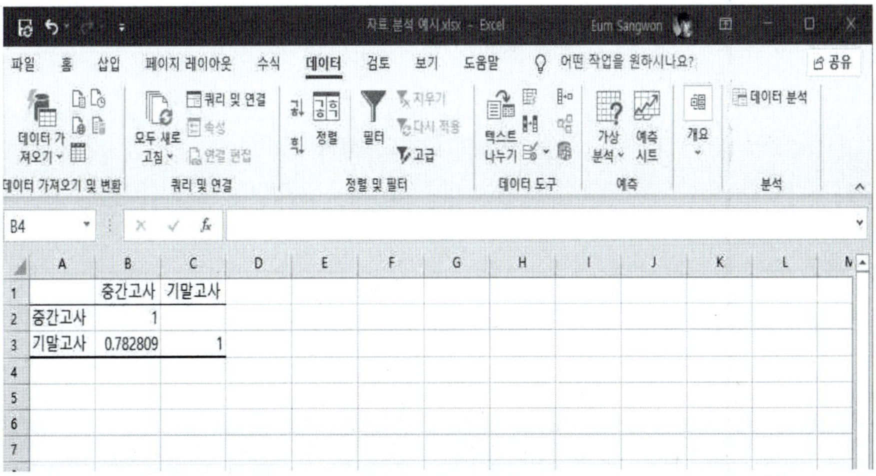

분석 결과 중간고사 점수와 기말고사 점수 간에는 0.7828의 양의 상관관계를 보이며, 중간고사 점수가 높을수록 기말고사 점수도 높을 가능성이 높다는 점을 보여준다.

상관 분석을 통해서 중간고사 점수와 기말고사 점수 간의 1) 선형 관계가 있다는 점 과 2) 양의 상관관계가 있다는 점 은 밝힐 수 있으나 구체적으로 중간고사 점수가 1점 높아질 때마다 기말고사 점수는 대략 몇 점 높아질지는 알 수 없다. 그러나 변수가 변화함에 따라 그에 영향을 받는 변수들이 대략 어느 정도 변할 지 예측하여 대안을 도출하는 것은 매우 중요하다. 그러므로 이 한계를 극복하기 위한 분석 기법인 회귀 분석을 다음 절에서 살펴보겠다.

## 다. 단순 회귀 분석

회귀 분석은 주어진 자료를 이용하여 두 변수 간의 관계를 수치로 나타내어 한 변수 값의 변화가 일어날 때 그에 영향을 받는 변수가 대략 어느 정도 변화할 지 추정하는 기법이다. 이 때 경영자가 예측하고자 하는 변수를 종속 변수라고 하며, 종속 변수의 변화를 추정하기 위해 종속 변수의 변화를 설명하는 변수들을 독립 변수라고 한다. 그리고 독립 변수와 종속 변수가 각각 1개인 것을 단순 회귀 분석이라고 하며, 자료 간의 관계를 1차 함수 형태로 단순하게 추정하는 방식을 선형 회귀 분석이라고 한다. 그러므로 독립 변수와 종속 변수가 각각 1개이며, 선형 관계를 가정하고 분석하는 경우 '단순 선형 회귀 분석' 이라고 하며, 일반적인 경우 대부분의 회귀 분석은 선형 관계를 가정하기 때문에 선형이라는 단어는 종종 생략한다. 지금까지의 논의를 바탕으로 종속변수가 y, 독립변수가 x이며 n개의 자료가 주어진 경우 x와 y의 관계를 다음과 같이 단순 회귀 모형으로 나타낼 수 있다.

단순 회귀 모형의 정의

$$y_i = \beta_0 + \beta_1 x_i + \epsilon_i, \quad i = 1, 2, \ldots, n$$

단순 회귀 모형을 살펴보면 y의 변화량을 x를 이용하여 추정하는 것으로, $\beta_0$은 함수의 절편이며, $\beta_1$을 회귀 계수라고 한다. 즉, 두 변수의 관계가 선형을 따른다고 했을 때 x가 1씩 증가할 때마다, y의 평균적인 변화량은 $\beta_0$씩 변화한다고 할 수 있다.

함수를 살펴보면 $\epsilon_i$라는 항이 있는데 이는 오차항으로, 회귀 모형은 본질적으로 추정을 하는 것이기 때문에 반드시 오차가 발생하는데 이러한 오차를 $\epsilon_i$라고 표시하는 것이며, 중요한 점은 오차항은 평균이 0, 분산이 $\sigma^2$인 정규 분포를 따르며 상호 독립임을 가정하는데 이를 독립항등분포(IID: Independent and Identically Distributed)를 가정한다고 한다.

그렇다면, 이렇게 추정된 함수는 과연 얼마나 정확한 예측력을 가지고 있다고 할 수 있을까? 회귀 모형의 예측의 정확도를 측정하는 지표는 결정 계수다. 결정 계수는 회귀선에 의해 종속 변수가 설명되어지는 정도를 나타낸 지표로서 일반적으로 $r^2$으로 표시한다. 결정계수는 0과 1 사이의 범위에서 값을 가지며, 1에 가까울수록 회귀선이 실제 자료를 잘 설명하고 있다고 할 수 있다.

[예제 1]의 자료를 이용하여 단순 회귀 분석을 실시하여 그 결과를 해석해보자.

### [데이터 분석 Tool을 이용한 자료 분석]

상관 분석과 마찬가지로 [데이터] → [데이터 분석] 탭을 누르면 다음과 같이 여러 데이터 분석 기법들이 나온다. 이 중 [회귀 분석]을 클릭한다.

그림 6.10 Excel의 회귀 분석 메뉴

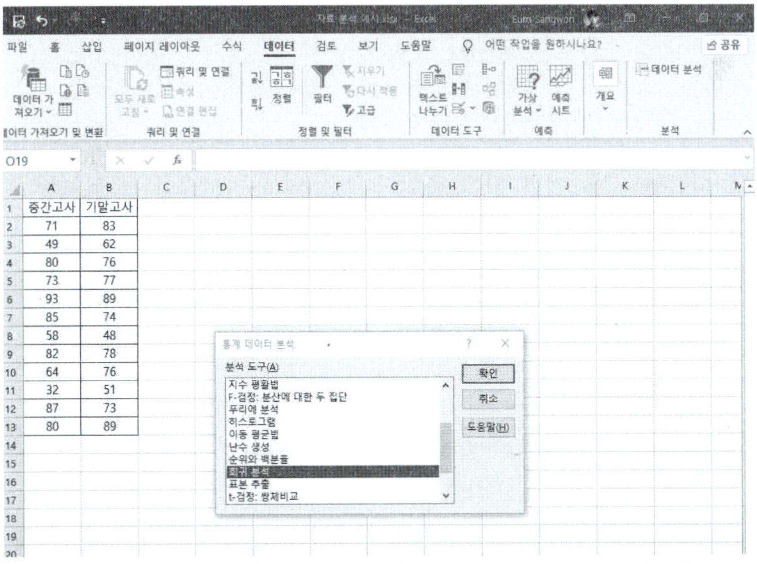

[회귀 분석] 탭을 클릭하면 다음과 같은 메뉴가 토글 되는데, 우선 Y축과 X축을 입력해야 한다. 이번 예제에서는 학생들의 중간고사 성적에 따라 기말고사 성적의 변화 양상을 추정한다고 하자. 그러면 중간고사 점수 열을 X축, 기말고사 점수 열을 Y축으로 지정한다. 그리고 첫 열에 이름이 있으므로 [이름표]를 클릭한다.

그림 6.11 Excel의 회귀 분석 조건 삽입 창

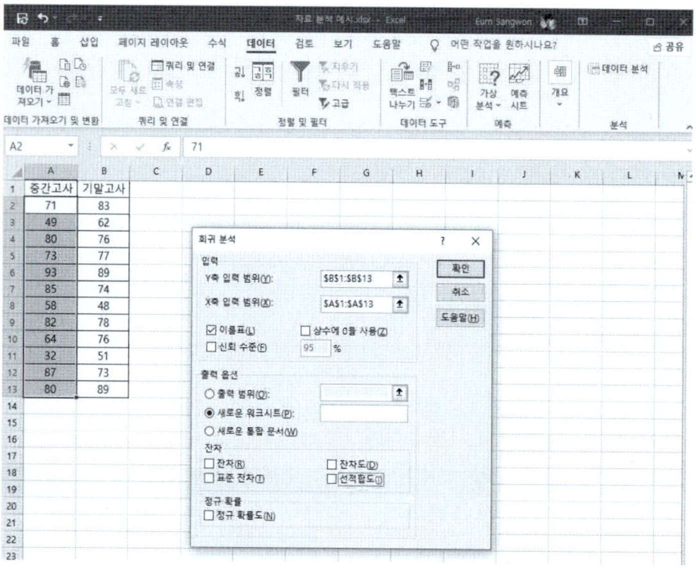


분석 결과 다음과 같은 결과 창이 출력되는데, 우선 기본적인 통계량과, 독립변수의 평균 수준의 차이가 종속변수의 평균 수준에 유의한 영향을 미치는지 검정한 분산분석표, 회귀계수 그리고 실제 데이터 값과 추정된 회귀선을 이용한 결과 값 간 차이인 잔차가 계산된다.

그림 6.12 Excel의 회귀 분석 결과 창

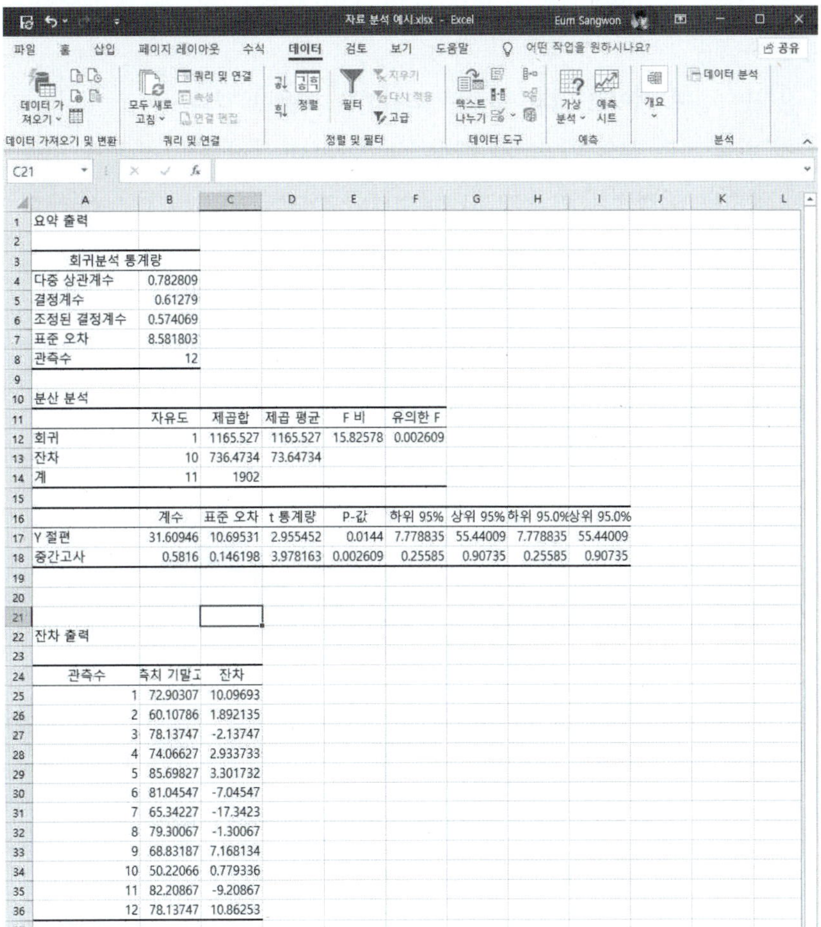

요약 출력

| 회귀분석 통계량 | |
|---|---|
| 다중 상관계수 | 0.782809 |
| 결정계수 | 0.61279 |
| 조정된 결정계수 | 0.574069 |
| 표준 오차 | 8.581803 |
| 관측수 | 12 |

분산 분석

| | 자유도 | 제곱합 | 제곱 평균 | F 비 | 유의한 F |
|---|---|---|---|---|---|
| 회귀 | 1 | 1165.527 | 1165.527 | 15.82578 | 0.002609 |
| 잔차 | 10 | 736.4734 | 73.64734 | | |
| 계 | 11 | 1902 | | | |

| | 계수 | 표준 오차 | t 통계량 | P-값 | 하위 95% | 상위 95% | 하위 95.0% | 상위 95.0% |
|---|---|---|---|---|---|---|---|---|
| Y 절편 | 31.60946 | 10.69531 | 2.955452 | 0.0144 | 7.778835 | 55.44009 | 7.778835 | 55.44009 |
| 중간고사 | 0.5816 | 0.146198 | 3.978163 | 0.002609 | 0.25585 | 0.90735 | 0.25585 | 0.90735 |

잔차 출력

| 관측수 | 측치 기말고 | 잔차 |
|---|---|---|
| 1 | 72.90307 | 10.09693 |
| 2 | 60.10786 | 1.892135 |
| 3 | 78.13747 | -2.13747 |
| 4 | 74.06627 | 2.933733 |
| 5 | 85.69827 | 3.301732 |
| 6 | 81.04547 | -7.04547 |
| 7 | 65.34227 | -17.3423 |
| 8 | 79.30067 | -1.30067 |
| 9 | 68.83187 | 7.168134 |
| 10 | 50.22066 | 0.779336 |
| 11 | 82.20867 | -9.20867 |
| 12 | 78.13747 | 10.86253 |

결과 창을 해석하면, 결정계수는 0.6128이다. 그러나 조정된 결정계수를 살펴보면 0.5741로서 일반적으로 독립변수의 수가 많을수록 독립변수의 설명력과 상관없이 모형의 설명력이 높아지는 경향이 있는데 이러한 점을 통제하고자 쓰이는 지표가 조정된 결정계수이다. 그러므로 독립 변수가 여러 개인 다중 회귀 분석을 실시하는 경우 조정된 결정계수를 따르는 것이 좋다. 이 예제에서는 기말고사 성적을 추정하기 위해 중간고사 점수를 사용하는 것이 약 57% 정도 정확하다고 할 수 있다.

분산분석표를 보면, F값이 15.8257이며 유의한 F값이 0.0026이므로, 중간고사 점수의 평균 수준의 변화가 일어날 때 기말고사 점수의 평균 수준에 유의한 영향을 미친다고 할 수 있으며, Y절편과 중간고사 점수의 계수는 각각 31.60946, 0.5816 이므로, 기말고사 점수와 중간고사 점수 간에는 '기말고사 점수=31.6095+0.5816×중간고사 점수+잔차'라는 관계식이 형성된다.

앞서 잔차는 실제 데이터 값과 추정된 회귀선을 이용한 결과 값 간 차이라고 하였는데 예를 들어 첫 번째 관측 값의 기말고사 예측치는 72.9031 점이다. 그러나 첫 번째 학생의 실제 기말고사 점수는 83점으로 83−72.9031=10.0969이므로 잔차는 10.0969라고 계산이 된 것이다.

그림 6.13 추정된 회귀선과 실제 데이터 산점도

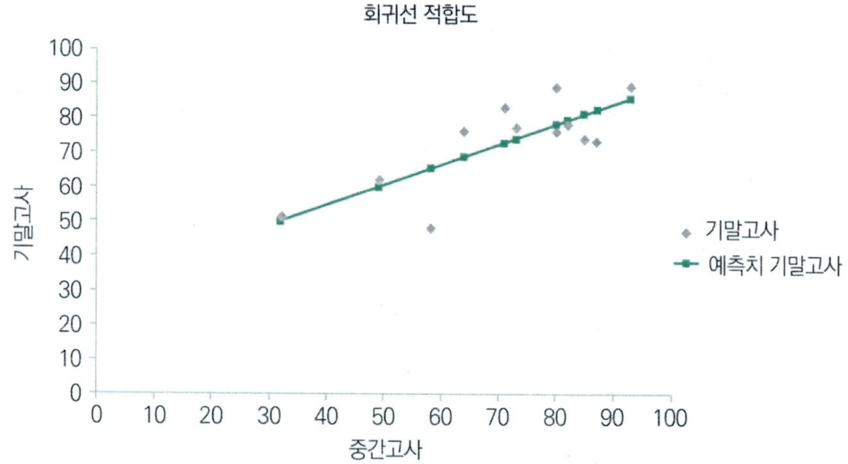


[그림 6.13]과 같이 추정된 회귀선과 실제 기말고사 성적을 그래프로 표시하여 추정된 함수와 실제 값 간의 차이를 보다 직관적으로 파악할 수 있으며, 잔차의 정의를 생각해볼 때, 실제 관측치와 회귀 직선 간의 거리가 각 관측치의 잔차라고 할 수 있다.

정리하면, 회귀 분석을 통해서 정교한 예측을 하더라도 기말고사 점수의 예측치와 실제 점수 간에는 오차가 존재하며, 이러한 오차를 최소화 하는 것이 좋은 예측 모형의 조건이라 할 수 있다. 그리고 예측의 정확도를 높이기 위해 본 예제처럼 한 개의 변수만을 활용하지 않고 기말고사 점수의 변화에 영향을 미칠 법한 변수를 선정하여 여러 개의 변수를 독립 변수로 설정하여 회귀 분석을 실시하는 경우가 일반적이다.

## 3 시계열 분석

시계열 분석(Time Series Analysis)은 인과 관계를 이용한 예측과 달리 별도의 독립 변수 없이 시간의 흐름에 따른 종속 변수의 변화 양상을 추정하는 기법이다. 그렇기에 모든 시계열 분석의 기저에는 종속 변수의 과거 패턴이 계속해서 이어질 것이라는 가정이 깔려 있다. 본 절에서는 앞서 살펴보았던 수요의 5가지 요소들을 개별적으로 예측하는 방법을 소개하며 동시에 수요의 5가지 요소들을 고려한 시계열 분석 기법을 소개한다.

### 가. 수요의 체계적 요소와 계절적인 요소를 추정하는 방법

수요의 변동을 측정하기 위해서는 수요의 변동을 일으키는 요소들에 대한 정확한 추정이 선수되어야 한다. 그러나 앞서 수요의 변동을 일으키는 요소 중 확률적 변동은 예측이 불가능하기 때문에 실질적으로는 수요의 수준, 추세 그리고 계절적 요소들을 추정하는 것이다.

#### a. 수준과 추세 추정

수요의 수준과 추세를 측정하기 위해서는 우선 계절적인 요소를 제거해야 한다. 이 과정을 비계절화라고 하며, 수요의 계절성의 주기가 $p$라고 할 때, 다음과 같은 식으로 비계절적 수요를 추출한다.

$$\overline{D_t} = \frac{\left[ D_{t-(\frac{p}{2})} + D_{t+(\frac{p}{2})} + \sum_{i=t+1-(\frac{p}{2})}^{t-1+(\frac{p}{2})} 2D_i \right]}{2p}$$

이 방식은 p 주기 내의 수요에 동일한 가중치를 부여 하여 주기 기간 사이의 비계절적 수요를 추출하는 방식이다. 예를 들어 다음의 자료가 있다고 하자.

| 연도 | 분기 | 수요 |
|---|---|---|
| 2018 | 1분기 | 11,000 |
| | 2분기 | 13,000 |
| | 3분기 | 20,000 |
| | 4분기 | 31,000 |
| 2019 | 1분기 | 12,000 |
| | 2분기 | 15,000 |
| | 3분기 | 21,000 |
| | 4분기 | 30,000 |
| 2020 | 1분기 | 14,000 |
| | 2분기 | 16,000 |
| | 3분기 | 33,000 |
| | 4분기 | 42,000 |

해당 자료를 살펴보면 총 4개 주기를 가지고 있으므로 $p=4$라고 할 수 있으며, 위의 식을 이용해서 비계절적 수요를 추출하면 다음과 같다.

| 연도 | 분기 | 수요 | 비계절적 수요 |
|---|---|---|---|
| 2018 | 1분기 | 11,000 | - |
| | 2분기 | 13,000 | - |
| | 3분기 | 20,000 | 18,875 |
| | 4분기 | 31,000 | 19,250 |
| 2019 | 1분기 | 12,000 | 19,625 |
| | 2분기 | 15,000 | 19,625 |
| | 3분기 | 21,000 | 19,750 |
| | 4분기 | 30,000 | 20,125 |
| 2020 | 1분기 | 14,000 | 21,750 |
| | 2분기 | 16,000 | 24,750 |
| | 3분기 | 33,000 | - |
| | 4분기 | 42,000 | - |

즉, 위 식을 통해 2018년 3분기부터 2020년 2분기까지의 비계절적 수요를 추출할 수 있

다. 그렇다면 나머지 기간의 비계절적 수요는 어떻게 추출해야 할까? 이 경우 수요가 비계절적임과 동시에 수요의 증감에 일정한 비율을 따른다면 시간과 수요 사이에는 선형 관계가 있다고 할 수 있다. 그러므로 수요와 시간 간에는 다음과 같은 관계식을 가지게 된다.

$$\overline{D_t} = at + b$$

이 점을 이용하여 위에서 미처 구하지 못했던 비계절적 수요를 추정해 볼 수 있다. 대표적으로 앞서 구한 비계절적 수요와 시점 간 선형 회귀 모형을 이용하면 다음과 같은 관계식이 나온다.

$$\overline{D_t} = 657.7t + 16193.5$$

구한 회귀식에 시점 t를 대입하면 다음과 같이 비계절적 수요의 새로운 추정치를 구할 수 있다.

| 연도 | 분기 | 수요 | 비계절적 수요 |
|---|---|---|---|
| 2018 | 1분기 | 11,000 | 16,851.2 |
| | 2분기 | 13,000 | 17,508.9 |
| | 3분기 | 20,000 | 18,166.6 |
| | 4분기 | 31,000 | 18,824.3 |
| 2019 | 1분기 | 12,000 | 19,482 |
| | 2분기 | 15,000 | 20,139.7 |
| | 3분기 | 21,000 | 20,797.4 |
| | 4분기 | 30,000 | 21,455.1 |
| 2020 | 1분기 | 14,000 | 22,112.8 |
| | 2분기 | 16,000 | 22,770.5 |
| | 3분기 | 33,000 | 23,428.2 |
| | 4분기 | 42,000 | 24,085.9 |

이 방법을 통해 앞서 제시한 비계절적 수요를 추출하는 방식으로 구하지 못하였던 시점의 비계절적 수요를 추정 할 수 있다. 실수요 데이터는 계절성 등의 영향으로 편차가 커지므로 실수요와 시간 간의 회귀 모형을 활용하는 것은 적합하지 않을 수 있다. 그러므로 반드시 앞서 제시한 수식을 통해 실수요 중 1차적으로 부분적인 비계절적 수요를 추출하는 것이 바

람직 하며 해당 값을 이용해서 비계절적 수요의 크기를 추정할 필요가 있다.

b. 계절 요인 추정

앞서 주어진 수요에서 비계절적 수요를 추출하는 방법을 알아보았다. 시점 t의 수요에 대한 계절 요인은 비계절적 수요 대비 실제 수요의 비율로 다음의 등식으로 계산한다.

$$\overline{S_t} = \frac{D_t}{\overline{D_t}}$$

앞 절에서 예시로 들었던 수요 자료를 활용하여 계절 요인의 크기를 계산하면 다음과 같다.

| 연도 | 분기 | 수요 | 비계절적 수요 | 계절 요인의 크기 |
|---|---|---|---|---|
| 2018 | 1분기 | 11,000 | 16,851.2 | 0.65 |
| | 2분기 | 13,000 | 17,508.9 | 0.74 |
| | 3분기 | 20,000 | 18,166.6 | 1.10 |
| | 4분기 | 31,000 | 18,824.3 | 1.65 |
| 2019 | 1분기 | 12,000 | 19,482 | 0.62 |
| | 2분기 | 15,000 | 20,139.7 | 0.74 |
| | 3분기 | 21,000 | 20,797.4 | 1.01 |
| | 4분기 | 30,000 | 21,455.1 | 1.40 |
| 2020 | 1분기 | 14,000 | 22,112.8 | 0.63 |
| | 2분기 | 16,000 | 22,770.5 | 0.70 |
| | 3분기 | 33,000 | 23,428.2 | 1.41 |
| | 4분기 | 42,000 | 24,085.9 | 1.74 |

현재 주기는 4주기를 따르며, 각 주기의 시작점의 계절 요인의 크기가 0.65, 0.62, 0.63으로 유사한 크기의 계절적 요인을 보이는데 이를 이용해서 각 주기 별 계절적 요인의 크기를 다음과 같이 계산할 수 있다.

$$S_i = \frac{\sum_{j=0}^{r-1} \overline{S}_{jp+i}}{r}$$

위 식에서 $p$는 주기성, $r$은 계절주기로서 이 예시에선 3이 된다.

이렇게 구한 계절 요인의 크기는 추후 계절성을 고려한 수요 예측 모형인 윈터스 모델을 적용하는데 중요한 기초 자료로 활용된다. 윈터스 모델의 사용법에 있어서는 다음 절에서 다루도록 하겠다.

## 나. 단순이동평균법

단순이동평균법(Simple Moving Average Method)는 최근 몇 기 간의 수요의 평균값을 다음 기수의 예측치로 사용하는 기법이다. 이를 수식으로 나타내면 다음과 같다.

$$F_{(t+1)} = \frac{D_t + D_{t-1} + D_{t-2} + \dots + D_{t-n+1}}{n}$$

여기서 F는 예측치, t는 현재 시점, D는 수요, n은 예측에 이용할 자료의 개월 수를 의미한다. 수식을 살펴보면 단순이동평균법의 의미 그대로 다음 시점의 수요를 예측하기 위해 현재 시점의 수요를 시작으로 총 n개 기간의 수요의 평균을 이용하는 것이다. 이를 통해 예측하고자 하는 바는 수요의 수준이며 추세, 계절 변동 요인, 주기적 요인은 없다고 가정한다. 간단한 예를 통해 살펴보자.

**예제 2** A사는 컴퓨터를 생산하는 회사다. A사는 내년도 영업을 위해 미리 컴퓨터 부품을 주문하기 위해 약 몇 개의 컴퓨터를 생산할지 결정해야 한다. 이번 1년 간의 컴퓨터 판매 대수가 다음과 같이 주어졌을 때 다음 달에는 총 몇 개를 생산해야 할까?

| 월 | 판매량 | 월 | 판매량 |
|---|---|---|---|
| 1 | 1,000 | 7 | 1,600 |
| 2 | 1,100 | 8 | 800 |
| 3 | 1,200 | 9 | 1,400 |
| 4 | 1,100 | 10 | 1,000 |
| 5 | 1,400 | 11 | 1,200 |
| 6 | 1,500 | 12 | 1,600 |

**해설** 주어진 판매량 자료를 가지고 단순이동평균법을 적용한 결과는 다음과 같다.

1) 3개월 자료를 활용한 경우

$$\frac{1600+1200+1000}{3}=1266.67$$

2) 4개월 자료를 활용한 경우

$$\frac{1600+1200+1000+1400}{4}=1300$$

3) 5개월 자료를 활용한 경우

$$\frac{1600+1200+1000+1400+800}{5}=1200$$

사용하는 개월 수에 따라 차이는 있지만 약 1200개에서 1300개 사이로 값이 결정되는 것을 볼 수 있다. 이처럼 이동평균법을 적용할 때 사용할 과거 자료의 개수는 상관없으나, 보통 자료의 안정성에 따라 개월 수를 결정하게 된다. 즉 수요의 패턴이 평탄할수록 평균값은 크게 변동이 되지 않기 때문에 적은 개월 수만 이용해도 충분히 안정적인 결과를 낼 수 있다. 그러나 먼 과거와 가까운 과거가 미치는 영향이 매우 다른 경우 단순이동평균법은 적합한 예측 모형이라고 보기 어렵다. 왜냐하면 먼 과거와 가까운 과거가 미치는 영향력이 매우 다르지만, 단순히 평균을 내기 때문에 같은 가중치를 적용하여 계산한 것이기 때문이다.

## 다. 가중 이동평균법

가중 이동평균법(Weighted Moving Average Method)는 모든 기간에 같은 가중치를 적용한 단순이동평균법의 약점을 보완하고자 각 기간별로 각기 다른 가중치를 적용하여 평균을 내는 기법이다. 예를 들어 가까운 기간일수록 수요에 미치는 영향력이 매우 높다고 판단이 되고 3개월 간의 자료만 사용한다면 $F_{t+1}=0.5D_t+0.3D_{t-1}+0.2D_{t-2}$와 같이 수요를 추정할 수 있는 것이다. 그러나 가중 이동평균법 역시 본질적으론 이동평균법이기 때문에 예측에 사용할 기간만큼의 과거의 자료를 모두 보유하고 있어야 하며, 가중치의 결정에 주관적 판단이 개입될 수 있다.

## 라. 지수 평활법

지수 평활법(Exponential Smoothing Method)은 최근 데이터에 더 많은 가중치를 할당하여 수요를 예측하는 이동 평균법의 일종이다. 지수 평활법은 지난 기에 구한 수요 예측값, 이번 기의 실제 수요, 그리고 평활 상수만 이용해서 다음 기의 수요를 예측하는 방식으로 가중치의 결정이 비교적 단순화 된 방법으로 현실에서도 많이 활용되는 수요 예측 기법이다. 지수 평활법을 이용한 수요 예측 식은 다음과 같다.

$$F_{t+1} = \alpha D_t + (1-\alpha)F_t$$

위 식에서 $\alpha$는 평활 상수로서 0부터 1 사이의 값을 갖는다. 평활 상수는 현재 시점의 실제 수요에 할당되는 가중치이기 때문에 수요의 변동성이 클수록 높은 $\alpha$값을 갖는다. 일반적으로 수요의 변동성이 높은 경우 0.5 이상의 값을 할당하며, 수요의 변동성이 일반적인 수준인 경우 0.2에서 0.3 사이의 값을 할당한다.

식을 살펴보면 수요 예측을 하기 위해서 첫 기수의 수요 예측치가 필요한데, 과거의 자료가 있는 경우 그 자료를 활용해서 예측치를 계산하면 되지만, 과거 자료가 충분하지 않은 경우 바로 전 기수의 실제 수요 값으로 대체한다.

또한 지수 평활법은 예측을 계속해서 진행할수록 초기 예측치의 영향력이 줄어드는 특징을 지니고 있는데, 예를 들어 $\alpha = 0.3$이라고 해보자. 그러면 t+1 시점의 예측치는 다음과 같다.

$$F_{t+1} = 0.3D_t + 0.7F_t$$

그리고 t+1 시점이 되어서 다시 다음 기수의 수요를 예측하기 위해서는 $F_{t+2} = \alpha D_{t+1} + (1-\alpha)F_{t+1}$식을 이용하므로, $F_{t+2} = \alpha D_{t+1} + (1-\alpha)F_{t+1} = 0.3D_{t+1} + 0.7(0.3D_t + 0.7F_t) = 0.3D_{t+1} + 0.21D_t + 0.49F_t$가 되므로 0.7에서 한 기수만 지나도 0.49로 그 영향력이 줄어드는 것을 확인할 수 있다. 이러한 계산이 반복된다면 초기 예측치를 추정하기 위해 할당된 가중치 0.7은 지속해서 줄어들게 된다.

이처럼 지수 평활법은 계산이 간단하지만 수요가 특정한 추세를 지니는 경우처럼 자료의 평균값이 근본적으로 일정 기간 동안 지속적으로 변할 수밖에 없는 구조를 띄는 경우에는 정확성이 떨어진다는 단점이 있다. 이러한 점을 극복하기 위해 다음 절에서 설명할 추세 조정 지수 평활법이 제시되었다. 끝으로 다음 자료를 이용해서 지수 평활법을 적용해보자.

**예제 3** 주어진 자료를 활용하여 지수 평활법을 이용하여 12월까지의 수요 예측치를 계산하라. 단, 1월의 예측치는 1100이었다고 가정하고 이 문제에서는 $\alpha = 0.3$으로 설정한다.

| 월 | 판매량 | 월 | 판매량 |
|---|---|---|---|
| 1 | 1,000 | 7 | 1,350 |
| 2 | 1,100 | 8 | 1,400 |
| 3 | 1,200 | 9 | 1,500 |
| 4 | 1,100 | 10 | 1,300 |
| 5 | 1,300 | 11 | 1,350 |
| 6 | 1,250 | 12 | 1,500 |

**풀이** 우선 2월의 예측치를 구하기 위해서는 1월의 실수요, 1월의 예측 수요 자료가 필요한데, 실수요 자료는 1000으로 주어졌고 예측치는 1100으로 가정하였다. 평활계수가 0.3이므로 지수 평활법을 적용하면 2월의 예측치는 $0.3(1000) + 0.7(1100) = 1070$으로 계산된다. 같은 방식으로 12월까지의 예측치를 구하면 다음과 같다.

| 월 | 판매량 | 예측치 | 월 | 판매량 | 예측치 |
|---|---|---|---|---|---|
| 1 | 1,000 | 1,100 | 7 | 1,350 | 1,192.25 |
| 2 | 1,100 | 1,070 | 8 | 1,400 | 1,239.57 |
| 3 | 1,200 | 1,079 | 9 | 1,500 | 1,287.7 |
| 4 | 1,100 | 1,115.3 | 10 | 1,300 | 1,351.39 |
| 5 | 1,300 | 1,110.71 | 11 | 1,350 | 1,335.97 |
| 6 | 1,250 | 1,167.50 | 12 | 1,500 | 1,340.18 |

구한 예측치가 수요와 얼마나 가까운지 그래프를 통해서 비교해보자.

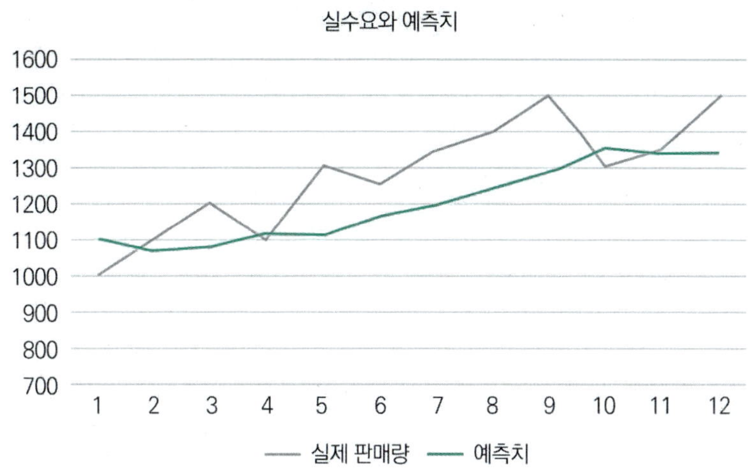


주어진 그래프를 통해 비교하면 예측치가 실제 판매량과 같은 것은 아니지만 어느 정도 실제 수요의 변동과 비슷한 추세를 보이고 있다. 다만, 5월부터 9월까지 수요의 변동폭이 큰 시점에서는 예측 모형이 효과적으로 작동하지 않는데, 이 경우 결정계수를 높여보거나 지수 평활법으로는 관측되지 않는 수요의 변동성이 내재되어 있음을 예상해볼 수 있다.

## 마. 추세 조정 지수 평활법(Holt Model)

추세 조정 지수 평활법(Trend Adjusted Exponential Smoothing Method)은 수요가 계절성은 없지만 특정한 추세를 지닌다고 보여질 때 활용되는 지수 평활법으로 홀트 모델(Holt Model)이라고도 한다. 즉, 추세 조정 지수평활법은 상술한 수요의 5가지 요소 중 수준과 추세로 수요가 설명이 되는 경우를 상정한 것으로 수요의 수준과 추세의 수준을 구한 후 그것을 더해서 예측치로 활용한다.

수준과 추세에 대한 초기 추정치를 구한 후 기간 t에서 주어진 수준과 추세의 추정치 $L_t$와 $T_t$를 활용하여 수요 예측을 다음과 같이 할 수 있다.

$$F_{t+1} = L_t + T_t$$

기간 t에 대한 수요를 계산한 후 평활 계수를 활용하여 수준과 추세에 대한 추정치를 다음과 같이 계산한다.

$$L_t = \alpha D_t + (1-\alpha)(L_{t-1} + T_{t-1})$$
$$T_t = \beta(L_t - L_{t-1}) + (1-\beta)T_{t-1}$$

위 식에서 $\alpha$는 수요의 평균을 계산하기 위한 평활 계수이며 $\beta$는 추세를 계산하기 위한 평활 계수이다. 식을 살펴보면 기간 1의 수요를 예측하기 위해서는 $F_1 = L_0 + T_0$으로 계산하는데, $L_0$과 $T_0$을 구하기 위해서 초기 예측치를 활용해야 한다. 이를 위해 앞 절에서 소개한 선형 회귀 모형을 통해 회귀 모형의 절편과 계수를 각각 수준과 추세의 초기 예측치로 활용한다.

그리고 홀트 모델의 경우 수요를 이루는 요소 중 계절성을 제외하였다고 가정하기 때문에 별도의 비계절성을 추출하는 작업 없이 실수요와 시점 간 선형 회귀분석을 통해 초기 예측치를 구한다.

홀트 모델에서 사용된 2개의 평활 계수 모두 0부터 1 사이의 범위를 가지며 지수 평활법과 마찬가지로 추세 조정 지수 평활법 역시 $\alpha$와 $\beta$값을 정확히 설정하는 것이 중요한데, 이는 예측 오차를 최소화 하는 방향으로 적절한 값을 탐색하여야 한다. 다음의 예시를 통해 추세 조정 지수 평활법을 적용해보자.

**예제 4** 다음의 자료를 활용하여 추세 조정 지수 평활법을 활용하여 12월까지의 예측치를 구하라. 단 $\alpha = 0.1$, $\beta = 0.2$를 활용한다.

| 월 | 판매량 | 월 | 판매량 |
|---|---|---|---|
| 1 | 1,000 | 7 | 1,350 |
| 2 | 1,100 | 8 | 1,400 |
| 3 | 1,200 | 9 | 1,500 |
| 4 | 1,100 | 10 | 1,300 |
| 5 | 1,300 | 11 | 1,350 |
| 6 | 1,250 | 12 | 1,500 |

**풀이** 1단계: 초기 예측치 구하기

기간 1에서의 수요 예측치는 $F_1 = L_0 + T_0$에 의해 구해진다. 그러므로 초기 예측치로 활용할 $L_0$과 $T_0$을 구해야 한다. 그러므로 주어진 수요 데이터에서 기간과 실수요 간 선형 회귀 모형을 통해 모형의 절편과 계수를 수요의 수준과 추세의 초기 예측치로 활용한다. 상술한 바와 같이 홀트 모델은 수요가 수준과 추세로만 이루어져 있다고 가정하기 때문에 별도로 비계절적 수요를 추출하는 작업을 하지 않는다.

선형 회귀 모형을 적용해본 결과 $D_t = 1032.576 + 37.94t$로 추정되었는데 그러므로 $L_0 = 1032.576$, $T_0 = 37.94$로 활용한다. 이렇게 구한 초기 예측치를 통해 $F_1 = 1032.576 + 37.94 = 1070.513$으로 예측한다.

#### 2단계: 수요 예측

1단계에서 구한 수준과 추세의 초기 예측치 및 기간 1의 수요 예측치를 이용해서 기간 2의 수요 예측치를 구하면 다음과 같다.

$$F_2 = L_1 + T_1$$
$$L_1 = \alpha D_1 + (1-\alpha)(L_0 + T_0) = 0.1(1000) + 0.9(1032.576 + 37.94) = 1063.47$$
$$T_1 = \beta(L_1 - L_0) + (1-\beta)T_0 = 0.2(1063.47 - 1032.58) + 0.8(37.94) = 36.53$$
$$F_2 = L_1 + T_1 = 1063.47 + 36.53 = 1100$$

같은 방식으로 구한 나머지 기간의 수요 예측치는 다음과 같다.

| 월 | 판매량 | 예측치 | 월 | 판매량 | 예측치 |
|---|---|---|---|---|---|
| 1 | 1,000 | 1070.52 | 7 | 1,350 | 1293.22 |
| 2 | 1,100 | 1100.00 | 8 | 1,400 | 1337.93 |
| 3 | 1,200 | 1136.53 | 9 | 1,500 | 1384.40 |
| 4 | 1,100 | 1180.67 | 10 | 1,300 | 1438.54 |
| 5 | 1,300 | 1208.79 | 11 | 1,350 | 1464.50 |
| 6 | 1,250 | 1255.92 | 12 | 1,500 | 1490.57 |

구한 예측치가 수요와 얼마나 가까운지 그래프를 통해서 비교해보자.

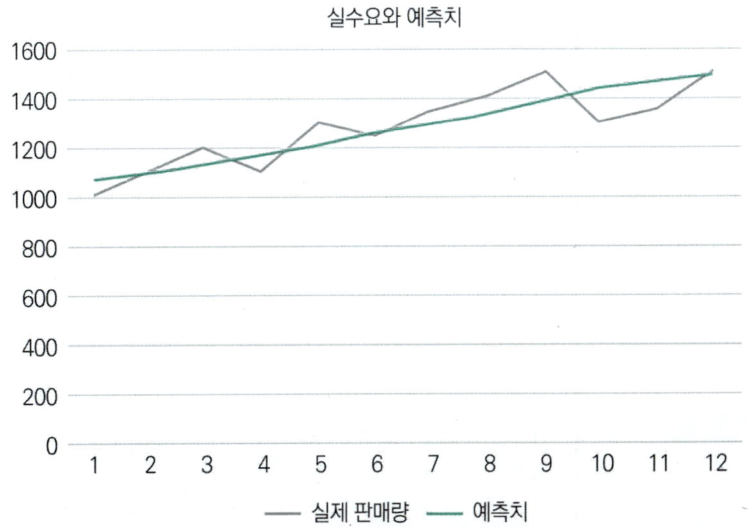

주어진 그래프를 통해 비교하면 단순히 지수 평활법을 활용하였을 때보다 예측치가 실제 수요에 근접한 모습을 확인할 수 있다. 즉, 수준과 더불어 추세를 함께 반영함으로서 더 정확한 수요 예측이 가능해졌다고 할 수 있다.

---

## 바. 계절성을 고려한 추세 조정 지수 평활법(Winters' Model)

추세 조정 지수 평활법은 수요의 변동이 수준과 추세만으로도 설명이 되는 경우를 가정한 수요 예측 방법이었다. 그러나 실제로는 수요가 특정 주기에 따라 변하는 계절성을 띄는 경우가 많기 때문에 계절성을 고려한 수요 예측이 필요하다. 윈터스 모델은 이러한 필요성을 반영한 수요 예측 모형으로서 수요의 변동성을 '(수준+추세)×계절 요인'으로 설명이 된다고 가정하였다.

즉, 주기가 $p$개를 따르는 계절 요인을 $S_1$, $S_2$, ..., $S_p$라고 할 때, $F_{t+1}=(L_t+T_t)S_{t+1}$로 예측한다.

이 때 초기 예측치 $L_0$, $T_0$는 앞서 홀트 모델에서 활용한 바와 같이 회귀 분석과 같은 예측 모델을 통해 구한다.

이어서 구한 초기 예측치를 바탕으로 수요의 수준, 추세 그리고 계절 요인을 다음과 같이 추정한다.

$$L_{t+1}=\alpha\left(\frac{D_{t+1}}{S_{t+1}}\right)+(1-\alpha)(L_t+T_t)$$

$$T_{t+1}=\beta(L_{t+1}-L_t)+(1-\beta)T_t$$

$$S_{t+p+1}=\gamma\left(\frac{D_{t+1}}{L_{t+1}}\right)+(1-\gamma)S_{t+1}$$

여기서 $\alpha$, $\beta$는 각각 수요의 수준, 추세에 대한 평활 계수이며, $\gamma$는 계절 요인에 대한 평활 계수로서 $\alpha$, $\beta$와 마찬가지로 0과 1 사이의 범위에서 값을 가진다.

---

**예제 5** 다음의 자료를 활용하여 추세 조정 지수 평활법을 활용하여 12월까지의 예측치를 구하라. 단 $\alpha=0.1$, $\beta=0.2$, $\gamma=0.1$를 활용한다.

| 연도 | 분기 | 수요 |
|---|---|---|
| 2019 | 1분기 | 1,000 |
| | 2분기 | 1,300 |
| | 3분기 | 1,400 |
| | 4분기 | 1,200 |
| 2020 | 1분기 | 1,800 |
| | 2분기 | 2,200 |
| | 3분기 | 2,350 |
| | 4분기 | 2,100 |
| 2021 | 1분기 | 3,200 |
| | 2분기 | 3,600 |
| | 3분기 | 4,250 |
| | 4분기 | 4,100 |

**풀이** **1단계: 초기 예측치 구하기**

우선 예측에 들어가기 전 수요 데이터에서 비계절적 수요를 추출한 후 수준, 추세에 대한 초기 예측치를 구한다.

| 연도 | 분기 | 수요 | 비계절적 수요 |
|---|---|---|---|
| 2019 | 1분기 | 1,000 | - |
| | 2분기 | 1,200 | - |
| | 3분기 | 1,300 | 1,275 |
| | 4분기 | 1,200 | 1,500 |
| 2020 | 1분기 | 1,800 | 1,756.25 |
| | 2분기 | 2,200 | 2,000 |
| | 3분기 | 2,350 | 2,200 |
| | 4분기 | 2,100 | 2,356.25 |
| 2021 | 1분기 | 2,500 | 2,506.25 |
| | 2분기 | 2,750 | 2,650 |
| | 3분기 | 3,000 | - |
| | 4분기 | 2,600 | - |

이후 구한 예측치를 바탕으로 선형 회귀분석을 통해 비계절적 수요를 추정하면 다음의 회귀식이 도출된다.

$$\overline{D_t} = 198.29t + 741.59$$

이 식을 통해 초기 수준의 수준과 추세를 각각 $L_0 = 741.59$, $T_0 = 198.29$로 활용할 수 있다. 그리고 선형 회귀식을 이용해서 비계절적 수요를 추정한 후 계절적 요인의 크기까지 계산하면 다음과 같다.

| 연도 | 분기 | 수요 | 비계절적 수요 | 계절 요인 |
|---|---|---|---|---|
| 2019 | 1분기 | 1,000 | 939.88 | 1.06 |
| | 2분기 | 1,200 | 1138.17 | 1.05 |
| | 3분기 | 1,300 | 1336.46 | 0.97 |
| | 4분기 | 1,200 | 1534.75 | 0.78 |
| 2020 | 1분기 | 1,800 | 1733.04 | 1.04 |
| | 2분기 | 2,200 | 1931.32 | 1.14 |
| | 3분기 | 2,350 | 2129.61 | 1.10 |
| | 4분기 | 2,100 | 2327.90 | 0.90 |
| 2021 | 1분기 | 2,500 | 2526.19 | 0.99 |
| | 2분기 | 2,750 | 2724.48 | 1.01 |
| | 3분기 | 3,000 | 2922.77 | 1.03 |
| | 4분기 | 2,600 | 3121.06 | 0.83 |

각 분기별 계절 요인의 크기를 이용하여 4개 주기의 계절적인 요인의 추정치를 다음과 같이 구한다.

$$S_1 = \frac{\overline{S_1} + \overline{S_5} + \overline{S_9}}{3} = \frac{1.06 + 1.04 + 0.99}{3} = 1.03$$

$$S_2 = \frac{\overline{S_2} + \overline{S_6} + \overline{S_{10}}}{3} = \frac{1.05 + 1.14 + 1.01}{3} = 1.07$$

$$S_3 = \frac{\overline{S_3} + \overline{S_7} + \overline{S_{11}}}{3} = \frac{0.97 + 1.10 + 1.03}{3} = 1.03$$

$$S_4 = \frac{\overline{S_4} + \overline{S_9} + \overline{S_{12}}}{3} = \frac{0.78 + 0.90 + 0.83}{3} = 0.84$$

각 주기 별 계절적 요인의 추정치를 통해 본격적인 수요 예측을 실시한다.

**2단계: 수요 예측**

우선 첫번째 기간에 대한 추정치는 다음과 같다.

$$F_1 = (L_0 + T_0)S_1 = (741.59 + 198.29) \times 1.03 = 968.08$$

두 번째 기간은 $F_2 = (L_1 + T_1)S_5$로 계산하는데, $L_1$, $T_1$, $S_5$은 다음과 같이 계산한다.

$$L_1 = \alpha\left(\frac{D_1}{S_1}\right) + (1-\alpha)(L_0 + T_0) = 0.1\left(\frac{1000}{1.03}\right) + 0.9(741.59 + 198.29) = 942.98$$

$$T_1 = \beta(L_1 - L_0) + (1-\beta)\,T_0 = 0.2(942.98 - 741.59) + 0.8(198.29) = 198.91$$

$$S_5 = \gamma\left(\frac{D_1}{L_1}\right) + (1-\gamma)S_1 = 0.1\left(\frac{1000}{942.98}\right) + 0.9(1.03) = 1.03$$

$$F_2 = (L_1 + T_1)S_5 = (942.98 + 198.91) \times 1.03 = 1179.63$$

같은 방식으로 12기 간의 예측치를 계산하면 다음과 같다.

| 연도 | 분기 | 수요 | 예측치 |
|---|---|---|---|
| 2019 | 1분기 | 1,000 | 968.08 |
| | 2분기 | 1,200 | 1,179.63 |
| | 3분기 | 1,300 | 1,429.73 |
| | 4분기 | 1,200 | 1,565.43 |
| 2020 | 1분기 | 1,800 | 1,430.29 |
| | 2분기 | 2,200 | 1,977.57 |
| | 3분기 | 2,350 | 2,285.46 |
| | 4분기 | 2,100 | 2,418.37 |
| 2021 | 1분기 | 2,500 | 2,156.73 |
| | 2분기 | 2,750 | 2,833.71 |
| | 3분기 | 3,000 | 3,133.51 |
| | 4분기 | 2,600 | 3,224.97 |

구한 예측치가 수요와 얼마나 가까운지 그래프를 통해서 비교해보자.

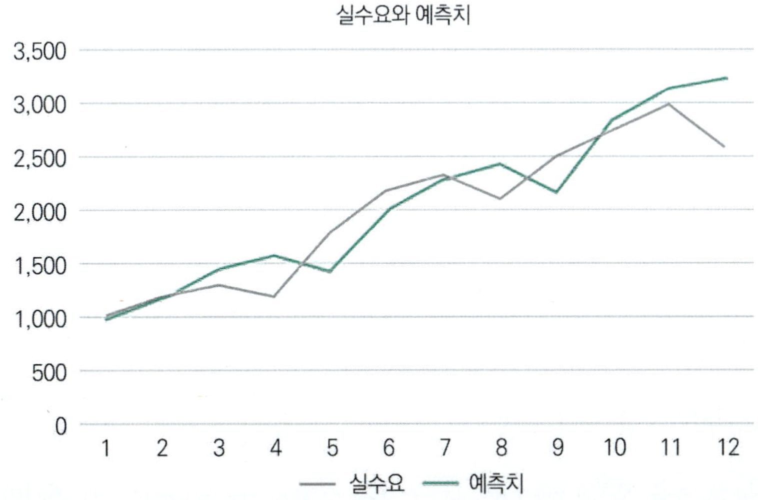

윈터스 모델을 이용해서 계절성을 함께 고려한 수요 예측을 실시한 결과 앞서 다른 수요 예측 모형을 활용했을 때보다 예측치와 실수요 간 매우 유사한 추세를 보임을 확인 할 수 있다. 비록 수요 예측의 오차가 다소 발생하였지만, 계절성을 고려한 결과 실수요와 유사한 패턴을 도출함으로서 수요의 추세를 더 정확히 예측할 수 있다.

## 4 예측 오차

앞서 모든 예측은 반드시 오차를 발생한다고 하였다. 그렇기 때문에 오차는 0으로 만들 수는 없지만 오차를 최소화 하는 것이 좋은 예측 모형의 기준이 된다고 하였다. 그렇다면 오차는 어떻게 측정해야 할까? 그리고 구한 오차를 어떻게 관리할 것인가?

### 가. 기본적인 예측 오차의 측정

오차를 측정하는 가장 기본적인 방법은 주어진 기간에서의 예측치와 실제 수요 간의 차이로 나타낸다. 앞서 회귀 분석에서의 잔차와 같은 개념으로 다음과 같은 수식으로 나타낼 수 있다. 여기서 $A_t$는 t 시점에서의 실제 수요, $F_t$는 t 시점에서의 예측치를 의미한다.

$$e_t = A_t - F_t$$

이렇게 예측 오차를 계산하는 것은 매우 직관적이고 단순하지만 보통은 단일 시점에서의 예측 오차보다는 비교적 장기간에 걸친 예측 오차를 측정하고 관리하는 것이 중요하기 때문에 후술할 여러 기간에 걸친 예측 오차의 측정 방법들이 제시되었다.

### 나. 여러 기간에 걸친 예측 오차의 측정

#### a. 누적 예측 오차

누적 예측 오차(CFE: Cumulative sum of Forecast Errors)는 매 기간마다 측정된 예측 오

차를 모두 합친 값으로 $CFE=\sum e_t$라 할 수 있다. 이 방법은 단순히 오차를 더하는 것이기 때문에 계산이 편리하며 의사 결정 기준도 직관적이다. CFE 값이 높아진다는 것은 해당 예측 모형이 구조적인 결함을 가지고 있을 확률이 높다는 것을 의미한다.

그러나 단순히 CFE 값이 낮다고 해서 예측 모형이 좋은 모형이라고 할 수는 없다. 왜냐하면 오차는 실제 수요에서 예측치를 뺀 값으로 결정이 되기 때문에 예측치 보다 실수요가 많으면 양수, 실수요보다 예측치가 높으면 음수의 값을 갖는다. 그러나 양수로 결과가 나오건, 음수로 결과가 나오건 결국에는 오차가 발생하는 것은 마찬가지지만 단순히 이 값을 더한다면 오차의 크기가 과소평가 될 위험에 노출되기 때문이다. 예를 들어 이번 기수에서는 실수요가 예측치에 비해 20개가 더 많았고, 전 기수에서는 예측치가 실수요보다 20개가 많았다면 2개 기수의 누적 예측 오차는 20+(−20)=0이기 되기에, CFE만 이용해서는 예측 모형의 성능을 파악하기는 힘들다.

### b. 평균 절대 오차

평균 절대 오차(MAD: Mean Absolute Deviation)은 상술한 CFE의 단점을 개선하고자 모든 오차를 절대값으로 환산하여 오차들의 평균을 구하는 기법으로 다음과 같이 계산한다.

$$MAD=\frac{\sum|e_t|}{n}$$

모든 오차를 절대값으로 환산했기 때문에, MAD가 0에 가까울수록 예측 모형이 정확하다고 할 수 있으며 MAD가 크다는 것은 실수요에 비해 과대 혹은 과소 예측이 되었다는 것을 의미한다.

### c. 평균 제곱 오차

평균 제곱 오차(MSE: Mean Squared Error)는 MAD와 비슷하지만 MAD는 모든 오차의 절대값을 적용하여 평균을 구했다면, MSE는 오차를 제곱하여 평균을 낸 것으로 분산의 정의와 유사하다.

$$MSE=\frac{\sum e_t^2}{n}$$

MSE 역시 오차를 제곱 한 값의 평균을 내는 것이므로, MSE가 높다는 것은 예측 모형의 정확도가 떨어진다는 것을 의미한다. 다만 MAD와 다른 점은 MAD는 단순히 오차의 절대적인 값을 평균을 낸 것이라면, MSE는 오차를 제곱한 값이기 때문에, 오차의 값이 클수록 MSE를 계산하는 과정에서 더 높은 가중치가 할당이 되는 것으로, MAD에 비해 예측 오차의 값이 클수록 더 민감하게 반응하는 지표라고 할 수 있다.

### d. 평균 절대 백분율 오차

평균 절대 백분율 오차(MAPE: Mean Absolute Percentage Error)는 실 수요의 크기에 상대적인 예측 오차를 측정하며 비율의 관점에서 예측 모형의 성과를 측정하는 방식이다.

$$MAPE = \frac{1}{n}\sum_{t=1}^{n}\left|\frac{e_t}{A_t}\right| \times 100$$

위 식을 살펴보면 실제 수요 대비 예측 오차의 절대값을 계산에 사용하는데 그렇기 때문에 같은 오차 수준이라 하더라도 실제 수요량의 차이에 따라 MAPE는 달라질 수 있다. 예를 들어 오차의 절대값이 100이라도, 실제 수요가 200일 때와 1000일 때는 MAPE의 분모가 달라지기 때문에 오차의 절대값이 같더라도 MAPE는 달라진다. 그래서 MAPE를 예측 오차의 진정한 규모라고 할 수 있다.

### e. 추적 신호

추적 신호(TS: Tracking Signal)은 선택한 예측 모형이 실제 수요의 변화 수준을 제대로 예측하는지 나타내는 지표이다. 추적 지표는 다음과 같이 계산한다.

$$TS = \frac{CFE}{MAD}$$

추적 신호는 MAD 대비 CFE로 계산하는 것인데, 추적 신호가 미리 지정한 허용 범위인 관리 한계선을 넘어가면 예측 모형의 수정이 필요할 정도의 예측의 편향성이 존재한다고 해석한다.

지금까지의 논의를 바탕으로 예제를 통해 예측 오차의 크기를 측정하고 의사결정을 내리는 과정을 실습해보자.

**예제 6** 다음 데이터는 B사의 1년 치 실 수요량과 예측치 자료이다. 이 자료를 이용해서 CFE, MAD, MSE, MAPE와 TS를 계산한 후 예측이 정확하다고 할 수 있는지 판단하라. TS의 허용범위는 3이라고 하자.

| 월 | 실제 수요 | 예측 수요 |
|---|---|---|
| 1월 | 2,000 | 1,980 |
| 2월 | 2,200 | 2,100 |
| 3월 | 1,800 | 2,070 |
| 4월 | 3,000 | 2,400 |
| 5월 | 3,200 | 2,890 |
| 6월 | 3,400 | 3,157 |
| 7월 | 3,900 | 3,568 |
| 8월 | 3,600 | 3,891 |
| 9월 | 4,000 | 3,952 |
| 10월 | 4,800 | 4,206 |
| 11월 | 4,300 | 4,450 |
| 12월 | 4,500 | 4,786 |

**풀이** 문제에서 주어진 값을 구하기 위해서는 오차, 절대 오차, 오차의 제곱 그리고 백분율 절대 오차가 필요하므로 4개의 지표를 계산하면 다음과 같다.

| 월 | 실제 수요 | 예측 수요 | 단순 오차 | 절대 오차 | 오차 제곱 | 백분율 절대 오차 |
|---|---|---|---|---|---|---|
| 1월 | 2,000 | 1,980 | 20 | 20 | 400 | 1.00% |
| 2월 | 2,200 | 2,100 | 100 | 100 | 10,000 | 4.55% |
| 3월 | 1,800 | 2,070 | -270 | 270 | 72,900 | 15.00% |
| 4월 | 3,000 | 2,400 | 600 | 600 | 360,000 | 20.00% |
| 5월 | 3,200 | 2,890 | 310 | 310 | 96,100 | 9.69% |
| 6월 | 3,400 | 3,157 | 243 | 243 | 59,049 | 7.15% |
| 7월 | 3,900 | 3,568 | 332 | 332 | 110,224 | 8.51% |
| 8월 | 3,600 | 3,891 | -291 | 291 | 84,681 | 8.08% |
| 9월 | 4,000 | 3,952 | 48 | 48 | 2,304 | 1.20% |
| 10월 | 4,800 | 4,206 | 594 | 594 | 352,836 | 12.38% |
| 11월 | 4,300 | 4,450 | -150 | 150 | 22,500 | 3.49% |

| 12월 | 4,500 | 4,786 | -286 | 286 | 81,796 | 6.36% |
|---|---|---|---|---|---|---|

구한 값을 이용해서 문제에서 요구하는 예측 오차를 계산하면 다음과 같다.

$$CFE = 20 + 100 + \cdots (-150) + (-286) = 1,250$$

$$MAD = \frac{20 + 100 + 270 + \cdots + 150 + 286}{12} = 270.33$$

$$MSE = \frac{400 + 10,000 + \cdots + 22,500 + 81,796}{12} = 104,399$$

$$MAPE = \frac{1\% + 4.55\% + \cdots + 3.49\% + 6.36\%}{12} = 8.12\%$$

$$TS = \frac{1,250}{270.33} = 4.6239$$

주어진 자료를 이용해서 예측 오차를 계산한 결과 TS가 허용 범위인 3을 초과했으므로 현재 사용 중인 예측 모형의 수정이 필요하다고 할 수 있다. TS를 허용 범위 안으로 줄이려면 오차의 합인 CFE대 오차의 백분율이 모두 10%를 상회하는 모습을 보이는데, 이를 통해 수요가 일정하지 않고 내재된 변동성이 있을 수 있다는 점이 의심되는 바, 추세를 조정하는 예측 모형을 도입하는 것도 고려해 봄 직 할 것이다.

## 공식 정리

1) 상관계수와 회귀식

$$r = \frac{\sum_{i=1}^{n}(x_i - \overline{x})(y_i - \overline{y})}{\sqrt{\sum_{i=1}^{n}(x_i - \overline{x})^2}\sqrt{\sum_{i=1}^{n}(y_i - \overline{y})^2}}$$

$$y_i = \beta_0 + \beta_1 x_i + \epsilon_i, \quad i = 1, 2, \ldots, n$$

2) 단순 이동 평균법

$$F_{(t+1)} = \frac{D_t + D_{t-1} + D_{t-2} + .. + D_{t-n+1}}{n}$$

3) 가중 이동 평균법($w$ =가중치)

$$F_{(t+1)} = w_1 D_t + w_2 D_{t-1} + .. + w_n D_{t-n+1}$$

4) 지수 평활법

$$F_{(t+1)} = \alpha D_t + (1-\alpha) F_t$$

5) 추세 조정 지수 평활법

$$F_t = L_t + T_t$$

$$L_t = \alpha D_t + (1-\alpha)(L_{t-1} + T_{t-1})$$

$$T_t = \beta(L_t - L_{t-1}) + (1-\beta) T_{t-1}$$

6) 예측 오차

$$CFE = \sum e_t$$

$$MAD = \frac{\sum |e_t|}{n}, \quad MSE = \frac{\sum e_t^2}{n}$$

$$MAPE = \frac{1}{n}\sum_{t=1}^{n}\left|\frac{e_t}{A_t}\right| \times 100$$

$$TS = \frac{CFE}{MAD}$$

## Takeaways

- 수요 예측은 수요의 불확실성에 대응하기 위한 전략적 도구로서, 올바른 예측을 통해 불확실성이 미치는 영향력을 최소화 하는 것이 목적이다.
- 수요는 수준, 추세, 계절적 요소, 주기적 요소 그리고 확률적 변동이라는 패턴을 따른다.
- 수요 예측은 크게 정성적 방법, 정량적 방법으로 나뉘며 정성적 방법에는 델파이 기법, 경영자 판단법, 시장 조사 등이 해당되며, 정량적 방법에는 인과관계를 이용하는 상관 분석 및 회귀 분석, 시계열 자료를 이용하는 기법 등이 있다.
- 산점도를 통해 자료 간 대략적인 인과 관계를 시각적으로 확인할 수 있다.
- 상관 분석은 자료 간 선형적인 관계를 살펴보는 도구이며, 회귀 분석을 통해 설명 변수의 평균적인 수준 변화에 따른 종속 변수의 평균적인 변화 추이를 산출할 수 있다.
- 시계열 분석은 별도의 독립 변수 없이 시간의 흐름에 따른 종속 변수의 변화 양상을 추정하는 기법으로 이동 평균법, 지수 평활법 등이 있다.
- 단순 이동 평균법은 최근 몇 기간의 수요의 평균값을 다음 기수의 예측치로 사용하는 기법이며 계산이 단순하지만 각 기간 별로 같은 가중치를 적용하기 때문에 먼 과거와 가까운 과거가 미치는 영향력이 매우 다른 경우 적합한 모형이 아니며, 이를 극복하기 위해 가중 이동 평균법을 통해 각 기간 별로 각기 다른 가중치를 적용하는 방법을 쓸 수 있다.
- 지수 평활법은 비교적 소수의 데이터만 이용해서 수요를 예측할 수 있는 기법으로 보다 발전된 형태의 가중 이동 평균법이라 할 수 있으며, 지수 평활법에서 수요의 추세를 함께 고려한 추세 조정 지수 평활법을 통해 지수 평활법의 장점을 살리면서 추세에 따른 수요 변동을 고려할 수 있다.
- 모든 예측은 오차가 발생하기 때문에 오차를 0으로 할 수는 없지만 오차의 크기를 최소화 하여 관리해야 한다.
- 기본적으로 오차는 실수요와 예측 수요를 뺀 값으로, 이를 이용해서 누적 예측 오차, 평균 절대 오차, 평균 제곱 오차, 평균 절대 백분율 오차, 추적 신호 등 여러 기간에 걸친 예측 오차를 측정할 수 있다.

## Reference

Chopra, S. 2013. *Supply chain management :strategy, planning, and operation*. Vol. 5th Global ed. Upper Saddle River, N.J. : Pearson.

Miller, I. 2014. *John E. Freund's mathematical statistics with applications*. Vol. 8th ed. / Pearson new international ed. Harlow:: Pearson Education Limited.

Ritzman, L. P. 2003. *Foundations of operations management*. Upper Saddle River:: Prentice Hall.

김근배. 2010. *(의사결정을 위한)마케팅 조사론*. 서울: 무역경영사.

# Service Location

1. 서비스 입지의 중요성
2. 서비스 입지 설정 시 고려 사항
3. 입지 결정 절차
4. 입지 문제의 유형과 입지 결정 기법

CHAPTER

07

# 서비스 입지 설정

(Service Location)

CHAPTER

07

# 서비스 입지 설정
(Service Location)

스타벅스의 입지전략은 흔히 거점과 지점(Hub and Spokes) 전략으로 알려져 있다. 자전거로 설명하면 Hub는 자전거의 중심축에 해당되고 Spokes는 자전거의 부채살에 해당된다. 스타벅스는 이 전략을 활용해 한 지역에 집중적으로 주요 매장을 열고 이후 점차 주변지역으로 확대해 나간다. 이 전략의 좋은 점은 유동인구가 많은 지역에 매장을 집중시켜 단기간에 브랜드 인지도를 높일 수 있다.

심지어 큰 대로를 중심으로 여러 개의 스타벅스 매장이 모여 있는 경우도 있다. 스타벅스는 대형 빌딩 근처, 유동인구가 많은 번화가, 쇼핑센터 또는 역세권 주변에 매장을 중점적으로 내는 전략을 취하고 있다. 그러다 보니 서울 강남에는 스타벅스의 매장이 집중되어 있는 반면 지방의 작은 도시의 경우는 스타벅스 매장이 아예 없다. 이처럼 스타벅스는 충분한 구매력 있는 매니아층이 많은 좋은 지역을 선점해 여기에 다수 매장을 갖고 있다.

## 1 서비스 입지의 중요성

서비스 입지는 서비스 상품과 고객이 만나는 장소로 서비스 시설이 소재하는 위치적 조건이고 동시에 서비스 매출을 결정한다. 특히 위기상황 하에서 서비스 입지는 바로 매출을 결정하는 요인이 되므로 서비스 활동을 수행하기 위한 지리적 위치를 잘 결정하는 것이 중요하다. 여러분이 필요한 서비스를 받기 위한 기업을 선택할 때에는 아마도 쉽게 접근할 수 있는 기업을 선택할 것이다. 서비스를 이용하는 비용이 저렴하더라도 그 기업이 멀리 있다면 여러분은 그 기업을 선택하는 대신 비용을 더 지불하더라도 편리한 위치에 있는 다른 기업을 선택할 것이다.

물론 가구를 사는 경우처럼 여러분이 사는 곳 근처의 가구점보다 가구파는 곳들이 몰려 있는 가구거리를 방문하는 경우도 있을 수 있다. 그리고 여러분이 온라인으로 원하는 서비스를 얻으려고 할 때는 그 기업이 어디에 있는지는 중요하지 않고 여러분이 받고자 하는 서비스를 얼마나 잘 제공하는지가 기업 선택에 있어 중요할 것이다.

이처럼 상황에 따라 기업의 선택이 달라지므로 서비스 기업이 이를 잘 알아두면 고객의 확보에도 도움이 될 것이다. 여기서는 서비스 입지의 중요성 관점에서 사람들이 서비스를 선택할 때 무엇을 중요하게 생각하는지를 알아보고자 한다.

서비스 기업이 추가로 새로운 지점을 개설할 때는 이 새로운 지점이 어디냐에 따라 얻는 성과도 달라질 것이다. 이것은 특히 프랜차이즈 사업을 하려는 서비스 기업에는 중요하다. 프랜차이즈의 사업의 확장에 있어서 확장 후보 지역의 상권과 가구 수도 고려해야 할 것이다. 또한 지나치게 인접한 프랜차이즈 가맹점으로 인해 프랜차이즈 가맹점간 분쟁이 발생하지 않도록 해야 할 것이다.

## 2 서비스 입지 설정 시 고려 사항

서비스 입지결정은 자주 일어나는 일은 아니지만 입지가 결정되면 서비스 기업의 향후 운영에 큰 영향을 미치게 된다. 따라서 입지결정에 있어서 객관적으로 관련 요소들을 고려하여 입지결정을 하여야 한다. 왜냐하면 서비스 입지가 일단 결정되면 그 위치에서 상당 기간 서비스 운영이 이루어지고 여기에 따라 기업의 성과에 중요한 영향을 미치게 되기 때문이다.

입지결정의 기준도 서비스 기업이 영리기업인지 아니면 비영리기업인지에 따라 다를 것이다. 영리기업일 경우는 최대이익을 실현할 있는 곳에 입지를 하려고 할 것이다. 반면 공공기관 같은 비영리기업의 경우 최소의 비용으로 공공 서비스 제공이 유리한 곳에 입지를 정하려 할 것이다. 물론 이러한 경제적 기준 외에도 관습이나 환경 등의 비경제적 기준도 함께 고려되는 경우도 있을 것이다. 앞 절에서 설명한 것처럼 온라인 기반의 서비스 기업에 있어서는 입지결정 문제가 덜 중요하다.

이제 서비스 입지 결정 시 고려할 사항들에 대해 살펴보기로 하자.

### 가. 고객 접근성

고객과의 접촉이 많이 요구되는 서비스 기업의 경우에는 고객과 가까이 있는 것이 중요하다. 물리적인 시설이 아무리 좋아도 고객의 접근이 쉽지 않다면 사업의 실패가능성이 커진다.

### 나. 토지 및 건축비용

서비스 시설의 입지에 따른 토지 및 건축비용도 생각해야 한다.

### 다. 운송비용과 시장 근접성

창고업이나 물류업을 영위하는 서비스 기업의 경우 운송비용과 시장 근접성을 염두에 두어야 한다.

### 라. 경쟁 기업의 입지

이미 경쟁 기업이 확고히 자리를 잡고 있는 경우라면 일반적으로 피하는 것이 좋지만 경우에 따라 경쟁 기업과 함께 있는 것이 유리한 경우도 있다. 앞에서 설명한 가구거리를 포함하여 용산의 전자상가 등을 생각해 볼 수 있다.

### 마. 인근 주거지의 인구나 교통 흐름 등 입지 위치의 특성

소매업의 경우 특히 신경 써야 할 부분이다.

### 바. 대응시간

소방서와 같은 경우 사건 발생시 대응시간이 중요하기 때문에 입지 선정 시 이를 염두에 두어야 한다.

### 사. 기타 요인

기후나 해당 서비스 기업에 대한 지역사회의 태도 그리고 서비스 기업에 종사하는 종업원의 생활여건과 추후 서비스 기업의 성장 시 시설확장도 염두에 둔 입지를 고려해야 한다.

지금까지 설명한 입지요인들이 모두 서비스 입지에 영향을 미치는 것이 아니라 상황에 따라서는 한두 가지가 특히 중요한 영향을 미칠 수도 있다. 그리고 서비스 기업의 규모가 커지고 해외까지 공략하려면 국제 입지를 위한 요인도 고려해야 할 것이다. 국제 입지에 있어서 고려해야 할 요인으로는 해당 서비스를 원하는 시장의 규모와 위치 그리고 사용 언어 등을 생각해 볼 수 있다.

## 3 입지 결정 절차

입지결정의 절차는 일반적으로 서비스 기업의 규모, 서비스 기업이 제공하려는 서비스의 특성, 주변의 서비스기업에 대한 태도 등에 따라 다를 수 있지만 일반적인 절차는 다음과 같다. 먼저 여러 개의 입지 대안이 있을 수 있으므로 이들 입지를 비교하기 이한 평가기준을 도출한다. 이후 각 입지결정 평가기준의 중요성이 다를 수 있으므로 이 입지기준간 중요성을 나타내는 가중치를 파악한다. 다음에는 이 가중치를 고려한 각 입지 대안의 총 평가점수를 계산한다. 마지막으로 이 총 평가점수를 토대로 최적 입지 대안을 선정한다. 최적입지 대안의 선정에 있어서 총 평가점수의 차이가 크지 않는 경우는 추가적인 입지 평가기준을 고려해 최적 입지 대안 간의 차이를 명확히 할 수도 있다.

## 4 입지 문제의 유형과 입지 결정 기법

입지문제의 유형을 살펴보고 이어서 입지결정을 위한 기법들을 다루어 보기로 한다.

### 가. 입지문제의 유형

입지문제의 유형은 크게 지리적 위치의 표현방식, 입지 시설의 수 그리고 최적화 기준으로 구분해 살펴볼 수 있다.

먼저 지리적 위치의 표현방식에 있어서는 입지가능 지역을 평면상에 표시하는 방식과 네트워크상에 표시하는 방식이 있다. 입지가 어디든 가능한 평면상에 표시하는 방식에는 두 지점 간의 직선거리를 고려하는 유클리디안 척도와 도시의 도로를 염두에 둔 메트로폴리탄 척도가 있다. 유클리디안 척도에서는 두 지점 $i$와 $j$사이의 거리 $d_{ij}$는 피타고라스 정리를 이용하여 다음과 같이 정의된다.

$$d_{ij} = \sqrt{(x_i - x_j)^2 + (y_i - y_j)^2}$$

여기서 $(x_i, y_i)$는 지점 $i$의 좌표이며, $(x_j, y_j)$는 지점 $j$의 좌표이다.

메트로폴리탄 척도에서는 도시지역의 동, 서 또는 남, 북 간의 이동을 나타내며 두 지점 사이의 거리는 다음과 같이 정의된다.

$$d_{ij} = |x_i - x_j| + |y_i - y_j|$$

네트워크의 마디(node)에만 입지를 한정하는 네트워크상의 입지는 예를 들어 고속도로의 경우 마디는 교차점에 해당되고 따라서 마디와 마디 사이의 거리는 네트워크상의 선분 길이로 실제 두 지점 사이의 최단경로를 통한 거리에 해당된다.

다음으로 입지 시설의 수에 따라 단일 시설의 입지와 복수 시설의 입지로 나누어 볼 수 있다. 마지막으로 최적화 기준의 경우 민간부문과 공공부문으로 나누어 볼 수 있다. 민간부문의 경우 입지 비용의 최소화나 이익의 최대화를 목표로 입지를 결정하나 공공부문의 경우는 사회적 후생을 최대화하는 것을 목표로 입지가 결정된다.

## 나. 입지문제의 계량적 접근 방법

서비스 시설의 입지선정을 위해 계량적 접근 방법을 사용할 수 있다. 물론 계량적 접근 방법은 계량적으로 측정할 수 있는 것만을 고려한다. 따라서 계량적으로 측정할 수 없는 것들도 있으므로 이를 염두에 두고 계량적 접근 방법이 서비스 입지의 완전한 수단이 아니라 보조수단으로 도움이 된다는 점을 염두에 두어야 한다.

### a. 교차 중앙값 접근법

메트로폴리탄 척도를 이용해 가중된 이동거리를 최소화하는 평면상의 단일 시설의 입지에 사용되는 방법이다. 즉, 단일 시설의 입지 지점이 가중치를 고려한 X축과 Y축의 중앙값 교점에 대응하도록 하는 것이다. 교차 중앙값의 목적함수는 다음과 같이 나타낼 수 있다.

$$Minimize\ \ Z = \sum_{i=1}^{n} w_i(|x_i - x_s| + |y_i - y_s|)$$

여기서, $w_i = i$번째 지점의 가중치
$(x_i, y_i) = i$번째 수요 지점의 좌표
$(x_s, y_s) =$ 입지될 서비스 시설의 좌표
$n =$ 서비스가 제공되는 수요지점의 수

이 목적함수를 X좌표와 관련된 항과 Y좌표와 관련된 항으로 다시 정리하면 다음과 같다.

$$Minimize\ \ Z = \sum_{i=1}^{n} w_i|x_i - x_s| + \sum_{i=1}^{n} w_i|y_i - y_s|$$

중앙값은 절대 편차의 합의 최솟값이므로 최적의 서비스 시설 입지 지점은 다음과 같이 X축에서의 $w_i$의 중앙값인 $x_s$와 Y축에서의 $w_i$의 중앙값인 $y_s$가 된다. 물론 $x_s$와 $y_s$는 주어진 문제에 따라 하나의 지점(X축이나 Y축 모두에 대해 중앙값이 하나로 주어지는 경우)일 수도 있고 일직선상의 한 구간(X축이나 Y축 중 하나에 대해 중앙값이 구간으로 주어지는 경우)일 수도 있고 평면상의 한 지역(X축과 Y축 모두에 대해 중앙값이 구간으로 주어지는 경우)일 수도 있다.

다음의 예를 가지고 교차 중앙값 접근법을 보여주려고 한다.

안암기업은 희망도시에 새로운 대리점을 내려고 한다. 이 도시의 예상 수요업체인 A, B, C, D의 위치를 XY 좌표 평면상에 나타내면 각각 A(4,1), B(1,2), C(2,3), D(3,5)이다. 각 수요업체의 가중치인 잠재수요를 A는 50, B는 70, C는 10, D는 30이라고 하자. 각 수요업체로부터 새로운 대리점으로의 이동거리를 최소화하는 입지를 교차 중앙값 접근법으로 찾아보기로 하자.

입지를 원하는 지역이 희망도시란 도시이므로 메트로폴리탄 척도를 이용하려고 한다. 아래 식을 이용해 중앙값을 계산해보기로 하자.

$$\text{중앙값} = \sum_{i=1}^{n} \frac{w_i}{2}$$

중앙값은 (50+70+10+30)/2=80이다. X좌표의 중앙값 $x_s$를 구하기 위해 서쪽에서 동쪽으로(그림에서 B, C, D, A 순서대로) 그리고 동쪽에서 서쪽으로(그림에서 A, D, C, B 순서대로) 각 수요업체의 가중치를 더해서 80 또는 그 이상의 값이 나올 때까지 계산해 본다. 서쪽으로부터 계산할 경우 수요업체 B의 가중치 70에 수요업체 C의 가중치 10을 더하면 80이 된다. 다시 동쪽으로부터 계산할 경우에는 수요업체 A의 가중치 50에 수요업체 D의 가중치 30을 더하면 80이 된다. 따라서 이 둘을 종합하면 X축에서 볼 때 새로운 대리점의 입지는 2와 3사이의 구간에 있게 된다. 마찬가지로 Y좌표의 중앙값 $y_s$를 구하기 위해 남쪽에서 북쪽으로(그림에서 A, B, C, D 순서대로) 그리고 북쪽에서 남쪽으로(그림에서 D, C, B, A 순서대로) 각 수요업체의 가중치를 더해서 80 또는 그 이상의 값이 나올 때까지 계산해 본다. 남쪽으로부터 계산할 경우 수요업체 A의 가중치 50에 수요업체 B의 가중치 70을 더하면 120이 되어 80을 초과하므로 수요업체 B에서 중앙값이 결정된다. 다시 북쪽으로부터 계산할 경우에는 수요업체 D의 가중치 30에 수요업체 C의 가중치 10과 수요업체 B의 가중치 70을 더하면 110이 된다. 따라서 수요업체 B에서 중앙값이 결정된다. 이 둘을 종합하면 Y축에서 볼 때 새로운 대리점의 입지는 2의 위치에 있게 된다(그림에서 주어지는 선분이 새로운 대리점의 입지가능 구간이 된다).

그림 7.1 새로운 대리점의 입지 가능 구간

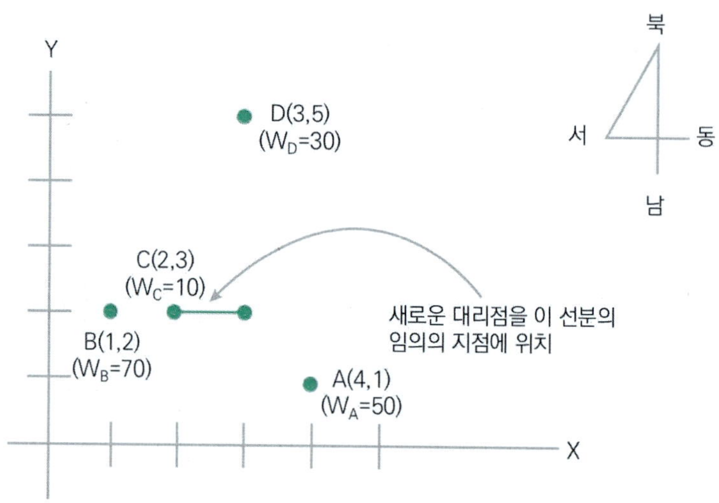


### b. 소매점 입지 모형

소매점 입지의 경우 이익극대화를 목적으로 하므로 이익창출 가능성이 높은 지역에 입지시키려고 할 것이다. Huff (1964)는 소매점의 규모와 입지에 따라 고객이 얻는 이득을 보여주는 중력 모형을 사용하여 소매점 입지 모형을 개발했다.

중력 모형은 중력이 두 물체 질량의 곱에 비례하고 거리의 제곱에 반비례한다는 물리학의 이론에 기초를 두고 있다. 서비스에 있어서도 시설의 매력도(attractiveness)를 다음과 같이 표현할 수 있다.

$$A_{ij} = \frac{S_j}{T_{ij}^{\lambda}}$$

여기서, $A_{ij}$ = 고객 $i$에 있어서 시설 $j$의 매력도

$S_j$ = 시설 $j$의 규모

$T_{ij}$ = 고객 $i$로부터 시설 $j$까지의 거리

$\lambda$ = 다양한 종류의 쇼핑에 미치는 이동거리의 영향을 경험적으로 추정한 계수

Huff는 고객이 경쟁업체에도 매력을 느낀다는 사실을 염두에 두고 지역 $i$의 고객이 소

매점 $j$를 이용할 확률 $P_{ij}$을 제안했다. 즉, n개의 소매점이 있을 때 $P_{ij}$는 지역 $i$의 고객이 소매점 $j$를 이용할 확률이다.

$$P_{ij} = \frac{A_{ij}}{\sum_{j=1}^{n} A_{ij}}$$

$E_{jk}$는 소매점 $j$에서 상품군 $k$에 대한 고객 지출의 추정치로서 다음과 같이 계산된다.

$$E_{jk} = \sum_{i=1}^{m} (P_{ij} C_i B_{ik})$$

여기서, $C_i$ = 지역 $i$의 고객의 수

$B_{ik}$ = 지역 $i$의 고객이 상품군 $k$에 지출하는 평균 예산

$m$ = 지역의 수

$M_{jk}$는 소매점 $j$의 상품군 $k$에 대한 시장점유율의 추정치로서 다음과 같이 계산된다.

$$M_{jk} = \frac{E_{jk}}{\sum_{i=1}^{m} E_{ik}}$$

위의 절차를 이용해 다양한 규모의 소매점에 대해서 입지 후보지의 연간 기대 이익을 계산할 수 있다. 이 계산 결과를 가지고 소매점의 규모에 따라 이익을 극대화할 수 있는 예상 입지 목록을 만들 수 있고 여기서 연간 이익을 극대화하는 입지를 선택하면 된다. 다음의 예를 통해 Huff의 소매점 입지 모형이 어떻게 적용되는지 살펴보자.

앞의 교차 중앙값 접근법의 예에서 수요업체의 위치들 중 수요업체 D가 있는 곳에 현재 소매점이 입지해 있다고 하자. 이제 소매업체 B가 있는 지역에 수요업체 D가 있는 곳의 소매점보다 규모가 세 배가 큰 새로운 소매점이 들어올 예정이라고 한다. 월간 평균 고객들의 소비 지출은 6만원이라고 하자. 이제 $\lambda$를 2라고 할 때 메트로폴리탄 거리척도를 이용해 수요업체 B가 있는 곳에 새로운 소매점이 들어설 경우 수요업체 D가 있는 곳의 소매점이 얻게 될 월간 매출 및 시장점유율을 산출해보기로 하자. 참고로 수요업체 A, B, C, D가 있는 곳의 인구 수(단위: 천명)를 A는 5, B는 7, C는 1, D는 3이라고 하자.

답을 얻기 위해 먼저 메트로폴리탄 척도를 이용해 이동거리(단위 km) $T_{ij}$를 다음과 같이

계산한다.

| 시설 위치($j$) | 고객 위치($i$) | | | |
|---|---|---|---|---|
| | A | B | C | D |
| 신규 소매점 B | 4 | 0 | 2 | 5 |
| 기존 소매점 D | 5 | 5 | 3 | 0 |

이제 $\lambda=2$를 이용해 매력도 $A_{ij}$를 다음과 같이 계산한다. 참고로 신규 소매점이 있는 B(이 경우 소매점의 규모가 3배이므로 $S=3$)에 대한 A의 매력도는 다음과 같이 계산된다.

$$A_{AB}=\frac{S_B}{T_{AB}^{\lambda}}=\frac{S_B}{T_{AB}^{2}}=\frac{3}{4^2}=0.1875$$

같은 방식으로 계산해 결과를 표로 정리하면 다음과 같다. 동일한 지역에 해당되는 경우는 분모의 $T_{ij}=0$이므로 매력도는 무한대가 되고 신규 소매점과 기존 소매점은 상호 고려할 필요가 없어 (−)로 표시해 둔다.

| 시설 위치($j$) | 고객 위치($i$) | | | |
|---|---|---|---|---|
| | A | B | C | D |
| 신규 소매점 B($S_B=3$) | 0.1875 | | 0.75 | - |
| 기존 소매점 D($S_D=3$) | 0.04 | - | 0.1111 | |
| 매력도 합계 | 0.2275 | | 0.8611 | |

다음으로 $P_{ij}$를 계산한다. 참고로 A에 있는 고객이 소매점 B를 이용할 확률은 $P_{AB}$로 다음과 같이 계산한다.

$$P_{AB}=\frac{A_{AB}}{\sum_{j=1}^{n}A_{Aj}}=\frac{A_{AB}}{A_{AB}+A_{AD}}=\frac{0.1875}{0.1875+0.04}=0.8242$$

같은 방식으로 계산해 결과를 표로 정리하면 다음과 같다.

| 시설 위치($j$) | 고객 위치($i$) | | | |
|---|---|---|---|---|
| | A | B | C | D |
| 신규 소매점 B | 0.8242 | 1.0 | 0.8710 | 0 |
| 기존 소매점 D | 0.1758 | 0 | 0.1290 | 1.0 |

다음으로 고객 지출의 추정치 $E_{jk}$를 구한다. 참고로 소매점 B에서 상품군 $k$에 대한 고객 지출의 추정치는 다음과 같이 계산한다. 참고로 상품군이 하나이므로 계산에서 $k$는 신경 쓰지 않아도 된다.

$$E_{Bk} = \sum_{i=1}^{m}(P_{iB}C_iB_{ik}) = P_{AB}C_AB_{Ak} + P_{BB}C_BB_{Bk} + P_{CB}C_CB_{Ck}$$

$$= 0.8242 \times 5000 \times 60000 + 1.0 \times 7000 \times 60000 + 0.8710 \times 1000 \times 60000$$

$$= 719{,}700{,}000$$

$$= 719{,}700(\text{단위: 천원})$$

같은 방식으로 계산한 결과가 아래 표의 오른편에서 두 번째 열에 주어져 있다. 이 표에서는 참고로 각 고객 위치 별로도 고객 지출의 추정치를 표의 왼편에서 보여주고 있다.

끝으로 소매점의 시장점유율 $M_{jk}$를 구한다. 참고로 소매점 B에서 상품군 $k$의 시장점유율은 다음과 같이 계산한다. 여기서도 상품군이 하나이므로 계산에서 $k$는 신경 쓰지 않아도 된다.

$$M_{Bk} = \frac{E_{Bk}}{E_{Bk} + E_{Dk}} = \frac{719700}{719700 + 240480} = 0.7495 = 74.95\%$$

같은 방식으로 계산한 결과가 아래 표의 제일 오른편의 열에 주어져 있다.

| 구역 | | | | | | |
|---|---|---|---|---|---|---|
| 시설 위치($j$) | 고객 위치($i$) | | | | 월간 매출 합계 | 시장점유율(%) |
| | A | B | C | D | | |
| 신규 소매점 B | 247,440 | 420,000 | 52,260 | 0 | 719,700 | 74.95 |
| 기존 소매점 D | 52,740 | 0 | 7,740 | 180,000 | 240,480 | 25.05 |
| 합계 | 300,180 | 420,000 | 60,000 | 180,000 | 960,180 | 100 |

따라서 구하고자 하는, 수요업체 B가 있는 곳에 새로운 소매점이 들어설 경우 수요업체 D가 있는 곳의 소매점이 얻게 될 월간 매출은 240,480(단위: 천원)이고 시장점유율은 25.05%이다.

#### c. 요인평가법

요인평가법은 질적 요인까지 고려하여 서비스 입지의 대안을 비교해 최적대안을 선택하게 해 준다. 요인평가법의 절차는 다음과 같다. 1) 서비스 시설에 있어 고려하여야 할 입지요인들을 선정한다. 2) 선정된 입지요인들의 중요도에 따라 가중치를 부여한다. 가중치 부여시 주의할 점은 가중치의 합이 1이 되도록 하는 것이다. 3) 각각의 입지 대안들에 대해 입지요인별로 점수를 부여한다. 입지요인별로 10점 또는 100점 만점으로 하여 각각의 입지 대안들에 해당하는 점수를 부여하는 것이 일반적이다. 4) 각각의 입지대안들에 대해 입지요인별로 해당 점수와 가중치를 곱하여 가중점수를 구한 다음 이 결과를 모두 합하여 총점수를 구한다. 5)총점수가 가장 높은 입지를 최적입지로 선정한다.

다음은 요인평가법을 보여주고 있다. 서비스 시설의 입지 후보지로 갑과 을을 고려하고 있다. 각 후보지를 비교하기 위한 입지기준들은 중요도 순으로 주변 유동인구, 종업원 확보 용이성, 단위면적당 건축비용과 해당 기업에 대한 지역사회의 태도라고 하자. 앞에서 설명한 요인평가법을 따른 계산 결과가 아래의 표에 주어져 있다.

| 입지요인 | 가중치 | 점수 | | 가중점수 | |
|---|---|---|---|---|---|
| | | 갑 | 을 | 갑 | 을 |
| 주변 유동인구 | 0.45 | 100 | 80 | | |
| 종업원 확보 용이성 | 0.25 | 90 | 80 | | |
| 단위면적당 건축비용 | 0.20 | 70 | 90 | | |
| 해당 기업에 대한 지역사회의 태도 | 0.10 | 50 | 80 | | |
| 계 | 1.00 | | | 86.5 | 82 |

#### d. 수송해법

수송해법은 여러 개의 공급지와 여러 개의 수요지 사이의 수송 경로에 최적 수송량을 결정하는 문제에 사용된다. 이 해법은 기존의 공급지와 수요지에 새로운 공급지나 수요지가 추가되어도 동일하게 적용될 수 있어 입지결정에도 이용될 수 있다. 즉, 신설하려는 입지가 공급목적의 입지의 경우 기존의 수송 시스템에 공급지를 하나 더 추가하면 되고, 수요목적의 입지라면 수요지를 하나 더 추가하면 된다. 전국에 여러 개 공급지가 있는 서비스 기업에서 여러 개의 수요지로 서비스 물품을 최소비용을 들여 수송할 경우에도 수송해법이 사용될 수 있다. 수송해법에서 다룰 상황을 그림으로 나타내면 다음과 같다.

그림 7.2 수송해법의 적용 가능 문제

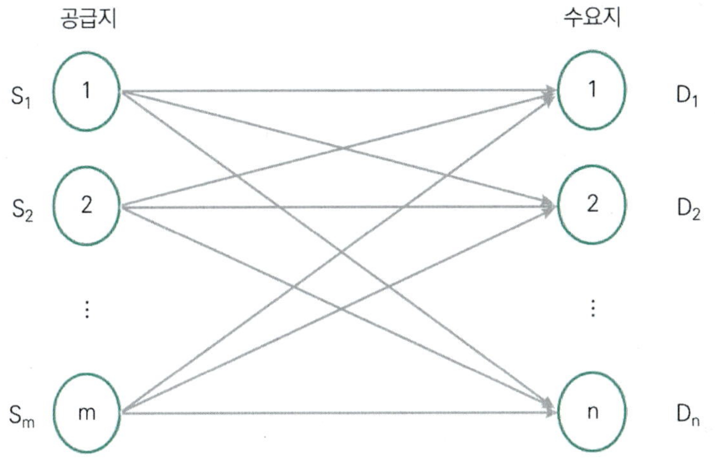


이를 수송해법을 적용하기 위한 수학적 모형으로 나타내면 다음과 같다.

$$Min \sum_{i=1}^{m} \sum_{j=1}^{n} c_{ij} x_{ij}$$

s.t.

$$\sum_{j=1}^{n} x_{ij} \le S_i, \quad i = 1, \ldots, m$$

$$\sum_{i=1}^{n} x_{ij} \ge D_j, \quad j = 1, \ldots, n$$

$$x_{ij} \ge 0, \quad i = 1, \ldots, m, \quad j = 1, \ldots, n$$

여기서 각각의 변수는 다음을 의미한다.

$c_{ij}$ = 공급지 $i$에서 수요지 $j$까지 제품 1단위 수송하는데 드는 수송비용

$x_{ij}$ = 공급지 $i$에서 수요지 $j$까지 수송되는 제품의 양

$S_i$ = 공급지 $i$에서의 공급량

$D_j$ = 수요지 $i$에서의 수요량

물론 $c_{ij}$는 음수가 될 수 없다. 수학적 모형에서 제일 위의 식은 목적함수로서 각각의 공급지에서 각각의 수요지로의 수송량에 따른 모든 수송비용을 최소화하려고 한다. 수학적 모형에서 두 번째와 세 번째 식 그리고 마지막의 식은 제약식으로서 제약식 앞에 있는 s.t.은 subject to를 의미한다. 즉, 목적함수인 총수송비용을 최소화하되 제약조건을 충족시키면서 총비용을 최소화해야 한다는 것으로 제약식을 염두에 두어야 함을 의미한다. 여기서 공급지에서 수요지로의 수송량인 $x_{ij}$ 또한 음수가 될 수 없다. 따라서 제약식을 고려하지 않고 목적함수만 고려한다면 $x_{ij}=0$이다. 이는 서비스 기업이 아무 행동도 하지 않음을 의미하는데 이는 제약식으로 인해 일어나지 않는다. 두 번째 제약식은 공급지 $i$에서 각각의 수요지로 가는 양들의 총합은 공급지 $i$에서 공급된 양인 $S_i$보다 같거나 작아야 함을 의미한다. 이 제약식만 있다면 여전히 $x_{ij}=0$이 답이다. 그러나 세 번째 제약식을 고려하면 더 이상 $x_{ij}=0$이 될 수 없다. 왜냐하면 세 번째 제약식은 각각의 공급지에서 수요지 $j$로 오는 양은 수요지 $j$가 필요로 하는 수요량 $D_j$보다는 같거나 커야하기 때문이다.

수송해법을 적용하는 절차는 다음과 같다. 1) 정의된 문제와 관련한 수송 표를 만든다. 2) 초기 실행가능해(각 공급지에서 각 수요지로의 수송량이 음수가 아닌 초기의 실행가능해)를 북서코너법(수송 표의 제일 왼쪽 위로부터 제일 오른쪽 아래까지 해당 공급량과 수요량을 비교하여 할당해 나가는 방법으로 초기 실행가능해를 쉽게 찾게 해줌)을 이용하여 찾는다 3) 현재의 해가 최적해인지(최적해는 다음 단계에서 설명하는 향상지수에 더 이상 음의 값이 없을 때임) 확인한다. 4) 만일 현재의 해가 최적해가 아니면 현재 공급량이 할당되지 않은 부분들을 고려하여 향상지수(자신으로부터 출발하여 자신에게 돌아오는 새로운 폐쇄경로를 고려함으로써 전체 수송비용이 감소할 여지가 있는지를 알려주는 값)를 구하고 이 값이 음수(여러 개의 음수가 나타나면 이 중 가장 큰 음수를 갖는 부분을 고려하는 것이 총 수송비용을 가장 감소시킬 가능성이 있음)이면 새로운 실행가능해를 구한다. 다시 3)으로 돌아가 최적해인지 확인하고 최적해가 아니면 다시 4)를 실행하는 식으로 최적해를 구할 때까지 반복하면 된다. 이를 그림으로 나타내면 다음과 같다.

그림 7.3 수송해법의 풀이 과정

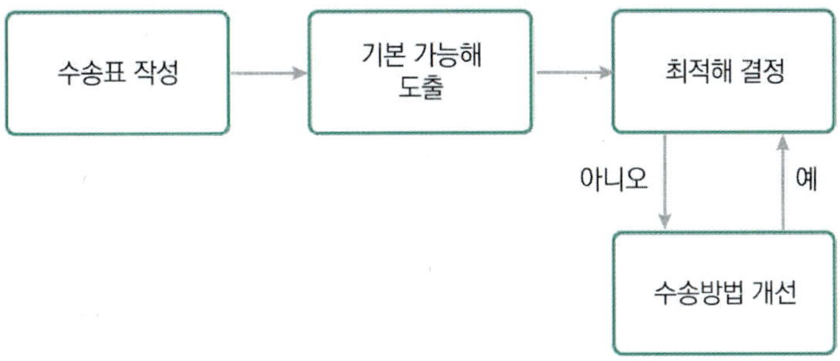


이 과정은 다음의 예를 통해 자세히 설명할 것이다.

서비스 기업인 안암유통은 3개의 공급지 A, B, C와 4개의 소매점 가, 나, 다, 라 사이의 수송과 관련된 총 수송비용을 최소화하려고 한다. 공급지 A, B, C의 공급량은 각각 1100, 500, 300이고 소매점 가, 나, 다, 라의 수요량은 각각 400, 800, 600, 100이다. 그리고 각 공급지에서 각 소매점으로의 관련 수송비용은 해당되는 칸의 작은 네모안에 주어져 있다. 이를 정리하면 다음과 같다.

그림 7.4 안암유통의 수요 및 공급 관련 수송표

| 공급지 \ 소매점 | 가 | 나 | 다 | 라 | 공급량 |
|---|---|---|---|---|---|
| A | 2 | 4 | 3 | 3 | 1100 |
| B | 8 | 3 | 2 | 2 | 500 |
| C | 7 | 2 | 9 | 2 | 300 |
| 수요량 | 400 | 800 | 600 | 100 | 1900 |

먼저 초기가능해를 구하기 위해 북서코너법을 적용해 보자. 위의 수송표의 가장 북서쪽에 해당하는 A-가부터 시작하여 수송량을 할당해 나갈 것이다. A-가에는 공급량 1100과

수요량 400중 수요량 400만큼을 할당한다. A의 공급량 1100 중 A－가에 400을 할당하고 남은 공급량인 700은 A－나에 할당할 것이다. 그러면 나의 수요량 800 중 아직 할당 받지 못한 100은 B의 공급량 500을 이용해 할당한다. 즉, B－나에 100이 할당된다. 같은 방식으로 계속 할당해 나갈 경우 다음 표와 같은 결과를 얻게 된다. 이때의 총수송비용은 $2 \times 400 + 4 \times 700 + 3 \times 100 + 2 \times 400 + 9 \times 200 + 2 \times 100 = 6700$이다.

이 값이 최적해인지를 확인하기 위해 할당되지 않은 ①부터 ⑥까지에 대해 각각 폐쇄경로를 통한 향상지수를 구하면 다음과 같다.

| 공급지 \ 소매점 | 가 | 나 | 다 | 라 | 공급량 |
|---|---|---|---|---|---|
| A | [2] 400 | [4] 700 | [3] ④ | [3] ⑤ | 1100 |
| B | [8] ① | [3] (−) 100 | [2] (+) 400 | [2] ⑥ | 500 |
| C | [7] ② | [2] (+) ③ | [9] 200 (−) | [2] 100 | 300 |
| 수요량 | 400 | 800 | 600 | 100 | 1900 |

d① = +8 -2 +4 -3 = 7
d② = +7 -2 +4 -3 +2 -9 = -1
d③ = +2 -3 +2 -9 = -8
d④ = +3 -4 +3 -2 = 0
d⑤ = +3 -4 +3 -2 +9 -2 = 7
d⑥ = +2 -2 +9 -2 = 7

이 중 제일 큰 음수인 －8을 갖는 ③을 이용해 새로운 실행가능해를 구한다(이해를 돕기 위해 여기에 대한 폐쇄경로를 점선으로 나타내었다). 여기서 d③의 값이 －8이라는 것은, C－나에 새로이 수송량을 할당하면 할당하는 한 단위당 －8만큼 수송비를 절감할 수 있다는 의미한다. 여기에 수송량이 늘어난 만큼 관련 행과 열의 값은 줄어들어야 할 것이다. 이 때 줄어드는 양은 폐쇄경로의 (－)로 표시되는 값인 100과 200 중 작은 값인 100이 될 것이다(참고로 작은 값이 아닌 경우 새로이 구한 수송량이 음수가 되어 버림을 유의하자).

이를 반영한 새로운 수송표가 아래에 주어져 있다(표에서 ○로 표시된 수치들은 변경된 새로운 수송량을 보여준다).

| 공급지 \ 소매점 | 가 | 나 | 다 | 라 | 공급량 |
|---|---|---|---|---|---|
| A | [2] 400 | [4] 700 (−) | [3] ④ (+) | [3] ⑤ | 1100 |
| B | [8] ① | [3] ③ | [2] (500) | [2] ⑥ | 500 |
| C | [7] ② | [2] (100) (+) | [9] (100) (−) | [2] 100 | 300 |
| 수요량 | 400 | 800 | 600 | 100 | 1900 |

새로이 얻은 값들이 최적해인지를 확인하기 위해 앞과 같이 할당되지 않은 곳에 대한 향상지수를 구하면 다음과 같다.

d① = +8 −2 +4 −2 +9 −2 = 15　　d② = +7 −2 +4 −2 = 7

d③ = +3 −2 +9 −2 = 8　　d④ = +3 −9 +2 −4 = −8

d⑤ = +3 −4 +2 −2= −1　　d⑥ = +2 −2 +9 −2 = 7

여전히 음수가 있고 이는 총수송비용이 더 감소할 수 있음을 의미한다. 따라서 음수 중 가장 큰 음수인 −8에 대해 폐쇄경로를 표시하면 위의 표의 점선으로 표시한 부분과 같다. ④에 해당하는 A−다에 수송량이 늘어난 만큼 관련 행과 열의 값은 줄어들어야 할 것이다. 이 때 줄어드는 양은 폐쇄경로의 (−)로 표시되는 값인 100과 700중 작은 값인 100이 될 것이다.

이를 반영한 새로운 수송표가 아래에 주어져 있다(표에서 ○로 표시된 수치들은 변경된 새로운 수송량을 보여준다).

| 공급지 \ 소매점 | 가 | 나 | 다 | 라 | 공급량 |
|---|---|---|---|---|---|
| A | [2] 400 | [4] (600) (−) | [3] (100) | [3] (+) ⑤ | 1100 |
| B | [8] ① | [3] ③ | [2] 500 | [2] ⑥ | 500 |
| C | [7] ② | [2] (200) (+) | [9] ④ | [2] (−) 100 | 300 |
| 수요량 | 400 | 800 | 600 | 100 | 1900 |

새로이 얻은 값들이 최적해인지를 확인하기 위해 앞과 같이 할당되지 않은 곳에 대한 향상지수를 구하면 다음과 같다.

d① = +8 -2 +3 -2 = 7　　　　d② = +7 -2 +4 -2 = 7
d③ = +3 -4 +3 -2 = 0　　　　d④ = +9 -2 +4 -3 = 8
d⑤ = +3 -4 +2 -2= -1　　　　d⑥ = +2 -2 +3 -4 + 2 - 2 = -1

여전히 음수가 있고 이는 총수송비용이 더 감소할 수 있음을 의미한다. 이 경우 음수 값이 같으므로 어떤 것을 선택해도 되므로 ⑤를 선택하여 폐쇄경로를 표시하면 위의 표의 점선으로 표시한 부분과 같다. ⑤에 해당하는 A－라에 수송량이 늘어난 만큼 관련 행과 열의 값은 줄어들어야 할 것이다. 이 때 줄어드는 양은 폐쇄경로의 (－)로 표시되는 값인 600과 100 중 작은 값인 100이 될 것이다.

이를 반영한 새로운 수송표가 아래에 주어져 있다(표에서 ○로 표시된 수치들은 변경된 새로운 수송량을 보여준다).

| 공급지 \ 소매점 | 가 | 나 | 다 | 라 | 공급량 |
|---|---|---|---|---|---|
| A | [2] 400 | [4] (500) | [3] 100 | [3] (100) | 1100 |
| B | [8] ① | [3] ③ | [2] 500 | [2] ⑥ | 500 |
| C | [7] ② | [2] (300) | [9] ④ | [2] ⑤ | 300 |
| 수요량 | 400 | 800 | 600 | 100 | 1900 |

새로이 얻은 값들이 최적해인지를 확인하기 위해 앞과 같이 할당되지 않은 곳에 대한 향상지수를 구하면 다음과 같다.

d① = +8 -2 +3 -2 = 7　　　　d② = +7 -2 +4 -2 = 7
d③ = +3 -4 +3 -2 = 0　　　　d④ = +9 -2 +4 -3 = 8
d⑤ = +2 -2 +4 -3= 1　　　　d⑥ = +2 -2 +3 -3 = 0

이제 음의 향상지수가 없으므로(즉, 총수송비용을 더 이상 개선할 여지가 없으므로) 이 값이 최적해이다. 정리하면 최적해는 A－가에 수송량 400, A－나에 수송량 500, A－다에 수송량 100, A－라에 수송량 100, B－다에 수송량 500, C－나에 수송량 300이 되고 이때의 총수송비용은 5000이다. 앞의 초기실행가능해와 비교하면 1700만큼의 수송비용의 절감이 이루어졌다. 즉, 6700－5000＝1700이다.

### e. 회귀모형

회귀모형은 독립변수와 종속변수 사이의 관계를 파악하여 종속변수의 값을 독립변수를 이용해 설명하고 특정 독립변수에 대한 종속변수의 값을 예측하는 통계적 기법이다. 이 회귀모형이 서비스 시설의 입지를 결정하기 위해 사용될 수 있다.

기존 시설에 추가해 새로운 시설의 입지를 결정하기 위해 시설의 매출에 기여하는 독립변수가 무엇인지를 파악하고 이 중 어떤 독립변수가 시설의 매출에 가장 큰 영향을 미치는지를 분석하는 것이 중요하다. 독립변수로는 서비스 시설의 규모, 가격, 접근 용이성, 제공 서비스의 수 등을 생각해 볼 수 있다. 회귀모형을 사용하기 위해서는 아무리 독립변수와 종속변수를 잘 정했다 하더라도 여기에 대한 데이터가 없으면 회귀모형을 적용할 수가 없다. 따라서 회귀모형의 적용을 위해서는 데이터의 확보가 가장 중요하다 할 수 있다.

다음의 예를 고려해 보자. 기존 10개의 숙박 시설에 대한 독립변수로 시설의 규모(단위: 평), 가격(숙박료로 단위: 천원), 접근 용이성(10점 만점으로 평가)이 주어져 있고 종속변수로 매출(단위: 억원)이 주어져 있다. 매출에 가장 큰 영향을 미치는 독립변수가 무엇인지를 찾아보라.

|  | A | B | C | D | E |
|---|---|---|---|---|---|
| 1 | 시설의 규모 | 가격 | 접근 용이성 | 매출 |  |
| 2 | 500 | 60 | 6 | 9 |  |
| 3 | 525 | 65 | 5 | 11 |  |
| 4 | 550 | 62 | 7 | 12 |  |
| 5 | 540 | 72 | 5 | 14 |  |
| 6 | 560 | 67 | 6 | 15 |  |
| 7 | 550 | 73 | 7 | 17 |  |
| 8 | 580 | 72 | 8 | 20 |  |
| 9 | 600 | 82 | 9 | 23 |  |
| 10 | 610 | 83 | 8 | 24 |  |
| 11 | 620 | 87 | 9 | 27 |  |
| 12 |  |  |  |  |  |

다음과 같이 엑셀에서 회귀분석을 선택하고 확인을 누르면 아래와 같이 대화상자가 나타나는데 여기에 독립변수와 종속변수 그리고 출력범위를 지정하고 확인을 누르면 아래와 같이 대화상자가 나타나는데 여기에 독립변수와 종속변수 그리고 출력범위를 지정하고 확인을 누르면 다음 결과를 얻게 된다.

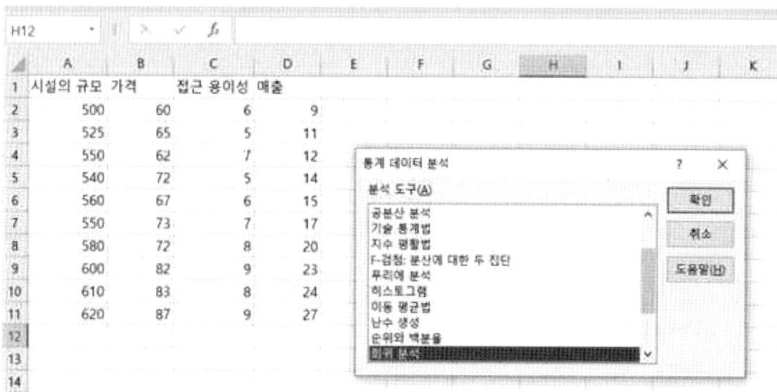

요약 출력

| 회귀분석 통계량 | |
|---|---|
| 다중 상관: | 0.993897 |
| 결정계수 | 0.987832 |
| 조정된 결: | 0.981747 |
| 표준 오차 | 0.820067 |
| 관측수 | 10 |

분산 분석

| | 자유도 | 제곱합 | 제곱 평균 | F 비 | 유의한 F |
|---|---|---|---|---|---|
| 회귀 | 3 | 327.5649 | 109.1883 | 162.3594 | 3.92E-06 |
| 잔차 | 6 | 4.03506 | 0.67251 | | |
| 계 | 9 | 331.6 | | | |

| | 계수 | 표준 오차 | t 통계량 | P-값 | 하위 95% | 상위 95% | 하위 95.0% | 상위 95.0% |
|---|---|---|---|---|---|---|---|---|
| Y 절편 | -44.4867 | 6.868846 | -6.47659 | 0.000644 | -61.2941 | -27.6792 | -61.2941 | -27.6792 |
| 시설의 규! | 0.058884 | 0.021177 | 2.780648 | 0.03197 | 0.007067 | 0.110702 | 0.007067 | 0.110702 |
| 가격 | 0.326023 | 0.069978 | 4.658961 | 0.003471 | 0.154794 | 0.497251 | 0.154794 | 0.497251 |
| 접근 용이: | 0.704838 | 0.350026 | 2.013676 | 0.090691 | -0.15164 | 1.56132 | -0.15164 | 1.56132 |

결과를 보면 가운데 분산 분석(Analysis of Variance: ANOVA)표를 보면 유의한 F 아래의 p값이 거의 0에 가까워 선택한 회귀모형이 통계적으로 유의함을 보여준다. 또한 제일 아래 표를 보면 각각의 독립변수인 시설의 규모, 가격 그리고 접근 용이성에 대한 p값도 모두 0.1보다 작아 선택한 독립변수들이 통계적으로 유의함을 알 수 있다. 최종적으로 우리가 구하구자 하는 회귀모형은 제일 아래 표의 계수들을 이용해 다음과 같이 나타낼 수 있다.

$$\hat{Y} = -44.4867 + 0.058884 \times \text{시설의 규모} + 0.326023 \times \text{가격} + 0.704838 \times \text{접근용이성}$$

따라서 매출에 접근용이성이 가장 큰 영향(독립변수들에 대한 계수들 중 제일 값이 큼)을 미침을 알 수 있다. 따라서 추가로 시설 입지를 선택하는 경우에 접근용이성을 가장 염두에 두어야 할 것이다.

## Takeaways

- 서비스 입지는 서비스 상품과 고객이 만나는 장소로 서비스 시설이 소재하는 위치적 조건이고 동시에 서비스 매출을 결정한다. 따라서 이를 염두에 두고 서비스 입지를 결정하는 것이 중요하다.
- 서비스 입지 시 고려되는 요인에는 고객 접근성, 토지 및 건축비용, 운송비용과 시장 근접성, 경쟁 기업의 입지, 인근 주거지의 인구나 교통 흐름 등 입지 위치의 특성, 대응시간 등이 있다.
- 입지결정의 절차는 일반적으로 입지를 비교하기 위한 평가기준을 도출하고, 평가기준간 중요성을 나타내는 가중치를 파악하고, 이 가중치를 고려한 각 입지 대안의 총 평가점수를 계산하고, 이 총 평가점수를 토대로 최적 입지 대안을 선정한다.
- 입지문제의 유형은 크게 지리적 위치의 표현방식, 입지 시설의 수 그리고 최적화 기준으로 구분해 살펴볼 수 있다. 먼저 지리적 위치의 표현방식에 있어서는 입지가능 지역을 평면상에 표시하는 방식과 네트워크상에 표시하는 방식이 있다. 다음으로 입지 시설의 수에 따라 단일 시설의 입지와 복수 시설의 입지로 나누어 볼 수 있다. 마지막으로 최적화 기준의 경우 민간부문과 공공부문으로 나누어 볼 수 있다.
- 입지문제의 계량적 접근 방법에는 교차 중앙값 접근법, 소매점 입지 모형, 요인평가법, 수송해법과 회귀모형이 있다. 교차 중앙값 접근법은 메트로폴리탄 척도를 이용해 가중된 이동거리를 최소화하는 평면상의 단일 시설의 입지에 사용된다. 소매점 입지 모형은 소매점의 규모와 입지에 따라 고객이 얻는 이득을 보여주는 중력 모형을 사용한 Huff의 모형이다. 요인평가법은 질적 요인까지 고려하여 서비스 입지의 대안을 비교해 최적대안을 선택할 수 있다. 수송해법은 여러 개의 공급지와 여러 개의 수요지 사이의 수송 경로에 최적 수송량을 결정하는 문제에 사용되는데 이는 기존의 공급지와 수요지에 새로운 공급지나 수요지가 추가되어도 동일하게 적용될 수 있어 입지결정에도 이용된다. 회귀모형은 기존 시설에 추가해 새로운 시설의 입지를 결정하기 위해 시설의 매출에 기여하는 독립변수가 무엇인지를 파악하고 이 중 어떤 독립변수가 시설의 매출에 가장 큰 영향을 미치는 지를 분석해 준다.

## Reference

Huff, D. L. 1964. Defining and estimating a trading area. *Journal of marketing* 28 (3):34–38.

# Servitization

CHAPTER 08

# 제조업의 서비스화

## (Servitization)

CHAPTER 08

# 제조업의 서비스화 (Servitization)

서비타이제이션은 우리가 사회에서 흔히 볼 수 있지만 정확한 개념이나 현상 또는 발생 이유에 대해 알고 있는 경우는 많지 않다. 실제로 산업에서 서비타이제이션이라는 단어를 사용하거나 학계에서 연구되는 경우도 아직은 미미한 실정이다. 그러나 과거부터 현재까지 회사들은 자연스럽게 서비타이제이션을 실행하고 있다. 이러한 서비타이제이션을 위기에 대응하고 기업들의 미래를 위한 성장전략으로 어떻게 사용할 수 있는지 소개하고 기업 사례들을 살펴보자.

## 1 산업 변화에 대한 이해

### 가. 제조업의 변화

제조업은 노동력, 에너지, 자본, 시간 등의 투입으로 원재료를 가공하여 제품이라는 산출물로 변환하는 산업이다. 제조업은 2차 산업으로 분류되며 성장을 위해서는 품질개선, 비용절감, 기술혁신 등의 노력이 필요하고, 경쟁력 확보를 위해 설비에 대한 투자, 신기술에 대한 연구 등에 자본을 투자할 필요가 있다. 이중에서도 기술의 발전은 시간, 자본 및 기술인력의 부족 등으로 인하여 많은 기업들이 한계점에 도달한다. 그럼에도 불구하고 많은 돈과 시간을 들여 개발한 신기술이 경쟁사에서 먼저 등장하는 경우도 있다.

시간이 흐르고 사회 전반적으로 다양한 기술이 발전하며 소비자들은 더 뛰어난 성능의 제품을 더 싼 가격에 구매할 수 있게 되었다. 이러한 기술의 발전은 경쟁 회사와의 제품 차별화를 더욱 힘들게 만들었다. 가정용 잉크젯 프린터는 다양한 기업에서 출시되고 있는데 일반적인 기능면에서 프린터 간의 우열을 가리기가 힘들다. 기업들은 가격 하락으로 시장이 확대되었음에도 불구하고 원가절감이나 소모품의 판매 등을 통한 수익창출만으로는 수익성 증가에 어려움을 겪게 되었다. 프린터의 가격을 낮추고 잉크와 토너를 판매하여 수익성을 확보하거나 면도기 본체보다 면도날이 더 비싼 경우를 생각할 수 있다. 경쟁 회사와 기술력의 차이가 나서 제품의 성능이 부족한 경우에는 색다른 제품이나 서비스 또는 선제적 서비스를 통해 경쟁력을 확보할 수도 있다. 예를 들면 경쟁사의 제품보다 더 긴 보증기간을 약속하거나 '고객이 만족하지 못하면 100% 환불'과 같은 광고를 하는 회사들을 생각해 볼 수 있다.

## 나. 제조업과 서비스업의 융합

융합의 사전적인 의미는 다른 종류의 것이 녹아서 서로 구별이 없게 하나로 합쳐지는 것이다. 산업적인 시각에서 본다면 두 가지 또는 그 이상의 기술, 제품 및 서비스 등이 하나로 합쳐지는 것을 생각할 수 있다. 예를 들면 스마트폰은 휴대전화의 기본 기능이었던 전화와 메시지의 전송 외에도 TV 시청, 음악 재생, 사진 촬영, 게임 등의 기능들을 포함하고 있기 때문에 MP3 플레이어나 카메라 산업, 휴대용 게임기 산업 등의 내리막길에 큰 영향을 미친 제품 중에 하나라고 볼 수 있다. 따라서 기업들은 기술의 혁신만으로는 생존의 위협에 대비할 수 없기 때문에 다른 성장동력을 찾아야만 한다. 이러한 상황에서 제조기업의 서비스 제공은 경쟁자와의 차별화에 큰 영향을 미칠 수 있다.

제1장에서도 소개된 바와 같이 미국을 비롯한 대부분의 선진국은 서비스업이 국내 총생산(GDP)에서 차지하는 비중이 훨씬 높고, 제품의 제조 및 판매만을 하던 제조기업들도 기본적인 A/S 서비스의 제공부터 시작해서 종합적인 서비스기업으로 탈바꿈하기도 한다. 이러한

변화는 소품종 대량생산에서 다품종 소량생산으로의 변화, 고부가 가치 제품의 생산 등으로의 변화와 맞물리며 제조기업과 서비스기업의 경계를 점점 더 허물고 있다.

## 2 서비타이제이션의 등장

### 가. 제품의 서비스화

제품의 서비스화는 기업에서 제공하는 핵심적인 제품에 서비스를 추가로 제공하거나, 제품의 판매가 아닌 제품을 이용한 서비스의 제공 등으로 판매 방식을 변화하여 핵심 경쟁 역량을 강화하는 방법이다. 주변에서 가장 많이 볼 수 있는 예로는 정수기를 생각할 수 있다. 소비자는 정수기를 구입할 수도 있지만 렌탈서비스를 선택할 수도 있고, 정수기 회사에서는 정수기 관리사를 고용하여 일반 가정, 학교, 사무실 등에 설치되어 있는 정수기의 필터 교체 및 관리 등의 서비스를 제공한다. 또 다른 예로는 타이어 회사를 생각할 수 있다. 자동차 타이어를 제조하여 자동차 회사 또는 타이어 판매처 등에 납품하는 형식에서 기본적인 정비 등을 제공하는 T'Station과 같은 자동차 서비스 프랜차이즈로의 변화 등이 있다. 이외에도 휴대전화의 요금약정, 자동차 등의 제품 구입 후 워런티 서비스의 제공, 롤스로이스의 비행기 엔

그림 8.1 T'Station 제공 서비스 목록

출처: T'Station 홈페이지, 2022

그림 8.2 롤스로이스 Trent 900 엔진 모니터링 센서 부착부위의 예

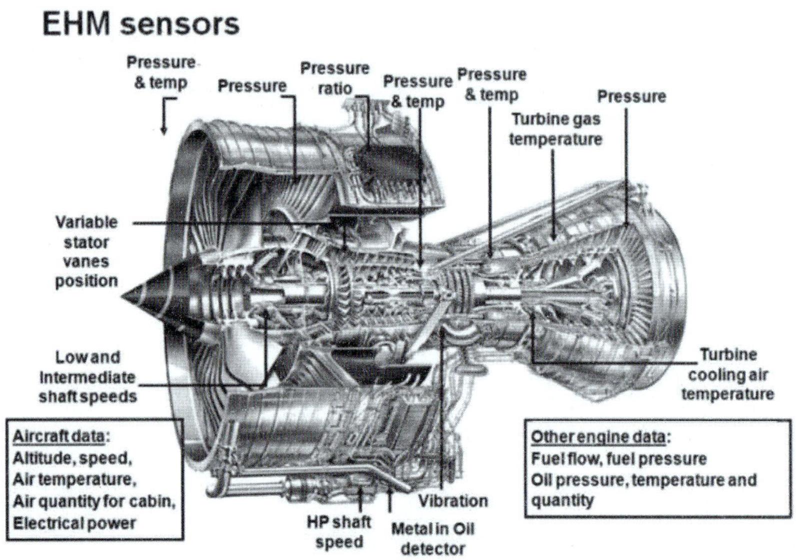


출처: Rolls-Royce, 2013

진 모니터링 및 선제적 정비 서비스 등의 예를 찾아볼 수 있다. 롤스로이스는 비행기의 엔진에 [그림 8.2]와 같은 다양한 센서를 설치하여 문제가 생기기 전에 미리 알아차리고 정비를 할 수 있도록 하였다. 이러한 서비스의 제공에 대해 Tukker (2004)는 제품의 소유권을 기반으로 상품 중심, 사용 중심, 성과 중심의 세 가지 서비스화 구분을 주장하였다.

### a. 상품 중심 서비스화

상품중심 서비스화는 상품 지향적 서비스화로도 불리며 제품의 소유권이 고객에게 이전되는 경우에 기존의 제품에 새로운 서비스 기능을 추가하는 것을 얘기한다. 주로 유지보수, 수리, 제품관련 자문 사업 등을 찾아볼 수 있다. A/S 서비스, 정수기 필터교체 및 관리 서비스 등을 생각할 수 있다.

### b. 사용 중심 서비스화

사용 지향적 서비스는 제품의 소유권이 기업에 있으며 제품의 사용권만을 고객에게 판매

하는 것이라고 볼 수 있다. 자동차의 렌탈 및 리스 서비스 같은 것이 가장 흔하게 볼 수 있는 예제인데 O2O 또는 공유사업 등으로 확대되어 나가고 있다. 일정 횟수의 사용 후 기기의 교환, 소유권의 이전, 개량 제품의 재 렌탈 등으로 이어지는 경우도 있다. 자동차를 리스로 구매할 경우 일정 기간 동안에 약정된 금액을 지불하고 리스 기간이 끝난 경우에 인수와 반납을 선택할 수 있다. 반납을 할 경우에는 보증금의 반환 또는 새로운 자동차 리스 계약의 변경 등으로 이어지는 경우도 있다.

#### c. 성과 중심 서비스화

성과지향적 서비스는 제품을 판매하지 않고 제품을 통한 서비스를 판매하는 경우를 의미한다. 제공 단위 서비스 당 대금을 지불하게 되며 실험이나 임상의 대행, 사업 관리의 외주화 등을 생각할 수 있으며 성과와 수익에 중점을 두고 설계된다. 예를 들면 조명회사에서 전구를 제조하여 판매하는 것이 아닌 사무실의 시간당 조명 서비스를 설계 하는 것이나, 프린터 회사에서 프린터의 제조 및 판매가 아닌 사무실의 종합적인 인쇄 관리 서비스의 제공 등이 있다.

### 나. 제품, 서비스, 지원, 지식, 셀프서비스의 결합

Vandermerwe 와 Rada (1988)는 서비타이제이션이라는 용어를 처음 사용하였는데 이들은 논문에서 서비타이제이션을 제품, 서비스, 지원, 지식, 셀프서비스의 결합이라고 정의하며 3단계의 변화를 제시하였다.

첫 번째 단계는 제품 또는 서비스를 판매하는 단계이며 가장 기본적인 단계라고 볼 수 있다. 두 번째 단계는 제품과 서비스가 결합된 경우인데, 제품을 판매하는 기업이 기본적으로 A/S 서비스를 제공하는 것처럼 사실은 제품과 서비스를 완전히 분리하는 것은 어렵다고 볼 수 있다. 반대로 은행과 같은 전통적인 서비스 기업도 기본적인 서비스를 더욱 편하고 빠르게 고객에게 전하기 위해 다양한 제품을 사용하고 있다. 세 번째 단계는 제품, 서비스, 지원, 지식, 셀프서비스가 결합된 단계인데 제품과 서비스를 제외한 다른 구성요소의 의미를 다음과 같이 설명하고 있다.

지원은 교육이나 원격 유지보수 시스템 등을 예로 들고 있는데 고객이 제품을 사용할 때나, 고객이 제공하는 서비스를 돕기 위해서, 공동으로 서비스를 제공하기 위해서와 같이 사용된다. 지식은 기본적으로 제공되는 제품 설명서에 쓰여 있지 않은 제품을 더욱 유익하게 또는 쉽게 사용하는 방법처럼 노하우와 같은 것을 나타낸다. 셀프서비스는 기업 입장에서 제품의 생산이나 서비스의 제공 및 물류비용을 고객과 공동으로 부담하여 원가를 절감할 수 있는 방법이다. 셀프서비스에 익숙해진 고객은 본인이 공동으로 생산 활동을 하고 있다는 것을 자각하지 못하는 경우도 있는데 예를 들면, 슈퍼마켓에서 물건을 사면 고객의 집으로 배달을 해 줄 수도 있지만, 보통은 고객이 직접 자신의 차나 대중교통을 이용해 물건을 집으로 옮긴다. 이는 일종의 셀프서비스라고 볼 수 있지만 고객들에게 당연한 노동이라고 인식되고 있기 때문에 기업의 입장에서는 엄청난 배달인력과 비용을 아낄 수 있는 것이다.

### 다. 제품-서비스 통합 시스템

서비타이제이션은 제품에 서비스가 추가되거나, 제조기업이 서비스기업으로 변화되는 과정 같은 제품의 서비스화뿐만 아니라 서비스기업이 제품을 제조 및 판매하는 것과 같이 서비스의 제품화 과정도 포함된다고 볼 수 있다. 서비타이제이션이라는 용어 외에도 1990년대 중반부터 유럽에서 태동되어 비슷한 의미로 사용되는 제품-서비스 통합 시스템(PSS, Product-service system) 역시 제품과 서비스의 결합을 나타내고 있다(김광재 외 7명, 2011). Goedkoop et al. (1999)은 PSS를 높은 경쟁우위를 확보하면서도 환경 영향도를 감소시키는 제품, 서비스, 네트워크의 이해관계자, 지원 인프라로 이루어진 시스템이라고 정의하였다. Tukker 와 Tishner (2006)는 환경 영향도에 국한되지 않고 비즈니스 네트워크가 기업고객에게 제공하는 제품과 서비스를 통해 가치를 제안하여 고객 만족을 추구한다고 하였다. B2B와 B2C를 포함한 제품의 서비스화 및 제품-서비스 통합시스템 등의 다양한 연구에서 서로 다른 정의를 내포하고 있지만 모두 공통적으로 추구하는 것은 제품과 서비스를 동시에 제공하여 고객의 요구를 해결하고 만족시켜 기업의 지속가능성을 모색한다는 것에 있다.

### 라. 서비타이제이션의 연구방향

서비타이제이션에 관한 연구는 크게 세 가지로 나뉜다. 첫 번째는 기업 사례연구인데 주로 성공사례를 다루고 있으며, 기업의 종류 또한 대기업 또는 일정규모 이상의 중견기업에 관한 연구 사례가 소개된다. 이는 두 번째 연구 방향과도 관련이 있는데, 제조기업이 서비타이제이션을 성공적으로 실행시키기 위해서는 서비스 업무를 설계하기 위한 전문가를 고용하고,

서비스를 제공하기 위한 프로세스를 마련해야 하며, 서비스 업무를 실행할 직원이 필요해진다. 이러한 과정에서 많은 투자가 필요하고, 투자한 자본이 성과를 나타내어 기업의 수익성을 실제로 향상시키기 까지 시간이 걸리기 때문에 짧게는 2~3년에서 길게는 4~5년 이상 기업의 수익구조가 악화될 수도 있다. 심지어 이렇게 투자를 했음에도 서비스 실패가 이어지게 되거나 수익개선이 이루어지지 않는다면 오히려 기업 전체의 수익성은 하락하는 경우도 있다. 따라서 이런 장/단기적인 리스크를 극복하기 위한 서비스 패러독스 (Neely, 2009; *Gebauer et al.*, 2005; Reinartz and Ulaga, 2008) 관련 시계열 연구가 두 번째 연구방향이다. 세 번째 연구방향은 서비스 패러독스를 극복하고 기업들의 성공적인 서비타이제이션을 돕기 위한 서비타이제이션 방법론에 대한 연구이다. 예를 들면, 안철옥 외 2인 (2018)에서는 [그림 8.3]에서 볼 수 있듯이 제조기업의 공급/수요 계획에 따라 구매조달부터 생산 및 판매에 이르기까지 공급자 관계 프로세스, 생산 프로세스, 고객 관계 프로세스 세 가지의 핵심 프로세스를 중심으로 서비타이제이션을 실행하는 방법을 소개하고 있다. Livework Studio에서 발행한 Wight paper (2017)에서는 [그림 8.4]와 같이 서비타이제이션 캔버스를 사용하여 기업이 제공하고 있는 제품이나 서비스 및 사업 생태계 전반을 분석할 수 있게 하였다.

그림 8.3 핵심 프로세스와 세부항목(안철옥 외 2인, 2018)

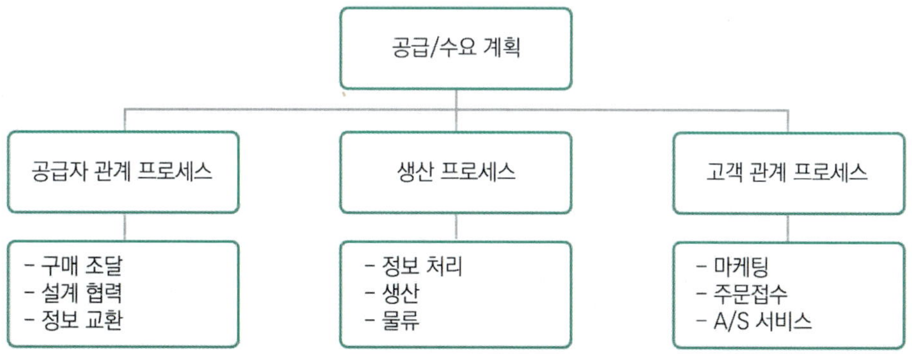

그림 8.4 The Servitization Canvas (Togt, 2017)

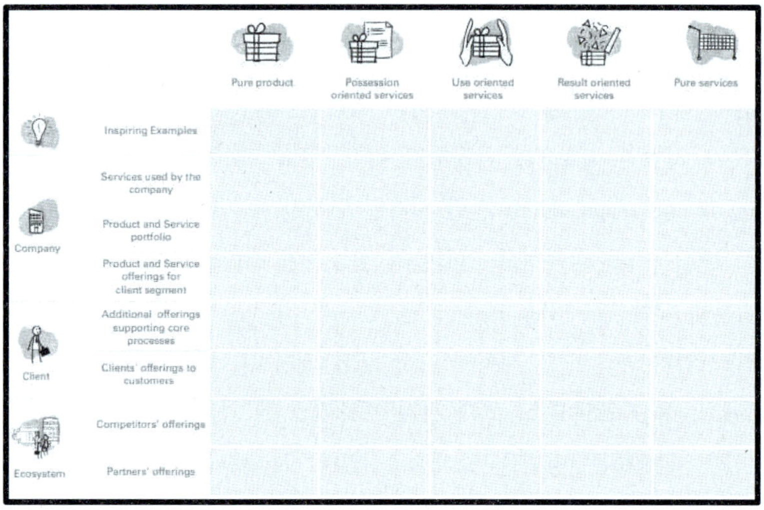


## 3 서비타이제이션 사례

서비타이제이션 사례는 대기업의 성공사례 위주로 연구되고 있는데, 그 이유로는 여러 가지를 들 수 있다. 성공사례는 벤치마크를 위해 다른 기업이나 연구원, 정부 등에서 주기적으로 조사하고 정리하는 반면에 실패 사례는 기업 입장에서 알리고 싶지 않은 일이기 때문에 서비스 시도가 알려지지 않고 조용히 없어지는 경우가 많다. 외부에서는 해당 기업이 어느 정도의 투자를 하였고 어떤 이유로 실패하였는지 내부자료에 접근할 수 없어서 쉽게 알려지지 않는다. 또한 제품의 제조와 서비스의 제공에 들어가는 비용을 정확하게 분리하여 산정하는 것도 어렵기 때문에 회계 및 재무 자료를 분석하는 것도 어려운 일이다. 따라서 정확한 서비타이제이션의 실행방법과 효과를 분석하는 것은 쉽지 않고, 다른 기업의 사례를 벤치마크 하는 것도 기업마다 문화가 다르고 제품이나 서비스가 다르기 때문에 역시 어려운 일이다. 성공한 기업 사례의 업종, 서비스화 과정 및 성과, 서비스화 외적 환경 등을 살펴보고 각각의 기업에 맞는 전략을 잘 구성해야 하겠다.

## 가. 다임러 Car2Go 서비스

다임러는 자동차 제조업체의 기술을 바탕으로 카쉐어링 서비스인 Car2go 서비스를 도입하였다. Car2go 서비스는 간단한 가입 단계를 거쳐 계정을 생성한 후 지정된 장소에서 차량을 빌려 지정된 장소에서 반납하는 시스템이다. 2008년에 사내 직원들을 대상으로 시작한 이 서비스는 웹 기반의 서비스와 스마트폰을 적극 활용한 Car2gether 프로그램으로 확대 하였다. 카투게더는 '동승센터'라는 지정된 장소에서 카풀제도를 운영하는 서비스인데, 홈페이지에서 이용자의 간단한 프로필, 핸드폰 번호, 사진 등을 등록한 후 무료 어플리케이션에서 카풀이 가능한 동승자 또는 운전자의 정보가 제공되었다. 이와 같은 서비스는 자동차의 소유가 아닌 이동을 위한 자동차의 기능에 초점을 맞추고 있다. 카쉐어링 서비스를 통해 고객들은 차량 구입에 필요한 목돈이나 보험료와 유지비 등의 비용을 부담하지 않고, 편리하게 이동성을 확보할 수 있다. 현재는 사업부의 합병 및 벤처 출범 등의 과정을 거쳐 SHARENOW 서비스로 운영되고 있으며 특정 지역에서는 자전거 대여 서비스도 추가되었다. 또한, 사회적으로 주차 공간 부족 문제 해결 및 에너지 절약, 교통량 감소 등의 효과를 얻을 수 있다. 하지만 수익성 개선, 자동차의 도난 및 어플리케이션의 해킹 가능성, 보안 문제 등으로 개선이 필요한 부분이 드러난 상태다. 한국에서는 쏘카, 그린카 등의 비슷한 서비스가 운영되고 있다.

그림 8.5 Car2Go 서비스, Xerox Global Document Service

출처: 글로벌경제신문, https://www.xerox.com/en-us/services

## 나. Xerox Global Document Service

제록스는 복사기, 프린터 및 잉크 카트리지 등을 제조 및 판매 하는 기업으로 치열한 시장 경쟁 안에서 고객이 인쇄 관련 비용을 절감하면서도 최적의 작업환경에서 일할 수 있도록 하는 제록스 글로벌 문서 서비스를 제공한다. 일반적으로 기업에서는 복사기 및 프린터 임대, A4용지 구입, 잉크 카트리지 구입 등에 들어가는 비용을 줄이고 싶어하지만 복사기 및 프린터의 가동시간 정보, 관리 방법, 효율적인 문서 인쇄 방법 등의 정보는 잘 알지 못한다. 따라서 제록스에서는 고객에게 무상으로 복사기 및 프린터를 임대하고 가동되는 복사기의 숫자는 줄이되 각각의 복사기 가동시간이 올라가도록 효율적인 문서 인쇄 컨설팅 등을 제공하였다. 이외에도 문서 작성, 번역, 데이터베이스 전산화, 문서 보안 등의 서비스를 제공한다. 그리고 고객이 실제로 인쇄한 양에 따라 복사지나 토너 등의 가격을 산정한다. 이러한 서비스 이용 결과 콜롬비아 특별구대학(The University of the District of Columbia)은 82.96%의 프린터 관련 비용을 절감하였고, 뉴욕시에서 51%의 프린터 장비를 철수하였지만 가동률을 99.8%로 상향시켜 5천 8백만 달러 절감효과를 보였다.

## 다. Pay per wash

전자제품 회사로 유명한 Electrolux 사는 온실가스로 알려져 있는 프레온가스를 최초로 사용하지 않는 냉장고를 개발하였다. 친환경 정책으로도 많이 알려져 있는데, 제품의 수명주기 전반에 걸쳐 환경오염이 발생하지 않는 방향으로 설계하려고 노력하고 있으며, 자원이나 에너지 소비의 개선을 위해 정기적인 노력을 기울이고 있다고 설명한다. 1999년에는 에너지 절감 및 제품 수명 관리의 일환으로 Pay per wash 프로젝트를 실행하였다. 이름에서 알 수 있듯이 사용하는 만큼 비용을 지불하는 시스템으로, 최초에는 인터넷과 센서가 연결된 세탁기를 무료로 대여하여 사용자가 빨래를 하는 만큼 비용을 지불하는 시스템으로 설계되었다. 이렇게 하면 세탁기의 사용횟수를 줄이고 제품 상태를 모니터링하여 고장의 예방 등 고객의 불편을 줄일 수 있다고 생각하였다. 일반인을 대상으로 실행하기 전에 스웨덴 남쪽의 Gotland 라는 지역에서 7천여 가구에 무료로 세탁기를 보급하고 시범사업을 진행하였는데 비용을 세탁 한 번에 천원 정도로 책정하였다. 고객의 입장에서는 세탁기를 무료로 받고 세탁 한 번에 천원을 지불하니 상당히 경제적인 제안으로 받아들여질 수 있다. 또한 세탁 횟수가 1,000 회를 넘으면 새 세탁기로 교환해주는 옵션도 있었다. 비록 사용자의 인식 부족과 미숙한 운영으로 인해 프로젝트는 실패했지만 현재는 2009년에 Vaskeridata라는 이름으로 설립되어 2015년에 PayPerWash로 사명을 바꾸고 덴마크에 본사를 둔 회사가 Electrolux와 Miele 등의 회사와 계약을 맺고 세탁기 및 식기세척기 렌탈 등의 비슷한 서비스를 운영하고 있다.

사례들을 살펴보게 되면 서비타이제이션을 실행하는 경우에 하나의 기업에서 제품과 서비스를 모두 제공하는 경우도 있고, 제품을 판매하는 기업과 서비스를 제공하는 기업이 서로 다른 경우도 있다. 이렇게 서비스 또는 제품의 아웃소싱도 가능하다는 것을 생각하고 서비타이제이션을 고려한다면 더욱 다양한 시도가 가능할 것으로 보인다.

## 4 서비타이제이션 실행방법

서비타이제이션을 효과적으로 실행하기 위해서 다양한 방법들이 연구되고 있는데 여기서는 세 가지 방법을 소개하고자 한다. 각 방법의 장단점을 잘 비교하여 적절히 응용한다면 리스크를 줄이고 성공적인 서비타이제이션을 실행할 수 있을 것으로 예상한다.

### 가. 어디서부터 시작할까?

Togt는 2017년 Livework Studio에서 발행하는 White paper에서 Servitization mapping이라는 기법을 소개하였다. 기업들은 고객들의 요구에 따라 종종 제품이나 서비스 포트폴리오를 변경해야만 한다. 그렇다면 현재의 제품이나 서비스 포트폴리오를 정확하게 분석하는 작업이 선행되어야 하는데 [그림 8.4]에서 소개하고 있는 Servitization mapping Canvas를 주목할 필요가 있다. 기업들은 먼저 현재 판매 또는 제공하고 있는 제품이나 서비스가 순수 상품부터 순수 서비스 사이의 5단계 중에 어디에 속하는지 분석해야 한다. 순서는 다음과 같다.

#### a. 순수 제품(Pure product)

회사는 물리적 또는 디지털 제품을 통해 가치를 전달한다. 고객과의 공동 생산 프로세스가 존재하지 않는다. 고객은 비용을 지불하고 제품을 구입한다.

b. 소유 중심 서비스(Possession oriented services)

고객이 비용을 지불하고 구입한 제품의 소유권은 고객이 가지고 있으며 회사는 해당 제품과 관련된 A/S 서비스 등의 지원 서비스를 제공한다.

c. 사용 중심 서비스(Use oriented services)

고객은 더 이상 제품을 구입하지 않고 제품의 사용권만을 구입한다. Pay by hour(시간당 비용 지불) 서비스 등이 여기에 속한다.

d. 결과 중심 서비스(Result oriented services)

고객은 직접 제품의 구입 또는 사용에 관여하지 않는다. 일정 비용을 지불하고 원하는 결과만을 얻는데 집중한다. 예를 들면, 고객은 사무실에 불을 켜기 위해서 전구를 구입하지 않고 사무실이 일정 밝기 이상으로 유지될 것을 서비스 제공자와 약속한다. 서비스 제공자는 정해진 비용으로 고객이 필요한 만큼의 밝기를 제공한다. 제공하는 전구의 숫자나 배치 등은 계약에 따라 서비스 제공자 임의로 결정할 수 있다. 고객은 그저 사무실에서 업무를 할 수 있도록 불이 켜져 있기만 하면 되는 것이다.

e. 순수 서비스(Pure services)

회사는 더 이상 제품을 판매하거나 제공하지 않는다. 고객은 컨설팅 서비스처럼 서비스 전문가의 경험이나 조언을 위해 비용을 지불한다.

이렇게 다섯 가지 제품 및 서비스의 구분과 함께 이해관계자에 대해서도 분석이 필요하다. 이해관계자의 목록은 다음과 같다.

a. 영감을 주는 예시(Inspirational examples)

산업 분야에 관계없이 성공적인 서비타이제이션이나 서비스 제공 예시를 탐색한다.

b. 회사(Company)

현재 회사의 상태를 점검하기 위한 회사 열(row)에는 세 개의 서브 카테고리가 있다. 첫 번째는 제품 및 서비스 포트폴리오(Products and Services portfolio)인데, 여기에는 현재 회사에서 제공하고 있는 모든 제품과 서비스에 대하여 서술한다. 두 번째는 특정 고객을 위한 제품과 서비스(Product and Services offerings for client segment)이다. 즉, 회사에서 일반적으로 판매하는 제품 외에도 고객 맞춤 서비스가 이미 제공되고 있는지를 판단할 수 있다. 세 번째는 회사에서 사용하고 있는 서비스(Services used by the company)이다. 만약 회사에서 제품의 판매나 서비스 제공을 위해 외부 서비스를 사용하고 있다면 여기에 속한다. 3자 물류 등을 대표적인 예로 들 수 있다.

#### c. 고객(Client)

주로 B2B의 경우 'b. 회사'에 해당하는 기업(회사 A)의 고객 기업(회사 B) 역시 그들의 고객(회사 C 또는 일반 소비자)에게 제품을 판매하거나 서비스를 제공한다. 이런 경우 고객기업(회사 B)의 핵심적인 제품 판매 또는 서비스 제공은 고객기업이 소비자에게 제공하는 것 섹션(Client's offerings to customers)에 기입하고, 이를 위해 다른 서비스 제공자로부터 제공받는 서비스가 있다면 핵심 프로세스의 지원을 위한 추가 제공(Additional Offerings Supporting the Core Process) 섹션에 기록한다. 여기에는 경쟁자나 파트너의 서비스 역시 포함되는데 이러한 서비스들은 회사 A와 관련이 없을 수도 있다. 예를 들면, 치킨 가게는 닭고기 업체로부터 닭고기를 구매하고 주류업체로부터 주류를 구매하여 두 가지 상품을 같이 고객에게 제공한다. 즉, 치킨은 핵심적인 제품이고 주류는 추가적으로 제공되는 것이라 볼 수 있다.

#### d. 사업 생태계(Ecosystem)

경쟁자와 파트너의 핵심 상품이나 서비스를 이곳에 기록한다. c.항에서 기록한 것과 겹치는 부분이 있을 수도 있다.

이렇게 5단계로 나누어진 제품과 서비스의 구분 및 회사와 경쟁자, 파트너를 포함한 사업생태계의 이해관계자들의 제품 및 서비스 포트폴리오를 분석하여 현재 제공되고 있는 제품 및 서비스 중에 강화할 것, 그만둘 것, 새로 시작할 수 있는 사업 기회의 발견과 같은 방법으로 서비타이제이션 캔버스를 사용할 수 있다.

## 나. 핵심 프로세스에 주목하라!

기업의 활동은 핵심 프로세스와 지원 프로세스로 구분할 수 있다. 안철옥 외 2명 (2018)은 서비타이제이션에 있어서 회사의 공급과 수요 계획을 기반으로 하는 구매조달과 관련된 공급자 관계 프로세스, 제품의 생산 및 운송 프로세스, 고객의 주문처리 및 A/S 서비스를 포함하는 고객 관계 프로세스의 세 가지 핵심 프로세스를 분석하여 서비타이제이션의 범위와 방향성을 결정할 수 있다고 설명하였다. 기업이 서비타이제이션을 계획 및 실천함에 있어서 무엇을 어떻게 해야 하는지 결정을 내려야 하는데 이는 물론 쉬운 일이 아니다. 따라서 기업의 미래를 결정하기 위해 현재를 정확히 분석하는 것이 필요한데, 세 가지 핵심 프로세스를 중심으로 기업의 공급/수요 프로세스 흐름도를 그리게 되면 앞서 연구방향에서 설명한 [그림 8.3]과 같이 된다. 적은 비용으로 큰 효과를 생각하거나 여유 자금이 부족할 경우, 어떤 프로세스에 변화를 줄 수 있는 여지가 있는지 판단하기 위해서는 작은 변화로도 기업 활동에 가장 큰 영향을 미칠 수 있는 핵심 프로세스에 집중하는 것이 필요하다.

세 가지의 핵심 프로세스를 간략하게 살펴보자. 공급자 관계 프로세스에는 원재료의 구매비용 및 공급자의 환경에 대한 영향 평가, 공급자와 구매자의 관계, 기술 및 정보의 보호, 제품 설계를 위한 공급자와의 협력 등이 있다. 이러한 프로세스들에서는 공급자와 얼마나 밀접한 관계를 유지하며 어느 정도의 정보를 공개할 것인지, 어느 정도의 협력 관계를 유지할 것인지 등의 서비스 관련 결정을 내릴 수 있다. 특수한 원재료의 비율이나 설계 협력에서의 기밀 유지 등은 실제 산업에 큰 영향을 미칠 수 있는데 스마트폰 신제품 출시 전에 설계도나 랜더링 이미지가 유출되기도 하고, 구매 목록의 핵심 부품 등으로 성능을 유추하는 것이 가능하기 때문에 신중한 결정을 내려야 한다.

생산 프로세스는 공장 내에서의 제품의 직접 생산과 같은 서비스와 관련 없어 보이는 부분이 있지만 식품 공장의 위생문제가 제기된 경우에 제조 과정을 공개하여 고객의 신뢰도를 높이는 경우도 있다. 이러한 경우 생산 프로세스에 대한 고객 접촉도를 높이는 방법으로 해당 프로세스를 서비스에 이용하였다고 볼 수 있는데 레스토랑에서 주방 안쪽을 들여다 볼 수 있도록 설계된 경우나 공장 견학이 허용되는 경우 등을 찾아볼 수 있다.

고객 관계 프로세스에서 고객이 주문을 하는 과정에서도 서비스를 얼마큼 제공할 것인가 결정할 수 있다. 단순히 제품 목록만 제공할 것인지, 각각의 제품에 대한 설명을 추가할 것인지, 카탈로그 등을 보고 결정하게 하거나, 영업사원 등을 통해 더욱 친절한 서비스를 제공할 것인가 등에서 다양한 변화를 추구할 수도 있다.

이렇게 고객 접촉도의 증감, 인력의 추가 투입 또는 반대의 경우를 결정하기 위해서는 제조 프로세스와 서비스 프로세스의 상대적인 특성을 나타낸 [그림 8.6]을 참고하면 프로세스에 어떤 변화를 줄 수 있는지 생각할 수 있다.

그림 8.6 프로세스 특성 표 (안철옥 외 2명, 2018)

| 제조 프로세스 성향 | 서비스 프로세스 성향 |
|---|---|
| 유형/내구적 산출<br>낮은 고객 접촉도<br>긴 반응 시간<br>자본 집약적<br>품질측정 용이 | 무형/소멸적 산출<br>높은 고객 접촉도<br>짧은 반응 시간<br>노동 집약적<br>품질측정 어려움 |

아래의 [그림 8.7]은 맥도날드의 햄버거 판매 과정을 간략하게 나타내었다. 맥도날드와 같은 유명 프랜차이즈에서 자주 사용되는 방법으로 제품의 모듈화를 생각할 수 있는데, 이는 제조업뿐만 아니라 서비스업 에서도 적용되는 것을 아래 예시를 통해 알 수 있다. 모듈화는 하나의 생산라인에서 모든 부품을 조립하는 것이 아니라 모듈 공장이나 부품업체에서 정해진 규격에 맞게 조립된 모듈을 메인 생산라인에서 하나로 합치는 경우라고 볼 수 있다. 예를 들어 자동차의 경우 엔진, 변속기, 시트 등 미리 조립된 것을 생산라인에서 차체에 조립한다. 맥도날드는 빵, 패티, 양배추, 토마토, 치즈 등의 원재료를 제작대 선반에 미리 넣어두고 고객 주문이 들어오면 즉석에서 부품을 조립하듯이 음식을 조리한다. 이는 공장에서 제품을 조립하는 것과 상당히 유사한 그림을 보여주게 되는데, 서비스업에서도 제조공정의 특징을 사용하는 좋은 예라고 볼 수 있다. [그림 8.8]은 맥도날드의 주방 공개의 날 행사인데, 이러한 행사는 공급/수요 계획에서 고객들이 평소에 쉽게 접할 수 없는 생산 프로세스에 속하는 과정을 고객에게 공개함으로써 고객 신뢰도를 얻기 위해 실행된다. 즉, 생산 프로세스의 고객 접촉도를 상향시켜 고객 만족도를 높이는 서비스라고 볼 수 있다.

그림 8.7 맥도날드의 햄버거 판매 과정 (안철옥 외 2명, 2018)

**공급/수요 계획**

**공급자 관계 프로세스**
- 구매 조달: 햄버거를 만들기 위한 원 재료의 공급자 선정 및 구매 등
- 설계 협력: 재료의 특성 및 지역, 계절에 따른 새로운 메뉴의 개발 등
- 정보 교환: 재료 및 재고 수량에 관한 정보 교환 등

**생산 프로세스**
- 정보 처리: 고객의 주문정보와 공급 관련 정보를 조합하여 생산량 결정
- 생산: 패티, 빵, 야채의 분류 등 햄버거 재료를 생산
- 물류: 준비된 빵과 패티 등의 재료를 각 매장으로 배달

**고객 관계 프로세스**
- 마케팅: 신제품 및 기존제품 마케팅
- 주문접수: 고객의 햄버거 주문을 접수하고 제품을 제공
- A/S 서비스: 제품에 대한 불만사항 처리 또는 고객의 요구 정리 및 타부서로의 전달

그림 8.8 맥도날드 매장 주방 공개의 날 행사

출처: 구글 검색

이렇게 공급/수요 계획 흐름도를 이용하여 기업의 핵심 프로세스와 지원 프로세스를 구분하고, 현재 서비타이제이션을 실행할 수 있는 프로세스가 있는지 분석하면 기업에서 서비타

이제이션의 범위 및 방향성을 결정하는데 큰 도움이 된다고 볼 수 있다. 이러한 방법은 기업이 현재 가지고 있는 강점을 더욱 강화하거나 약점을 보완하는데 도움을 줄 수도 있고, 성과를 내기 힘든 프로세스에 투자하여 서비타이제이션에 실패하는 리스크를 줄일 수 있다.

### 다. 모든 회사는 이미 서비스 회사였다!

일반적으로 제조업을 생각할 때 사람들은 대량생산 공장을 떠올리며 서비스와 크게 관련이 없다고 생각한다. 하지만 서비타이제이션을 위한 첫걸음으로 Reinartz와 Ulaga (2008)는 본인의 회사가 이미 서비스회사라고 생각해야 한다고 설명한다. 모든 회사는 크건 작건 분명히 서비스 프로세스를 가지고 있다. 다만 익숙해져 있거나 특별한 서비스 프로세스라고 인지하지 못하는 경우가 많아서 이런 서비스 프로세스를 찾아내는 것이 중요하다고 볼 수 있다. 이를 위해서 기업의 전체적인 프로세스 흐름도를 잘 살펴봐야 하겠다. 예를 들면, 일반적으로 거의 모든 회사가 A/S 서비스나 고객 불만 처리 서비스 같은 프로세스를 운영하고 있는데, 이를 중요하게 생각하지 않거나 서비스 운영에 실패 및 회복에 실패할 경우 기업은 타격을 입게 된다.

두 번째 단계는 현재의 서비스 프로세스를 강화하거나 변화를 주는 것인데, 프랑스의 유명 에너지 회사인 Air Liquide 사는 종이로 발송하던 기존의 고지서를 고객들이 크게 신경쓰지 않는다는 것을 알고 고지서 발송 서비스를 중단하였지만 회사에 대한 고객 만족도는 변화가 없었다고 한다. 이렇게 기존의 서비스가 없어질 수도 있는데 새로운 서비스가 대체하는 경우도 있고 그냥 없어지더라도 크게 영향이 없는 경우도 있다. 종이 우편으로 발송되던 고지서 등을 이메일이나 문자 서비스로 변경하게 되면, 회사는 종이 및 우편 비용을 아낄 수 있고, 고객들은 잘 찾아보지 않던 편지함보다 손 안의 핸드폰으로 바로 고지서를 확인할 수 있게 되어 모두에게 좋은 결과를 낼 수 있다.

세 번째 단계는 서비스 인력을 확충하는 것이다. 새로운 서비스 인력을 고용할 수도 있고, 기존의 직원을 교육시킬 수도 있다. 서비스 인력의 확충 및 교육은 서비스를 제공하는 방법이나 운영에 대한 것도 중요하지만, 해당 인력의 사고방식도 중요하다. 회사와 직원이 비용과 가격을 중요하게 생각하기 보다는 가치에 중심을 두고 생각하는 것이 중요하다.

네 번째 단계는 서비스가 공동 생산의 특징을 가지고 있다는 것을 기억하는 것이다. 고객이 회사나 제품에 한번 만족을 하게 되면 다른 제품을 선택하기 위한 전환비용(Switching cost)가 높아지게 된다. 또한 고객 관계 프로세스에 집중을 하게 되면 고객의 요구사항으로부터 새로운 제품이나 서비스를 위한 기회를 발견할 수도 있고, 기존의 제품의 개선에 대한 아이디어를 얻을 수도 있다. 고객과 함께 서비스를 만들어 간다는 것을 잊지 않는다면 더욱 많은 고객을 만날 수 있을 것이다.

## Takeaways

- 제조업과 서비스업의 경계가 점점 허물어지고 있으며 산업이 복합적으로 발전하고 있다.
- 제품의 소유권 및 서비스의 단계, 비용 지불 방법 등에 따라 서비스화의 정도를 구분할 수 있다.
- 서비타이제이션 성공 및 실패 사례에서 성공과 실패의 이유를 찾아내고 다른 사례와 비교할 수 있다.
- 기업의 프로세스, 제품, 서비스 포트폴리오, 사업 생태계를 분석하여 서비타이제이션의 기회를 발견할 수 있다.
- 지원 프로세스보다 핵심 프로세스에 집중하는 것이 적은 노력으로 큰 효과를 볼 수 있다.
- 가치에 중심을 두는 서비스 마인드를 바탕으로 서비스 인력을 확충해야 한다.

## Reference

김광재, 홍유석, 박광태, 임치현, 허준연, 강창묵, 백민정 and 박근완. 2011. 제품-서비스 통합 시스템: 현황 및 연구방향. *Journal of the Korean Institute of Industrial Engineers*, 37(3), 234-247.

김성덕. 2010. 제조업의 서비스화 국내외 사례. *과학기술정책*, (178), 94-104.

김용선. 2013. '경쟁우위 전략에 기반한 제품-서비스 통합시스템 유형화에 관한 연구'. *한국정보통신수출진흥센터*

안철옥, 임호순, and 최성용. 2018. 서비타이제이션 방법론 연구: 중·소 제조기업의 핵심 프로세스를 중심으로. *생산성논집 (구 생산성연구)*, 32(3), 93-114.

Tukker, A. 2004. Eight types of product-service system: eight ways to sustainability? Experiences from SusProNet. *Business strategy and the environment*, 13(4), 246-260.

Vandermerwe, S., and Rada, J. 1988. Servitization of business: adding value by adding services. *European management journal*, 6(4), 314-324.

Gebauer, H., Fleisch, E., and Friedli, T. 2005. Overcoming the service paradox in manu-facturing companies. *European management journal*, 23(1), 14-26.

Neely, A. 2008. Exploring the financial consequences of the servitization of manufacturing. *Operations management research*, *1*(2), 103–118.

Reinartz, W., and Ulaga, W. 2008. How to sell services more profitably. *Harvard business review*, *86*(5), 90–6.

Goedkoop, M. J., Van Halen, C. J., Te Riele, H. R., and Rommens, P. J. 1999. Product service systems, ecological and economic basics. *Report for Dutch Ministries of environment (VROM) and economic affairs (EZ)*, *36*(1), 1–122.

Togt, A. 2017. Servitization mapping: A practical tool to explore strategic directions in a servitization shift. *Livework Insight White paper*. *1*(2), 1–12.

Tukker, A., and Tischner, U. 2006. Product–services as a research field: past, present and future. Reflections from a decade of research. *Journal of cleaner production*, *14*(17), 1552–1556.

### Web site

백승훈. 2017. 카투고(Car2Go) 프리미엄 카셰어링 시장 본격 진출 눈길. Retrieved from https://www.getnews.co.kr/news/articleViewAmp.html?idxno=41763

채영석. 2019. BMW와 다임러의 Share Now, 북미시장 철수, 유럽도시 축소. Retrieved from http://global–autonews.com/bbs/board.php?bo_table=bd_037&wr_id=247

채영석. 2013. 다임러AG의 카셰어링, 영국 런던에서도 시작. Retrieved from http://glob–al–autonews.com/bbs/board.php?bo_table=bd_001&wr_id=5355

# Proactive Service

1 선제적 서비스란?

2 각 기업의 선제적 서비스 운영 사례

CHAPTER 09

# 선제적 서비스

(Proactive Service)

CHAPTER 09

# 선제적 서비스 (Proactive Service)

제4차 산업혁명은 급격한 기술의 발전으로 기업의 경영활동에 많은 변화를 불러왔다. 특히 위기상황 하의 경영 환경에 보다 민첩하게 대응하기 위해 기업은 다양한 경영 전략을 수립하고 수행하는데, 본 장에서 소개할 선제적 서비스는 그러한 패러다임에 새롭게 소개되는 서비스 전략 중 하나로서 본 서적에서 소개했던 여타 개념들과 같이 급변하는 시장에 효과적으로 대응하기 위한 하나의 전략으로서 소개하고자 한다. 구체적으로 선제적 서비스 전략의 의미와 종류를 소개하며, 실제 기업 사례를 통해 개념의 이해를 돕고자 한다.

## 1 선제적 서비스란?

### 가. 선제적 서비스의 탄생 배경

제4차 산업혁명은 기존 산업에 혁신적인 변화를 가져왔다. 특히, 인공지능 시스템이 본격적으로 활용됨에 따라 제조업에서의 기계는 단순히 인간의 노동을 대신해 주는 기능을 넘어 기계 스스로 의사결정을 내림으로써 최적화 된 프로세스를 스스로 계산하고 실행하기에 이르렀다. 또한 인공지능 시스템을 통해 성별, 연령대, 구매 패턴 등 소비자의 특성과 관련한 데이터를 이용해서 소비자에게 고도로 맞춤화 된 서비스를 수행할 수 있게 되었고 이를 통해 고객은 해당 서비스에 대해 더욱 만족할 수 있게 된다. 일례로 아마존닷컴은 해당 소비자가 차후 구매할 법할 물건을 미리 예측하여 그 소비자가 거주하는 곳과 가장 인접한 물류 센터로 미리 물건을 보내어 고객이 실제로 주문하면 곧바로 배송해 주는 이른바 '예측 배송' 서비스를 실시하여 고객의 기대와 만족을 높이고 있다. 다시 말해, 요즈음의 경영 환경은 기업에서 수동적으로 수요를 예측하여 제품과 서비스를 생산하던 때와는 달리, 이제 기업은 개별 고객에게 내제된 요구를 충족시켜 주어야 하는 환경이 도래했다고 할 수 있다. 이러한 환경 변화에 따라 이제는 고객이 표현하는 요구를 넘어 잠재적으로 원하는 바를 파악해야 하는 때가 찾아온 것이다.

이론적인 관점에서는 Foster (2006)는 [그림 9.1]과 같이 반응적 고객지향 품질 모형(RCDQ: Reactive Customer-Driven Quality)을 통해 시간의 경과에 따른 고객의 기대와 판매자의 성과 간의 관계를 제시하였다. 해당 모형을 살펴보면, 시간의 경과에 따라 품질에 대한 기업 성과의 성장폭보다 고객의 품질에 대한 기대의 증가폭이 더 높기 때문에 특정 시점이

그림 9.1 Foster (2006)의 RCDQ 모형

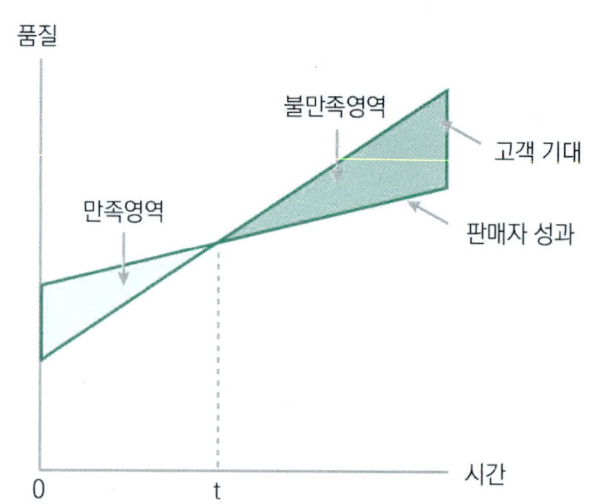

지나는 순간 고객은 기업의 품질 수준에 불만족 하게 되는 것이다. 특히 요즈음의 경영 환경처럼 시장이 역동적인 환경에서 고객의 요구는 매우 빠르게 변화하기 때문에 고객의 요구 사항을 충분히 충족시키기에 어려움을 겪는 것이며, 이에 따라 고객의 잠재적인 요구를 선도적으로 파악하여 대응할 필요가 대두되었다.

## 나. 선제적 서비스의 발달 과정

제4차 산업혁명이 본격적으로 도래하기 전 대부분의 기업은 고객의 요청에 대한 응답으로서 판매 후 서비스를 제공해오던 반면, 일부 기업들은 고객에게 서비스를 제공하기 위해 사전에 고객과 접촉하는 경우도 있었다. 이는 고객과 적극적으로 접촉하여 고객에게 서비스된 제품의 성능을 사전적으로 점검하고, 제품의 품질 결함을 사전에 예방하는 조치를 취하거나 기존에 알려진 문제를 개선시키기 위한 새로운 아이디어를 획득하는 기회로 작용한다. 고객에게 선제적으로 접근하는 형태의 서비스를 이른바 선제적 서비스(Proactive Service)라고 칭한다.

이렇게 선제적으로 제공하는 예방적인 서비스는 고객으로부터 부가가치를 창출함과 동시에 고객 충성도와 시장 점유율을 높일 수 있는 잠재력을 지니고 있다. 일반적인 판매 후 서비스는 품질에 이상이 발생한 이후에 이루어진다. 이때 기업에서는 기본적으로 불만을 가지고 있는 고객을 응대해야 하기 때문에 문제를 잘 처리한다고 해도 고객 충성도를 기준으로 하여 기대 수준 이상의 성과를 거두긴 어렵다. 반면에 선제적인 판매 후 서비스는 이미 정상적으로 제품을 이용하고 있는 고객을 대상으로 추가적인 서비스를 제공하므로 갈등 없이 손쉽게 기업에 대한 호감도를 높일 수 있기 때문에 기업 입장에선 도리어 기회로 작용하는 것이다.

특히, 요즈음의 기업 환경처럼 급변하는 시장 환경에서 고객의 욕구 역시 급변함에 따라 고객의 잠재적인 욕구를 더 빠르게 파악해야 함에 따라 선제적인 서비스 제공의 중요성은 더욱 커졌다. 특히 인공지능 시스템의 활용과 더불어 정보통신 기술의 발달로 인해 기업의 운영이 고도로 자동화 되며, 개별 고객의 욕구를 보다 효과적으로 예측할 수 있는 환경이 조성됨에 따라 선제적 서비스의 중요성이 커짐과 동시에 자칫 모호한 개념으로 비춰질 수 있는 선제적 서비스를 효과적으로 제공할 수 있게 되었다.

## 다. 선제적 서비스의 종류

선제적 서비스는 [그림 9.2]와 같이 크게 3가지로 구분된다.

선제적 서비스의 종류를 하나씩 살펴보면, 우선 서비스 보증(Service Guarantee)이 있다. 2장의 Service Nature에서 살펴 본 바와 같이 서비스 보증은 서비스 기업이 고객에게 특정 수준의 서비스를 제공할 것을 약속하고, 그것이 이행되지 않으면 다른 방법으로 고객에게 보상하는 제도로서 고객의 만족을 무조건적으로 보증하여 고객이 조금이라도 불만족 하는 경우 약속된 보증 프로그램을 제공하는 무조건적인 만족 보증과, 서비스를 통해 제공되는 특정한 결과물에 대한 보증으로 나뉜다. 그러나 두 가지 유형의 보증 모두 서비스 실패 상황에 대비하여 고객의 불만족으로 인한 악영향을 최소화 하고, 나아가 서비스 실패를 통해 학습함으로서 서비스 품질 수준을 다시 회복하고 고객의 서비스 재이용을 유도할 수 있는 역할을 한다.

예방 서비스(Preventive Service)는 서비스를 제공하는 과정 중 발생할 수 있는 위험을 제거하기 위한 선제적 서비스 활동으로서, 기본적으로 서비스 품질의 유지를 목표로 한다. 서비스 실패가 발생한 이후에 고객의 불만족으로 인한 악영향을 해결하기 위해 행하는 보증 서비스와는 달리, 예방 서비스는 서비스 실패가 일어날 가능성을 조기에 탐지하여, 서비스 실패가 발생할 가능성을 최소화 시키는 활동이라 할 수 있다. 구체적인 예로 정기적인 사내 직원 교육을 통해 서비스 품질의 결손을 예방함과 동시에 그럼에도 문제가 발생할 경우 행해야 하는 활동들에 대해 미리 대응 매뉴얼을 구축해 두는 활동도 예방 서비스에 해당된다. 다시 말해, 예방 서비스를 통해 제품이나 서비스의 품질의 적정 수준을 원활하게 유지하며, 이는 고객의

그림 9.2 선제적 서비스의 종류

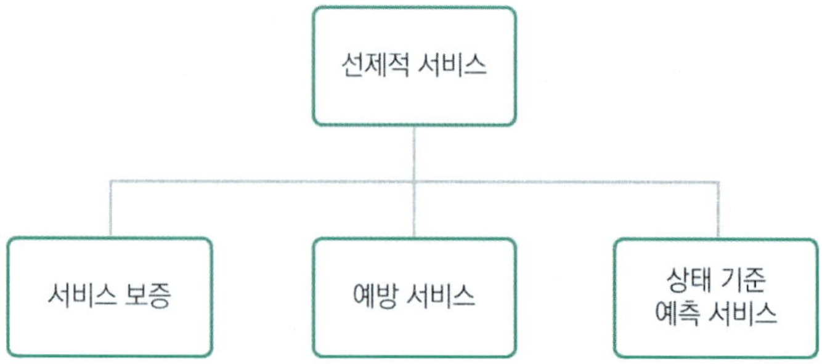

만족과 직접적으로 연관되기 때문에, 체계적인 예방 서비스 활동을 통해 수월하게 고객의 불만이 일어날 가능성을 예방할 수 있다.

그리고 상태 기준 예측 서비스(Condition based Predictive Service)란, 기업의 모니터링 활동을 통해 수집한 자료를 바탕으로 현재 제공 중인 서비스의 상태를 평가하고, 향후 예상되는 서비스 시스템의 상태를 예측함으로써, 서비스 제공의 애로사항이 발생하기 전에 어떤 유지 보수 활동을 수행할지 결정하는 것이다. 제조업의 예를 들면 IoT 기술을 활용하여 제품의 상태를 확인하고 여기서 발생한 정보를 근거로 품질 문제를 유발하는 환경 요인과 결함 패턴 등을 수집하여 고객에게 선제적으로 연락함으로써 문제 발생의 여지를 제거하거나 해결하는 예방적 행위 등도 여기에 속한다.

## 2 각 기업의 선제적 서비스 운영 사례

앞 절을 통해 선제적 서비스의 등장 배경과 서비스 보증, 예방 서비스 그리고 상태 기준 예측 서비스로 구분되는 선제적 서비스의 유형을 살펴보았다. 본 절에서는 선제적 서비스의 각 유형 별 사례를 소개함으로서 자칫 모호한 개념으로 비춰질 수 있는 선제적 서비스의 개념에 대한 실질적인 이해를 증진시키고자 한다. 들어가기 앞서 본 절에 소개된 기업 사례들은 한영미 등(2017)의 연구에서 소개된 사례들을 재구성했음을 미리 밝히는 바이다.

### 가. 서비스 보증 사례

서비스 보증을 제공하는 기업의 사례로 앞서 2장에서 도미노 피자의 방문포장 피자 보증제도, Hampton Inn의 100% 만족 보증제도, 그리고 Mission Oaks Hospital의 응급실 대기시간 관련 서비스 보증 제도를 소개한 바 있다. 본 장에서는 앞서 소개했던 보증 사례 외에 추가적인 사례를 소개하도록 하겠다.

#### a. 이마트(E-mart)

이마트는 대한민국의 할인점 체인업체로서 신세계 그룹의 계열사 중 하나로 대한민국의

그림 9.3 이마트의 고객 만족 보증 제도

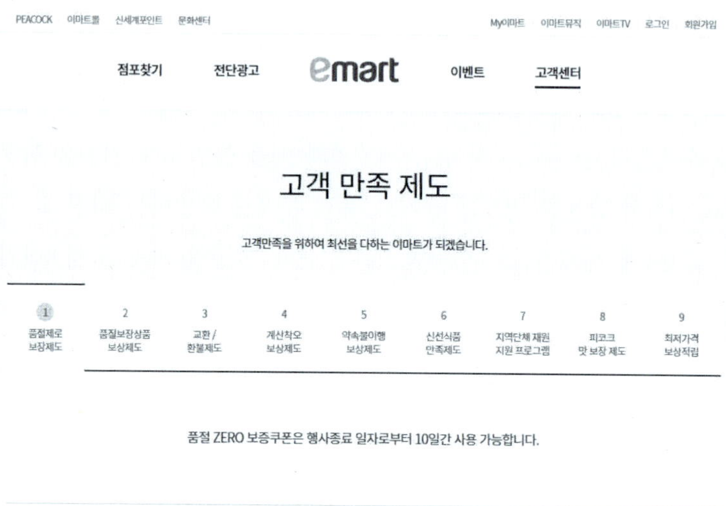


출처: 이마트 홈페이지

대표적인 대형 할인점 브랜드이다. 이마트는 다양한 보증 제도를 시행함으로써 고객 만족도를 높이고 있는데, 대표적으로 약속불이행 보상제도가 있다. 약속불이행 보상제도란 배달이나 A/S 등과 같은 고객과의 약속에서 사전 연락이나 합의 없이 그 약속을 이행하지 못 할 경우 상품권으로 보상하는 것이다. 이 외에도 점원의 계산 실수나 매장 가격 고지가 잘못되어 계산이 잘못된 경우 상품권 5천원으로 보상해주는 계산착오 보상제도, 타 점포보다 비쌀 경우 신고하면 상품권으로 보상해주는 최저가격 신고 보상제, 구입한 상품의 품질에 이상 있을 경우 보상해주는 품질불량상품 보상제 등 다양한 고객 만족 보증 제도를 시행하고 있다.

### b. 현대자동차 어슈어런스 프로그램

2009년 전 세계적으로 맹위를 떨쳤던 금융위기로 인해 각국의 시장은 매우 위축되었다. 이는 자동차 시장도 예외는 아니었다. 이에 현대자동차는 차량 구매 후 1년 이내에 실직 등으로 운행이 불가능하게 될 경우 차량을 반납할 수 있도록 하는 '현대 어슈어런스 프로그램'을 선보였다. 이는 실직에 대한 두려움 때문에 자동차 구매를 꺼리는 잠재 고객들을 고객으로 만들기 위한 프로그램으로서, 당해 연도 11월 미국 시장 판매량이 전년 대비 45.9%나 증가하여

그림 9.4 현대자동차의 어슈어런스 제도 홍보 화면

출처: https://www.theguru.co.kr/news/article.html?no=9896

주요 업체 중 가장 큰 판매 증가세를 보이는 등 전세계적인 시장 위기 속에서 선전하였다 할 수 있다. 또한, 금융위기 이후 약 10년이 지난 현재 COVID-19로 인해 다시금 시장이 위축되자, 현대자동차의 현대 어슈어런스 프로그램은 이른바 미국에서 COVID-19 확산에 잘 대응한 우수 마케팅으로 선정되기도 하였다.

미국에서 현대 어슈어런스 프로그램이 큰 성공을 거두었다면, 한국에는 현대 어드밴티지 프로그램이 있다. 이 프로그램은 자동차 할부금은 남았으나 차가 더 이상 필요 없어서 차량 반납 시 잔여 할부금을 면제해주는 서비스이다. 이 외에도 자동차 구매 후 한 달 이내에 변심하였다고 하더라도 차종을 교환해 주며 구매 후 1년 내에 사고를 당할 경우에는 현재의 차량과 동일한 신차로 교환해준다. 이러한 어드밴티지 프로그램은 2016년 말 한시적으로 시작했던 프로그램이지만 고객 반응이 좋고 내수 판매 확대를 위한 판매 촉진 활동의 일환으로써 무기한 연장하고 있다.

## 나. 예방 서비스 사례

예방 서비스는 서비스를 제공하는 과정 중 발생할 수 있는 위험을 제거하기 위한 선제적 서비스 활동으로서, 기본적으로 서비스 품질의 유지를 목표로 한다고 하였다. 각 기업들의 예방 서비스 운영 사례를 살펴보도록 하자.

### a. 코웨이

과거 렌탈 서비스는 단순히 장비나 부품의 공급에서 그치는 경우가 일반적이었다. 그러나 급변하는 경영 환경에 효과적으로 대응하기 위해 렌탈 서비스 업체 역시 단순히 장비를 대여해주는 것에서 그치는 것이 아닌 유지보수, A/S등의 영역으로 사업을 확대하는 추세다.

국내에서 이러한 렌탈 서비스의 선도 주자가 코웨이(Coway)다. 코웨이는 이미 1998년 IMF 경제 위기에 대응하기 위한 새로운 사업 아이템으로써 정기적으로 고객을 방문해 점검 및 유지보수를 해주는 정수기 렌탈 서비스를 시작하였다. 그리고 해당 서비스의 기저에는 고객 불만을 미리 예방한다는 경영 정책인 CCMS(consumer complaint management system)이 있었고, 사용자가 제품을 사용하는 동안 유지관리 서비스를 제공하여 제품에 대한 만족도를 높이고 사용 시 경험하게 될 불편사항을 미리 예방한다. 그 결과 렌탈 서비스를 통해 코웨이는 국내 정수기 시장의 56%를 점유하였을 뿐 아니라 필터가 주요 소모품으로 사용되는 공기청정기, 비데 시장 등에서도 1위를 차지하고 있다.

### b. 월마트

일부 기업들은 평소에 발생 가능할 것으로 여겨지는 서비스 문제에 대비하거나 예측 불가능한 자연 재해 등에 대비하기 위해 이른바 비상경영계획(business contingency plan; BCP)을 작성하여 문제의 발생과 대응 절차를 사전에 숙지 해 둔다.

비상경영계획은 구체적으로 문제가 발생할 가능성이 있는 항목들을 체계적으로 분류, 이를 해결하기 위한 활동 및 규칙들을 정의하는 등 문제가 발생했을 경우를 대비한 프로세스를 미리 구축해두는 매뉴얼을 말한다. 특히 월마트의 경우 이러한 비상경영계획을 통해 효과적으로 위기에 대처한 바 있다. 바로 월마트 안티사이트(Anti-Site)가 생겼을 때와, 2005년 6월 미국 허리케인 카트리나로 인한 피해에 대처하는 과정에서 그 점을 확인할 수 있었다. 월마트는 안티사이트에 대응하기 위해 사전에 작성해 둔 사내 위기대응 매뉴얼에 따라 근본적인 원인 제거에 착수함과 동시에 불만 사항 및 오해 소지가 있는 사례에 대해 적절한 조치를 취하는 한편, 고객서비스 부서와 협조하여 효율적으로 대응하였다. 태풍 카트리나로 인한 피해의 경우, 월마트는 매뉴얼대로 비상물류시스템을 가동하였으며 기상 데이터와 판매 동향을 분석하여 필요 물품을 미리 준비하였다. 즉, 매뉴얼에 따른 신속한 대응으로 예상되는 손실을 최소화 하였을 뿐 아니라, 수해 복구에 따른 기업이미지에도 긍정적인 영향을 미쳤다.

## 다. 상태 기준 예측 서비스 사례

상태 기준 예측 서비스란 주로 IoT 기술을 활용하여 수집한 자료를 바탕으로 현재 제공중인 서비스의 상태를 평가하고, 향후 예상되는 서비스 시스템의 상태를 예측함으로써, 서비스 제공의 애로사항이 발생하기 전에 어떤 유지 보수 활동을 수행할지 결정하는 것이라 하였다. 각 기업들의 상태 기준 예측 서비스 운영 사례를 살펴보도록 하자.

### a. 롤스로이스

2003년까지만 하더라도 영국의 롤스로이스는 항공 엔진과 선박, 공업용 가스터빈을 생산·판매·사후관리 하는 일반 제조업체에 불과했다. 그러나 2003년 본격적으로 '토탈 케어 서비스'를 런칭하여 그들이 전세계에 판매한 엔진의 성능을 실시간으로 모니터링하고 문제가 발생 할 경우 신속히 대처하게끔 하였다. 이를 위해 엔진 모니터링(Engine Monitoring) 팀을 구성하여 롤스로이스사가 제조하는 모든 엔진에 센서를 부착하여 센서에서 발생하는 신뢰성 데이터를 수집하여 분석하는 업무를 실시한다. 그리고 이를 통해 조금이라도 제품의 신뢰성(Reliability)을 하락 시킬 요소가 발생하는 경우 이에 대한 조치가 원격으로 이루어지며, 원격지원이 불가능할 경우 근처 공항에서 롤스로이스 지상 서비스팀이 출동해 문제를 해결 할 수 있게끔 지원한다. 롤스로이스의 분석 서비스는 전 세계 고객을 대상으로 납품한 4,000여개의 엔진 상태를 실시간으로 모니터링 및 확인하는 것으로부터 시작된다. 이를 통해 항공사는 엔진의 고장 가능성을 미리 분석할 수 있게 되었을 뿐 아니라 엔진 교체나 보수 스케줄을 효율적으로 관리할 수 있게 되었으며, 엔진의 수명이 다할 때까지 안정적인 수입을 보장받을 수 있게 되었다.

이를 통해 롤스로이스의 엔진을 활용하는 고객사로 하여금 롤스로이스의 항공기 엔진은 매우 안정성이 뛰어나다는 긍정적인 인식을 심어줄 수 있었고, 이러한 사후관리를 통해 창출하는 서비스 부문 매출 비중은 2003년 전체 매출의 10%에서 2012년 전체 매출의 40%로 성장하였으며, 서비스 부문 매출이 증가함에 따라 제조업 부문 영업이익률 또한 약 2.8배 증가한 효과를 볼 수 있었다.

### b. 티센크루프

세계적인 엘리베이터 기업 티센크루프 엘리베이터는 마이크로소프트(MS)사에서 제공하는 클라우드 기반 데이터 예측 분석 서비스 '애저 머신 러닝(azure machine learning)'을 도입하여 엘리베이터의 고장을 사전에 예측할 수 있게 되었다. 티센크루프는 애저 머신 러닝을 통해 엘리베이터의 속도, 모터 온도, 출입문 오작동 등 모든 데이터를 예측 가능 모델로 만들었으며, 이러한 정보를 전세계 모든 엔지니어들의 모바일 기기로 전송하여 언제 어떠한 문제가 발생할지 분석하고 엘리베이터가 멈추거나 사고가 발생하기 전 사전에 미리 유지보수 할 수 있도록 한다. 이를 통하여 티센크루프는 기술자들의 업무를 효율화 시켰으며, 서비스 처리 속도는 최대 4배 가량 증가하였다. 또한, 서비스 중재 속도를 증가시키는 것을 통해 고객 만족을 실현하고자 노력하고 있다.

## Takeaways

- 선제적 서비스는 제4차 산업혁명의 도래에 따라 급변하는 시장에 효과적으로 대응하기 위한 새로운 서비스 전략 중 하나로, 고객의 내재된 욕구를 조기에 감지하여 고객의 욕구를 충족시키는 서비스 전략을 의미한다.
- 선제적 서비스 전략 수행은 크게 서비스 보증, 예방 서비스 그리고 상태 기준 예측 서비스로 나뉘어 있다.

## Reference


Agrawal, J., and W. A. Kamakura. 1995. The economic worth of celebrity endorsers: An event study analysis. *Journal of marketing* 59 (3):56－62.

Corbett, C. J., M. J. Montes－Sancho, and D. A. Kirsch. 2005. The financial impact of ISO 9000 certification in the United States: An empirical analysis. *Management science* 51 (7):1046－1059.

Fama, E. F., L. Fisher, M. Jensen, and R. Roll. 1969. The adjustment of stock prices to new information. *International economic review* 10 (1).

Foster, S. T. 2006. Managing quality: Integrating the supply chain.

Handayani, E., A. Rahmawati, E. Haryanto, and S. Wahyuni. 2020. Abnormal return of Indonesian banking shares in the time of COVID 19: An event study on the an－nouncement of government regulation, POJK 11 of 2020. *International Journal of Research in Business and Social Science (2147－4478)* 9 (7):108－114.

한영미, and 임호순. 2019. 사건 연구 방법론을 통한 선제적서비스의 수익성에 관한 연구. Paper read at 제품안전학회 동계학술대회.

한영미, 임호순, and 정연승. 2017. 선제적 서비스에 대한 이해와 사례연구. *생산성논집 (구 생산성연구)* 31 (3):197－224.

# Service Cases

CHAPTER

10

# 서비스 기업 사례

## (Service Cases)

CHAPTER 10

# 서비스 기업 사례
(Service Cases)

본 장에서는 서비스를 운영하고 있는 다양한 기업 중 몇 개 기업의 사례를 소개함으로서 지금까지의 여정을 마무리 짓고자 한다. 본 장에서 소개하는 서비스 기업들 중에는 지금까지도 성공적인 운영을 하는 기업도 있으며, 성과가 기대한 만큼 나오지 않아 고전을 면치 못하는 기업도 있다. 다만 공통적으로 두 경우 모두 시장에서 생존하기 위해 자기 나름의 전략을 구상하고 실행 하였으며, 지금까지도 지속적인 혁신을 통해 당면한 위기를 관리해 나가고 있다. 물론, 기업의 경영을 분석하는 것에는 정해진 답은 없다. 그러므로 본 장에서 소개되는 기업들의 사례를 통해 본 책을 통해 소개되었던 기법들을 통해 나름대로 자신만의 분석을 해 보는 것을 권하는 바이다(서비스 기업 사례는 서비스 운영관리 수업시간에 제출된 리포트를 기반으로 편집 작성되었음을 밝혀둔다).

# 1 쿠팡(Coupang)

## 가. 기업 소개

쿠팡은 김범석에 의해 2010년 8월 설립된 전자 상거래(E-Commerce) 기업으로서 단기간 내 가파른 성장을 통해 국내 전자 상거래 시장을 주도해오고 있는 기업이다. 쿠팡은 설립 이래로 10년 동안 상장을 하지 않았던 것으로도 유명한데, 최근 2021년 3월 뉴욕 증시에 상장을 했으며, 상장 첫날 공모가인 35달러보다 약 41.49% 높은 49.52달러로 장을 마침으로서 쿠팡에 대한 주주들의 기대 수준이 여전히 건재함을 보였다.

그림 10.1 쿠팡의 기업 로고

쿠팡은 2010년 설립된 이래로 2012년 동종업계 브랜드 인지도 1위를 달성하였으며, 1년 후인 2013년에는 2,000만 회원 수를 돌파 하였으며, 2016년에는 국내 전자 상거래 기업 최초로 매출이 1조원을 돌파하였으며 2021년 현재까지도 국내 전자 상거래 시장의 선도주자라고 할 수 있다.

## 나. 쿠팡의 운영 전략과 쿠팡이 당면한 문제점

쿠팡이 처음 설립된 이후 단기간 내에 빠른 성장을 할 수 있었던 원동력에는 단연 '로켓배송 서비스'가 손꼽힌다. 로켓배송 서비스는 최소 주문 비용을 넘게 구매를 하면 밤 12시 이전에 주문하면 바로 그 다음날까지 제품을 배송해주는 서비스로 서비스 런칭 당시 폭발적인 반응을 보였다. 이 서비스가 가능했던 것은 미국의 아마존 닷컴처럼 미리 물건을 대량으로 구매하여 자체 물류센터에 보관해 놓았다가 주문이 들어오면 바로 포장 및 출고를 하며, 해당 지역의 주문을 커버하는 물류 허브에 물건을 옮긴 다음 배송 기사가 물건을 인도 받아 배송해주는 시스템을 택했기 때문이다. 물론 초기에는 로켓배송 서비스가 가능하지 않은 지역도 있었지만 2017년 쿠팡은 국내 최대 규모의 물류 센터를 설립하였고, 지속적인 서비스 개선을 통해 현재는 대부분의 경우 로켓 배송을 통해 원하는 물건을 빠르게 받아볼 수 있게 되었다.

**그림 10.2** 쿠팡 물류 센터 전경

출처: 쿠팡 뉴스룸

**그림 10.3** 쿠팡 물류 센터 내부 전경

출처: 쿠팡 뉴스룸

또한, 쿠팡은 로켓와우라는 멤버십 서비스를 런칭하였는데 로켓와우 멤버십에 가입하면 로켓 배송 서비스를 받기 위해 필요한 최소 주문 비용 제한이 없어지며, 신선식품의 새벽배송 서비스인 로켓프레시를 이용할 수 있다. 또한 최근 런칭한 자사의 OTT 플랫폼인 쿠팡플레이를 사용할 수 있다.

그러나 쿠팡의 이러한 전략은 반드시 좋은 점만 있는 것은 아니다.

우선 쿠팡은 국내 최대 규모의 물류 창고를 운영하는 과정에서 전 과정에 인력이 개입하고 있으며, 그렇기 때문에 많은 수의 직원 및 단기 아르바이트생을 고용하고 있다. 그러므로 직원들 간 숙련도의 차이가 존재하며, 사람이 물류 작업을 하는 과정에서 오류가 발생할 확률이 존재한다.

특히, 쿠팡의 경우 미리 물량을 확보한 상태에서 주문 처리를 한다고 하였는데, 그렇기 때문에 과도한 물량을 소화하기 위해 현재 주 52시간 근로 시간 정책에 효과적으로 대응하기 위한 고민을 지속하고 있다. 그 고민의 일환으로 이른바 쿠팡 플렉스라 하여 기존의 쿠팡맨들과 더불어 쿠팡 플렉스 인원을 기용하여 배송을 아웃소싱 하는 것이다. 이들은 자신의 차량을 이용해서 쿠팡에서 배송해야 할 물류를 일부 자신들이 대신 배송함으로서 배송 수수료를 받

그림 10.4 쿠팡 플렉스 모집 사이트

출처: 쿠팡 홈페이지

는 것이다. 쿠팡은 넘쳐나는 배송 물류를 일부 아웃소싱 함으로서 배송 부담을 줄였다. 그러나 한편으로는 쿠팡 플렉스를 통해 기용된 인원이 늘어날수록 생기는 문제들도 존재한다. 쿠팡의 입장에서는 쿠팡 플렉서들이 늘어날수록 그들에게 지급해야 할 비용 부담이 기하급수적으로 늘어난다. 그리고 기상 여건이나 배송 지역에 따라 지원자 수의 편차가 매우 크며 전문적인 쿠팡맨들이 아닌 비숙련자들이기 때문에 오배송이나 고객과의 마찰 사례도 늘어나고 있다.

그리고 로켓와우 멤버십을 통해 이용할 수 있는 로켓프레시 매장은 비록 신선식품 등을 새벽에 배송 받을 수 있다는 편의를 제공하지만 해당 매장을 이용하기 위해서는 로켓와우 멤버십에 가입이 필수적이며 로켓와우 멤버십은 월 정액제이기 때문에 단순히 로켓프레시 매장만 이용하고 싶은 고객들에게는 불만 요소로 작용한다. 또한, 신선식품을 포장하는 과정에서 발생하는 보냉팩, 아이스팩, 상자 등 지나치게 많은 생활 쓰레기가 발생한다는 점 역시 지적받고 있다.

## 다. 쿠팡의 문제 해결 전략

쿠팡은 로켓와우 멤버십에 대해 단순히 로켓프레시 신선식품 매장에 들어가기 위한 입장권이 아닌 로켓와우 멤버십 자체로 더 높은 가치를 가졌다고 느끼게 하기 위해 멤버십 혜택을 확장하였다. 그 결과 상술한 바와 같이 로켓와우 멤버십에 가입하면 단순히 로켓프레시 신선식품 매장을 이용할 수 있는 것만이 아니라 로켓배송 최소 주문 비용 면제, 자사 OTT인 쿠팡플레이 이용, 로켓배송 상품 30일 이내 무료 반품 등 멤버십 혜택을 확장 하였다. 또한 이 모든 서비스를 월 2,900원만 지불하면 누릴 수 있다는 점을 강조하였고 고객으로 하여금 저렴한 가격에 프리미엄 서비스를 받는다는 느낌을 통해 가성비 좋은 서비스라는 인상을 주었다.

특히 로켓와우 멤버십의 부가적인 혜택 중 하나인 쿠팡플레이의 경우 아직 신규 런칭 단계라서 타사 OTT 서비스처럼 방대한 VOD를 구비하진 못했지만, 넷플릭스가 최근 오징어 게임 등으로 자사 고유의 드라마를 제작하여 성공한 것처럼 이미 자사의 고유 드라마를 제작하여 공격적으로 플랫폼을 확장 시켜 나가고 있는데 로켓와우 멤버십의 혜택 중 하나로 편입함으로서 그들의 신규 플랫폼의 고객을 확장하는 일거양득의 효과를 노린다고 할 수 있다.

그림 10.5 로켓와우 클럽 가입 혜택

출처: 쿠팡 사이트

그림 10.6 쿠팡플레이 메인화면

출처: 쿠팡플레이 홈페이지

## 라. 추가적으로 사용해 볼 수 있는 전략

다. 쿠팡의 문제 해결 전략에서 살펴본 바와 같이 쿠팡은 그들이 직면한 문제를 해결하기 위해 로켓와우 멤버십을 강화하는 전략을 구사하였다. 하지만 이 외에도 아직 직면한 문제들은 존재한다. 대표적으로 법정 근로 시간 단축에 의한 기존 물류 배송 인력 운용에 대한 어려움이 있다. 물론 이를 해결하기 위해 쿠팡 플렉스를 활용하고 있지만 상술한 문제점들이 현재하고 있으며 나아가 기존 쿠팡맨 입장에서는 그들의 일거리를 공유하는 것이기 때문에 고용 유지에 대한 불안감도 불러온다. 그렇기 때문에 쿠팡 플렉스 인원의 품질 관리와 업무 할당량에 대해 쿠팡맨들과 쿠팡 플렉서 간의 균형을 맞추는 것이 매우 중요하다고 할 수 있다. 이를테면 고객에게 배송해 준 이들의 태도나 서비스 수준을 평가해 달라고 한 다음, 고객의 불만족 수준이 높은 쿠팡 플렉서에게는 제재를 가하고, 고객 만족도가 높고 이를 계속 유지해 오는 쿠팡 플렉서에게는 추가적인 인센티브를 제공하는 것이다.

한편으로 물류 배송의 특성 상, 숙련된 쿠팡맨들의 업무 효율성이 당연 월등하다고 할 수 있다. 그렇기 때문에 이들의 근속년수를 늘리는 것이 매우 중요하다. 이는 그들의 암묵지(Tacit Knowledge)를 최대한 활용하는 것으로 특히 해당 산업은 배송지의 내부 경로 등과 같은 정보를 명시적으로 전환하여 전수하는 것이 쉽지 않기 때문에 이들의 근속 연수를 늘려주고 동시에 이는 고용 안정성으로 이어질 수 있을 것이다. 그러므로 기존의 쿠팡맨들의 암묵지 축적을 위해서라도 이들의 적극적 정규직 전환 및 처우 개선이 요구된다. 특히 현재 쿠팡맨들은 6개월 간격으로 등급 심사를 받고, 이에 따라 차등적으로 임금을 지급 받고 있다. 문제는 그 기준이 명확치 않으며, 대부분의 쿠팡맨들은 낮은 등급으로 평가를 받기 때문에 받는 임금 수준이 적다. 이는 자연스럽게 높은 퇴사율로 이어지며, 비정규직 비율이 매우 높다. 물론 본 절에서 제시한 전략은 단기적으로 봤을 때는 비용의 증가를 가져오겠지만 장기적으로는 더 튼튼한 기반을 갖춘 기업으로 발돋움하기 위한 투자라고 인식해야 할 것이다.

# 2 네이버 웹툰

## 가. 기업 소개

2003년 다음(Daum)에서 처음 웹툰 서비스를 선보인 이래 네이버(Naver)는 2004년 네이버 웹툰 서비스를 런칭하고 이후 2013년부터 레진 코믹스, 카카오 페이지 등 유료 웹툰 플랫폼이 잇따라 시장에 뛰어들었다. 그러나 여전히 국내에서는 네이버 웹툰이 매출, 트래픽 기준 모두 독주 체제를 굳히고 있다.

네이버 웹툰은 2004년 초창기 유료로 제공되는 출판 만화를 중심으로 서비스를 하였는데 이후 초고속 인터넷 망이 전국적으로 보급됨에 따라 독자들이 웹툰 환경에 접근하기 쉬워졌고, 2006년부터 연재했던 조석 작가의 '마음의 소리' 등 메가 히트작이 나옴에 따라 네이버 웹툰은 본격적인 주목을 받게 된다.

이후 2009년에는 월 평균 방문자 수 800만 명을 기록하면서 웹툰 시장의 1위 자리를 굳혀간다. 이어서 2010년 스마트폰이 국내에 보급됨에 따라 스마트폰 앱을 출시하였고, 2012년부터 미리보기 시스템을 도입하여 부분 유료화 모델을 시작하였으며, 2013년부터는 광고와 콘텐츠 판매를 결합한 새로운 수익 모델을 도입한다. 이 외에도 웹툰 캐릭터를 통해 광고 시안을 제작함으로서 부가적인 수익을 발생시켜 작가와 네이버 모두 큰 수익을 얻을 수 있었다.

그림 10.7 네이버 웹툰 기업 로고

출처: 위키피디아

그림 10.8 네이버 웹툰의 대표작 마음의 소리

출처: 한국일보(https://m.hankookilbo.com/News/Read/A2020062909540000351)

이러한 실적에 힘입어 2015년 네이버 웹툰은 네이버 사내 독립 기업으로 운영되기 시작하였고, 2017년 5월 부로 '네이버 웹툰 주식회사'로 분사된다.

## 나. 네이버 웹툰의 수익 전략

네이버 웹툰의 주된 수익원으로는 광고수익, 라이선스/판권료의 지적재산권 수익, 콘텐츠 이용료 등이 있다.

### a. 수익 구조-광고 수익

광고 수익은 네이버 웹툰의 주된 수입원 중 하나이다. 광고의 종류로는 배너, PPL, 브랜드 웹툰 등이 있으며, 배너 광고는 플랫폼 내에 특정 공간에 광고를 삽입하여 플랫폼 방문자들에게 노출시켜 클릭을 유도하는 형태의 광고다.

그림 10.9 네이버 웹툰 어플리케이션의 배너 광고(하단 붉은 색 사각형 부분)

PPL은 주로 TV 프로그램 등에서 소품의 형태로 제품이나 브랜드를 노출시키는 광고이며, 브랜드 웹툰은 웹툰의 형식으로 해당 브랜드의 스토리를 광고라는 인식을 보다 덜 하게끔 자연스럽게 전달하는 형태의 광고 방식이다.

그림 10.10 조석 작가의 '마음의 소리' 내 PPL 사례

출처: 네이버 웹툰

특히 웹툰 독자의 수가 점점 증가함에 따라 웹툰 플랫폼 안에서의 광고는 그 확산 속도가 빠르다는 점에서 상기한 3가지 형태의 광고는 바이럴 마케팅의 적합한 방식으로 각광받고 있다.

그림 10.11 서나래 작가의 브랜드 웹툰, '낢다른 광화문광장 이야기'

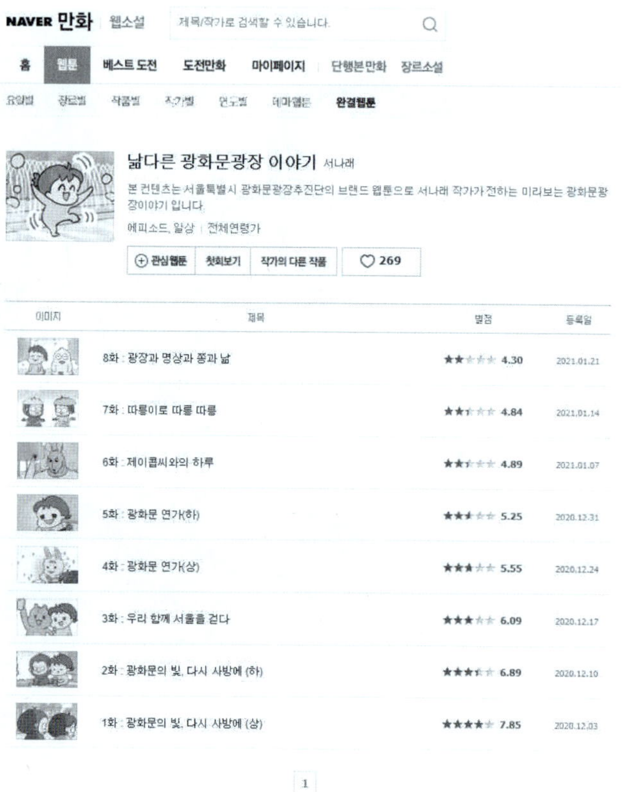


출처: 네이버 웹툰

### b. 수익 구조-라이선스/판권료

최근 웹툰의 인지도에 기반한 2차 창작 상품이 활발하게 나오고 있는데, 이에 라이센스료, 판권료 등 지적저작권(IP)을 활용한 수익 또한 증가하고 있다. 예를 들어 웹툰을 기반으로 한 게임, 카카오톡 이모티콘, 컴퓨터 폰트 등의 라이선싱 컨텐츠와, 굿즈, 팬시 용품 등 머천다이징(Merchandising) 상품들이 출시되고 있다. 나아가 웹툰을 원작으로 한 영화나 드라마 등의 OSMU(One Source Multi Use) 컨텐츠가 큰 성공을 거두면서 판권료 수익이 크게 증가하고 있다.

그림 10.12 조석 작가의 '마음의 소리' 웹 드라마 포스터

출처: 네이버

c. 수익 구조 - 콘텐츠 이용료

2012년부터 네이버 웹툰은 부분적으로 서비스를 유료화하기 시작하였다. 무료 연재 웹툰의 공개되지 않은 회차를 미리 볼 수 있는 '미리보기' 시스템과 연재가 끝난 웹툰을 다시 볼 수 있는 '완결보기' 시스템에 유료화를 도입하였다. 독자가 이와 같은 유료 서비스를 이용하기 위해서는 네이버 웹툰의 가상화폐인 '쿠키'를 구입 후 사용해야 한다.

## 다. 네이버 웹툰이 당면한 문제점

네이버 웹툰은 큰 성공을 거두었음에도 불구하고 여러 가지 고민거리가 있다.

우선은 네이버 웹툰 본사가 자사의 웹툰을 평가할 때 사용하는 지표 중 가장 유의미하게 평가하는 지표를 조회수로 설정하는 것에서 문제가 발생한다. 조회수가 네이버 웹툰과의 계약에 있어서 매우 중요한 지표로 작용하기에, 많은 작가들의 조회수를 확보하기 위해 일부러 자극적인 소재와 스토리 라인을 설정한다는 문제로 이어지기도 한다. 이미 다른 작품을 통해 성공성을 보장받은 비슷한 스토리 라인을 반복적으로 이용하거나, 학원물/액션물과 같이 네이버 웹툰의 주 이용고객인 10~20대 고객층만을 타겟으로 한 장르의 작품만 지속적으로 생산하게 된다는 점에서도 네이버 웹툰 생태계의 큰 문제로 작용할 수 있다. 이러한 편향성은 네이버 웹툰 생태계의 다양성을 떨어트리고, 궁극적으로 똑같거나 비슷한 작품들만이 생태계를 구성하게 되어 발전 가능성을 현저히 저해 시킨다는 큰 위험이 존재하기에 극복 방안이 필요하다.

또한 웹툰 플랫폼의 쌍방향성을 확보하기 위해 필수적인 요소인 평점 시스템과 댓글 시스템의 무의미해짐에 따라 조회수와 같은 정량적 지표 말고 정성적인 요소로 작품을 평가할 수단이 없어졌다는 것에 있다. 대부분의 네이버 웹툰 플랫폼에 올라온 작품들의 평균 평점은 10점 만점에 9.5점 이상을 유지하고 있다. 종종, 웹툰 유저들이 마음에 들지 않은 회차에 있어서 평점을 현저히 낮게 주는 등, 그 작품 회차에 대한 유저 감상평을 반영하는 경우도 있으나, 대부분의 경우는 평점이 거의 만점에 수렴하여 정확한 작품 판단이 이루어지지 않고 있다.

그리고 댓글 역시 네이버 웹툰 플랫폼의 쌍방향성의 측면에서 보자면, 매우 중요하다고 평가 할 수 있는데, 댓글창이 작품에 대한 의견 제시보다는 작가에 대한 인신공격성 댓글이나, 타 유저들에 대한 모욕성 댓글로 구성되어 있어 네이버 본사에서 이를 통제하고, 삭제하고 있다. 물론 인신공격성 댓글과 모욕성이 짙은 댓글은 통제의 대상이 되어야 함은 당연하지만, 비난과 비판의 명확한 구분으로 작품의 전개에 있어서 필수적인 비판의 댓글은 삭제하거나 통제하는 것보다는 오히려 장려되어 웹툰 플랫폼에 유의미한 댓글 작성 환경을 조성해야만 한다.

# 3 범블비 스페이스

## 가. 기업 소개

범블비 스페이스(Bumblebee Spaces)는 2017년 2월에 설립된 신생 스타트업으로 샌프란시스코에 기반을 두었다. 이들은 대표적으로 IoT를 기반으로 작동하여 부피가 큰 침대를 일어나서 어플을 활용하여 천장으로 올리고, 어플을 통해 자신의 물품이 어디에 있는지 저장해두면 필요할 때 수납공간을 천장에서 꺼내어 이를 찾을 수 있는 방식으로 운영하여 공간을 효율적으로 사용하는 서비스를 제공한다.

창업자인 머시(Sankarshan Murthy)는 디즈니의 미키 마우스 집을 보고 물건을 자유자재로 옮길 수 있는 공간을 만들고 싶다는 생각에 이 스타트업을 시작하게 되었는데 그를 비롯한 'Garret Rayner', 'Prahlad Athreya'이라는 두 명의 공동 창업자들은 사람들이 평균적으로 소득의 40%를 주택에 투자하지만, 그 공간이 협소하고 활용도가 떨어지고 있다는 사실에 주목하여 작은 구조의 집에 높은 효율성을 추구하는 아이디어를 내게 되었다. 아직은 소규모의 직원을 가진 기초 단계의 회사이지만, 꾸준한 투자를 받으며 성장하고 있는 범블비 스페이스는 천장의 빈 공간 또한 평면이 아니라 입체적인 공간이라는 점에 주목하여 주거 공간을 평수가 아닌 부피로 따지기 시작하였고 곳곳의 빈 공간들을 활용하는 서비스를 제공하고 있다.

그림 10.13 범블비 스페이스의 기업 로고

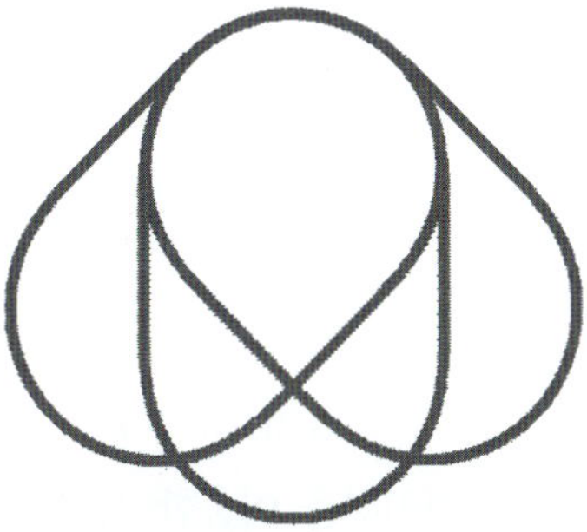

출처: https://www.crunchbase.com/organization/bumblebee-spaces

그림 10.14 범블비 스페이스의 공간 설계

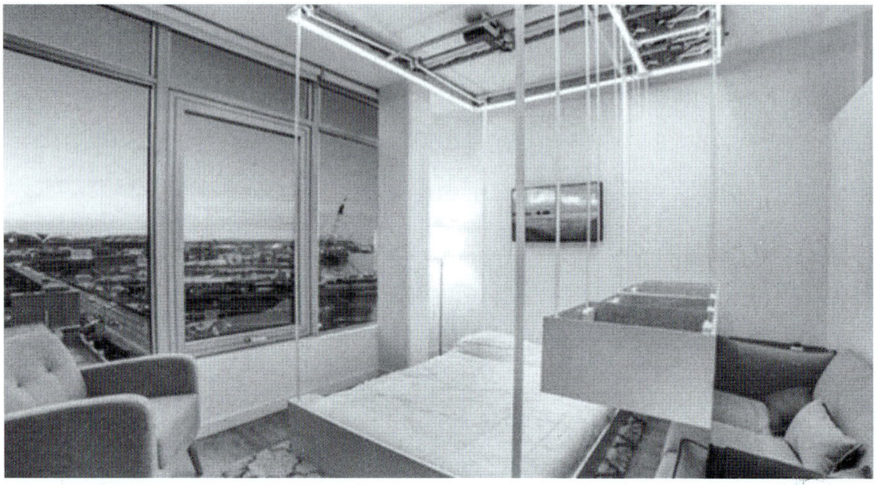

출처: https://www.startupstories.in/stories/emerging-startup-stories/bumblebee-spaces-how-this-startup-is-reinventing-housing-storage-spaces

또한, 셰어 하우스를 운영하는 'Starcity'와 파트너 관계를 맺고 있는데 공동공간을 제공함에 따라 발생하는 개인공간 부족의 문제를 보완하는 것에 범블비 스페이스가 하나의 대안이 되고 있다.

## 나. 범블비 스페이스의 운영 전략

범블비 스페이스는 크게 고객층을 두 개의 군으로 나누어 서비스를 제공한다. 하나는 신규 부동산 건설업자들이며 다른 하나는 실 거주 고객들이다. 신축 부동산 건설업을 대상으로 서비스를 진행하는 경우에 Bumblebee Spaces 가구 설치를 비롯한 주기적인 장치 점검 및 사후 대응 서비스가 핵심 서비스이며, 실제로 거주하는 고객들을 대상으로 제공하는 서비스는 사물인터넷 기술을 기반으로 한 사물 위치 정보 제공 서비스에 주력한다. 따라서, 1차적으로는 범블비 스페이스 설치를 위한 서비스 제공이 이뤄지며, 2차적으로는 가구 설치가 완료된 공간을 활용하는 실거주자들이 어플리케이션을 이용한 서비스를 사용하게 된다. 2019년 11월 기준 미국의 공동거주 관련 업체 Starcity와 계약을 맺고 샌프란시스코의 부동산 시장을 타겟

그림 10.15 범블비 스페이스의 서비스 프로세스

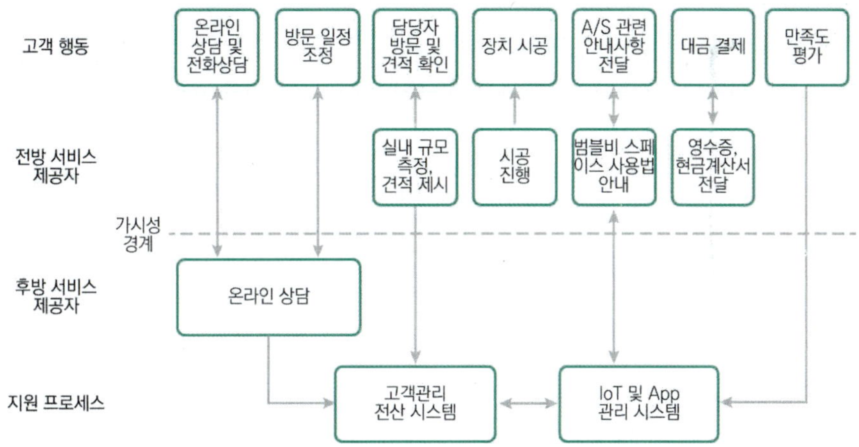


팅 하여 서비스를 제공하고 있다.

[그림 10.15]와 같이 범블비 스페이스의 서비스 전달 절차는 고객이 연락을 취하면 설치 기사가 방문하여 견적을 내고 거주 공간을 시공한 후 대금을 받는 시스템으로 서비스 제공이 원활히 이루어지기 위해 범블비 스페이스는 다음과 같은 점을 늘 신경쓰고 있다.

범블비 스페이스가 타겟팅하고 있는 주 고객층은 신규 부동산업 시장이므로, 단독 주택 가구보다는 새로 건축중인 다세대를 수용가능한 건물에 적용될 가능성이 높다. 세대수가 많고 관리할 요소가 많은 건물의 시공을 진행할 경우에는 부동산업 고객의 개별적인 요구에 귀를 기울여야 할 뿐만 아니라, 거시적인 관점에서 건물 전체에 제공하는 서비스의 동질성과 일관성 유지에도 주의해야 한다. 그리고 범블비 스페이스를 설명하는 동영상이나 홈페이지에서 쉽게 발견할 수 있듯이, 사물 인터넷 기반 어플리케이션을 이용한 손쉬운 공간 변형을 가능하게 하는 것이 실 거주 사용자들에게 핵심 가치로 제시된다. 사물인터넷 기술을 모든 지점에서 활용하는 것이 아니라 실제 이용자들이 가장 필요로 하는 수납공간을 위주로 설치하여 언제든지 자신이 가진 물건의 데이터를 받고 교류할 수 있는 구조로 어플리케이션을 지원하고 있다.

그리고 범블비 스페이스의 서비스 전달 과정에서 서비스 실패가 일어날 가능성이 높은 지점은 시공 및 사물인터넷 소프트웨어 및 어플리케이션 관리 시스템 부분이다. 먼저 장치시공 부분을 살펴보면 가구 제작 시 고급 자재를 사용한 맞춤형 인테리어를 제공함으로써 고객들에게 높은 만족감을 제공하는 것이 하나의 목표이다. 하지만 고객의 요청에 따라 시공을 진행하더라도 원자재의 수급 상황에 따라 고객이 원하던 대로 이뤄지지 않을 수 있다. 또한 고객과 시공 진행자 사이에 요구 및 의견전달이 명확하게 이뤄지지 않는다면 주문한 대로 시공이 진행되지 않을 가능성 역시 존재한다.

뿐만 아니라 소프트웨어의 기술적인 측면에서 서비스 실패가 발생할 가능성이 있다. 범블비 스페이스가 표방하는 가치를 고객들에게 제공하기 위해서는 사물인터넷 센서를 활용한 어플리케이션 제작 및 관리가 가능해야 하는데, 각 장치가 설치된 곳마다 인터넷 제반 환경이 다르기 때문에 어플리케이션이 센서를 인식하는 속도 및 정확성에 큰 편차가 발생할 수 있다. 이를 보완하기 위해서는 고객으로부터 지속적인 피드백을 받아들여 소프트웨어를 개선해야 하는데, 이를 담당할 소프트웨어 기술지원 부서가 따로 존재하지 않는다면 서비스 제공이 원활하게 이뤄지지 않을 가능성이 높다.

## 다. 범블비 스페이스가 직면한 문제점

범블비 스페이스는 기존에 없었던 차별화된 가구 배치 서비스 제공으로 가구 시장에 혁신을 가져오기 시작했다. 하지만, 그럼에도 불구하고 여러 가지 당면한 문제점이 존재한다.

### a. 사생활 및 개인정보 문제

범블비 스페이스는 인공지능(AI)과 사물 인터넷 기술을 전면에 내세워서 서비스를 제공하고 있다. 그리고 AI 기술은 현재까지는 인터넷에 접속이 되어야 운용이 가능한 기술이며 거주자의 목소리와 루틴, 가구 배치에 따른 거주자의 빅데이터를 저장한다. 그리고 이를 기반으로 거주자가 하는 주문과 명령을 따르고, 그에 따른 조언도 해준다. 이런 IoT 기반의 서비스는 소비자로 하여금 효율성과 편의성을 느끼게 된다. 즉, IoT 기술은 사용자가 자신의 개인정보를 입력하면, 그 정보를 바탕으로 온라인에 접속 가능한 모든 장치들이 그 사람을 위해 옵션을 바꾸어 가고, 더불어 그 사람에게 유용한 정보나 편리한 서비스를 제공하는 것이다. 하지만 온라인에 연결되어 있는 기술인만큼 사생활에 민감한 사람은 이를 꺼려하는 것이 당연할 것이다.

예를 들어 어떤 고객이 범블비 스페이스의 서비스를 통해 가구 배치나, 개인적인 물품을 자기 선호에 따라 배치한다고 하자. 이 과정에서 IoT 기술을 활용하게 되고 거주자의 음성 기록, 즉 구두 명령을 통해 언제든지 가구를 재배치할 수 있다. 만약 거주자가 잠을 자기 위해 침대를 내려 달라고 AI에게 명령을 내리면, 인터넷에 연결된 모든 가구 장치들이 '거주자가 곧 잠을 잘 것이다'라고 스스로 인식하며 곧 집안 내의 전등의 밝기를 낮추고, 실내 온도를 수면에 알맞게 맞추는 등 모든 가내 장치가 거주자에 맞추어 자동적으로 돌아가게 된다.

그런데 만약 누군가 악의를 품고 이 데이터베이스를 해킹하려 한다면 어떤 상황이 벌어질 것인가? 위와 같은 상황에서, 온라인 해킹을 통해 거주자가 잠에 든 것을 알고 해당 시간대를 노려서 범죄를 저지른다고 하면 엄청난 사회 문제가 발생할 것이다.

#### b. 고객화로 인한 비용 문제

범블비 스페이스는 개별 고객에게 맞춤화된 공간을 설계한 다음 판매하는 것으로 수익을 창출하고 있다. 즉, 고객화(Customization)을 통해 개별 고객의 선호, 거주 형태에 최적화 된 공간을 설계한다. 그러나 표준화(Standardization)된 서비스에 비해 비록 개별 고객의 만족도를 높일 수 있으나 그만큼 고객이 부담할 비용은 더욱 커진다. 특히 기존의 인테리어 및 가구 업체는 비교적 범블비 스페이스 보다 표준화된 서비스와 제품을 제공하므로, 비용 측면에서 차이가 날 수밖에 없다. 물론, 범블비 스페이스의 서비스가 그 높은 비용만큼의 가치가 있다고 판단한 고객은 비용을 감수하고도 주문을 하겠지만, 만일 고객이 범블비 스페이스와 기존 업체의 효용이 동일한 수준이라고 생각한다면 굳이 비용이 높은 범블비 스페이스를 선택할지는 의문으로 남는다.

#### c. 나라별로 다른 주거 형태

범블비 스페이스가 시작된 미국은 아파트 위주의 주거 형태 보다 단독 주택 혹은 연립주택이 주를 이룬다. 반면 아파트가 부의 상징인 한국과는 달리, 미국에서는 연립주택과 단독주택을 오히려 부의 상징으로 여기기 때문에 연립, 단독 주택이 전체 주택에서 차지하는 비율이 매우 높음을 알 수 있다. 한국 통계청의 자료에 따르면, 2018년에 신설된 주택 554,136가구 중에서 무려 406,165가구가 아파트를 차지하고 있었다. 이는 전체 주택 형태 중 아파트가 차지하는 비율이 무려 73%에 해당함을 알 수 있다.

범블비 스페이스의 경우 미국에서 시작한 스타트업이기 때문에 현재 신축 공사가 예정된 단독주택이나 연립주택에 알맞게 서비스를 제공하도록 서비스 구조가 형성 되어있다. 즉, 아파트가 주를 이루는 우리나라의 현실 상 범블비 스페이스가 들어온다고 하더라도 과연 얼마나 매력적인 대안으로 자리잡을 지는 미지수다.

d. 안전성 문제

아직 범블비 스페이스의 역사가 길지 않을 뿐 더러, 아직 인식이 높지 않은 편이라 실제 가정에 이 서비스를 적용하고 난 뒤의 그 안전성이 널리 입증되지 않았다. 소비자들도 범블비 스페이스의 시공 사례가 아직 많지 않음을 알고, 또한 가구를 천장에 매단다는 낯선 가구 배치 때문에 '천장에 달린 가구가 떨어지지는 않을까'라는 고민을 멈출 수 없을 것이다. 또한 안전성이 완전히 입증되었다고 해도, 시간이 많이 지나서 적응이 되지 않는 한, 가구가 우리 머리 위에 있다는 사실 자체가 심리적 부담으로 다가올 가능성이 매우 크다.

## 4 직방

### 가. 기업 소개

직방은 2012년 국내 최초로 출시된 부동산 O2O 서비스 어플리케이션으로서 서비스 런칭 초기에는 원룸, 오피스텔을 중심으로 제한적으로 운영했던 서비스의 범위를 아파트까지 확장하며 현재 전국 지역에 서비스를 제공하고 있다. 출시 이래 현재까지 2,000만 건이 넘는 다운로드 수를 기록하며 부동산 O2O 서비스 앱 시장에서 가장 높은 점유율을 유지하고 있다.

그림 10.16 직방의 기업 로고

출처: 직방 홈페이지

직방은 모바일 플랫폼을 통해 부동산 임대인 및 중개사무소와 부동산 임차인을 연결하는 중개 서비스를 제공하고 있다. 직방의 고객은 크게 '공인중개소'와 '방을 구하는 고객'으로 분류되며, 이들을 연결하는 모바일 플랫폼을 제공하는 과정에서 매물 노출 개수, 지역 등의 기준에 따라 공인중개소에 매물 광고 등록비를 부과하여 수익을 얻는 구조를 가지고 있다. 이 과정에서 공인중개소는 비싼 광고비 부담으로 인해 광고수량을 줄이게 되고, 그로 인해 이용자들의 방문이 낮아지는 문제를 해결하기 위해 허위매물을 올려 방문을 유도하는 유인이 발생한다.

## 나. 직방의 운영 전략

### a. 직방의 두 고객층과 서비스 전달 프로세스

[그림 10.17]과 [그림 10.18]을 통해 확인할 수 있듯 직방은 '공인중개소'와 '부동산 임차인'이라는 두 종류의 고객을 대상으로 서비스를 제공하고 있는 만큼 각 고객과의 거래에서 서비스가 이루어지는 절차가 사뭇 다르다.

공인중개사는 직방 앱에 중개회원으로 등록 신청을 하면 직방의 담당 매니저는 국가 등

그림 10.17 공인중개사 대상 서비스 전달 프로세스

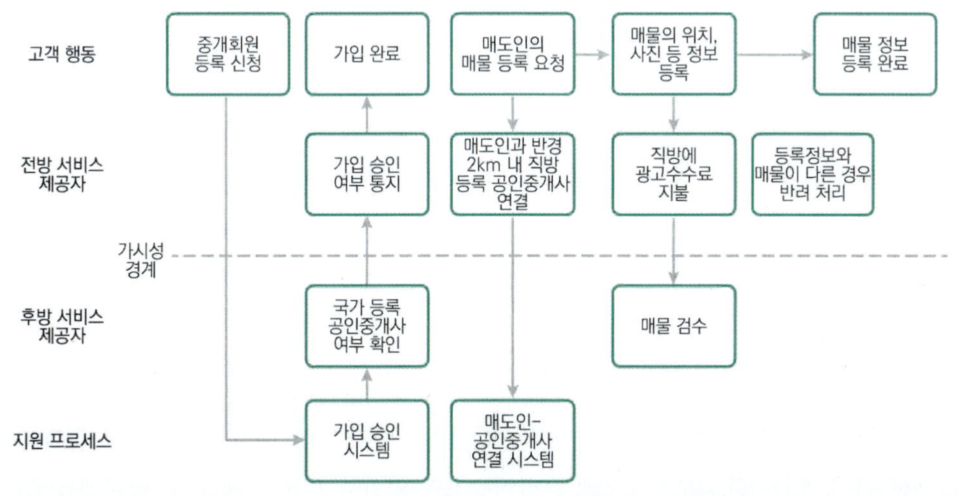

그림 10.18 부동산 임차인 대상 서비스 전달 프로세스

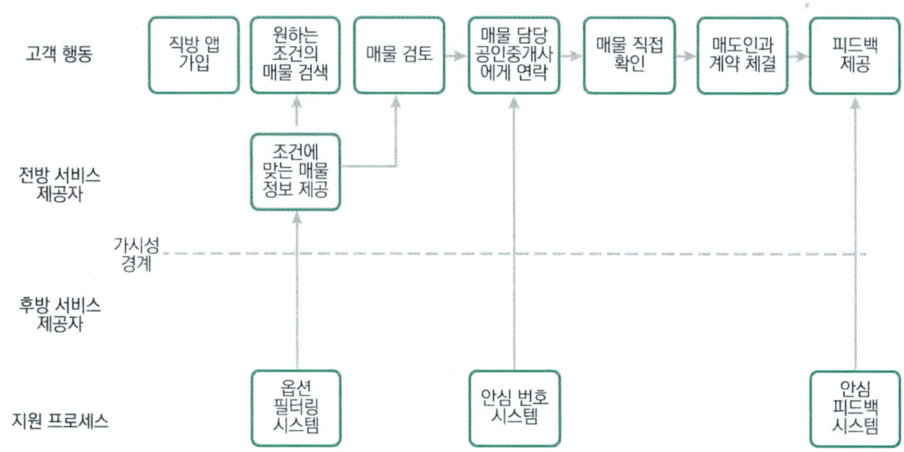


록 공인중개사인지의 여부를 확인하여 가입 승인 여부를 통지한다. 매도인이 공인중개사를 통해 매물을 등록하고자 할 때, 직방의 연계 시스템에 따라 반경 2km 내의 등록 공인중개사와 연결이 된다. 매물과 관련해 위치정보와 사진 등 상세 정보가 등록이 되며, 직방은 공인중개사로부터 광고 수수료를 지급받는다. 매물은 매물 검수 과정을 거친 후에 등록이 완료된다. 등록 정보가 실제와 다를 경우, 검수 반려 처리 통보가 이루어진다.

부동산 임차인(매수인) 역시 직방 앱을 다운로드하여 가입 후 원하는 조건의 매물을 검색하고 빅데이터 랩을 통해 각 매물들에 대한 비교 분석 결과를 확인할 수 있다. 만족할 만한 조건의 매물을 찾으면 해당 매물을 가지고 있는 공인중개사에 연락을 취하는데, 이 과정에서 직방이 안심중개사에 부여한 안심번호(가상번호)를 사용하면 녹취 안내 멘트와 함께 통화 내용이 자동 녹음되며, 통화 이력이 기록된다. 이후 공인중개사를 통해 매도인과 만나 계약을 체결하게 된다. 만약 해당 매물이 게시 정보와 다르거나 공실 유무 등의 확인이 필요한 경우 안심 피드백 시스템을 통해 안심중개사에 확인 요청을 할 수 있다.

### b. 부동산 허위 매물에 대응하는 직방의 운영 전략

최근 온라인 환경 내에서 부동산 허위 매물들로 인해 여러 문제가 발생하고 있다. 온라인 부동산 허위 매물이란, 해당 매물의 온라인광고를 확인하고 전화 예약 후 방문했음에도 실

제 매물이 아닌 경우를 의미한다. 이용자가 매물을 보고 찾아갔을 때, 중개업자가 해당 매물은 팔렸으니 (일반적으로 그보다 고가인) 다른 매물을 구매하라고 권유/유도하는 경우가 대표적이며, 이외에도 위치, 가격, 옵션, 층수, 주차공간 등을 속이는 경우도 많다. 허위 매물이 제대로 관리되지 않고 유통·확대되는 이유는 공인중개법상 공동중개가 허용되는 현 상황에서 정해진 같은 매물 물량 정보를 여러 부동산이 공유하고, 앞다퉈 손님을 끌어 모아야 하는 치열한 경쟁 구조가 형성되었기 때문이다. 한국인터넷광고재단이 실시한 온라인 부동산 허위매물 실태조사(2018)에 따르면, 모바일 부동산 중개 플랫폼 4곳(네이버 부동산, 직방, 다방, 한방)에 등록된 서울지역의 매물 200건 중 91건(45.5%)이 허위 매물로 확인되었다. 또한, 한국소비자원에 따르면, 네이버 부동산·직방·다방 등을 이용하는 소비자들을 대상으로 조사한 결과 10명 중 3명 이상(34.1%)이 허위 매물을 경험했다는 결과가 나왔다. 이처럼 온라인 부동산에서 허위 매물로 인한 피해 사례가 급증하고 이용자들이 불편함을 호소함에 따라, 온라인 부동산 플랫폼 서비스 업체는 허위 매물을 근절하는 것을 목표로 경쟁력을 구축하고자 하였다.

직방은 이러한 문제에 대응하기 위해 크게 허위매물 OUT 프로젝트, 헛걸음 보상제, 그리고 삼진 아웃제를 운영하고 있다.

우선 허위 허위매물 OUT 프로젝트란, 허위매물이 다수 발생하는 지역에서 기존보다 엄격한 기준으로 직방이 직접 전수조사를 진행하여 매물을 집중적으로 관리하는 프로젝트를 의미한다. 즉, 1) 직접 중개사무소를 방문하거나, 2) 임대관리업체에 매물을 확인하거나, 3) 임대인에게 연락을 취해 확인하여 진행한다. 실제 직방은 2017년 이러한 전국 전수조사를 통해 허위매물이 많은 지역을 '집중 관리 지역'으로 정하고, 매달 현장방문 또는 집주인과 임대관리업체 등을 통해 매물의 진위 여부를 확인한 결과 지역 평균 연간 약 20%, 2018년 약 13%가량 감소한 것으로 나타났다. 구체적으로, 대구 달서구에서는 25%의 중개사무소가 적발되어 경고 및 탈퇴 조치되었으며, 서울 구로구는 24.4%, 서울 금천구는 53.6%가 제재를 당했다. 이외에도, 2016~2018년 시행결과 자체 이용자 만족도 설문조사에서 74.3%가 허위매물을 포함, 서비스 이용에 불편사항이 없었다고 응답하면서 허위매물 OUT 프로젝트의 효과가 여러 방면에서 인정받았음을 확인할 수 있었다. 또한, 직방의 허위매물 관리 정책이 엄격하다는 인식 자체가 자리 잡으면서 중개 업계에 자정 효과까지 나타났다는 평가도 있다.

헛걸음 보상제는 이용자가 전화 상담 후 중개사무소를 방문했는데, 중개사가 매물이 없다고 번복하거나 실제 보여준 매물이 직방에 있는 사진과 다른 허위 매물일 경우 보상해주는 제도를 의미한다. 즉, 헛걸음 보상제는 거짓정보로 허탕을 친 이용자들에게 일정 금액(현금 3

만원)과 상품(클린 키트)으로 보상하는 서비스 보증에 해당한다. 보상을 위해서는 1) 방문 당일 방을 볼 수 있다는 등록자와의 통화, 2) 해당 방을 상담한 중개사 명함, 3) 직방에 등록된 방과 실제 방이 다른 경우 이를 증명하는 사진 혹은 녹음 파일 등이 필요하다. 구체적으로 이용자가 헛걸음 보상제를 통한 보상을 받기 위해서는 1) 방문 전, 안심번호로 전화, 2) 방문 시, 방문 기록 남기기, 3) 방문 후, 헛걸음 보상 신청하기, 4) 확인 후, 헛걸음 보상받기의 단계가 필요하다.

삼진 아웃제는 허위 매물을 3번 이상 등록한 중개사의 직방 서비스 이용을 제한되는 제도를 의미한다. 구체적으로 1) 경고 1회시 이용정지 3일, 해당기간 동안 매물 점검 및 수정 후 광고가 가능하며, 2) 경고 2회시 이용정지 7일, 해당기간 동안 매물 점검 및 수정 후 광고가 가능하며, 3) 경고 3회시 직방 이용이 정지되며 탈퇴 처리된다. 하지만 허위 매물을 올려 적발된 중개사는 1회 경고만으로도 안심중개사 자격이 박탈되며, 일반중개사로 변경돼 (이용자 검색 시) 매물 목록 하단으로 이동된다.

### c. 직방의 부가적인 운영 전략

직방은 이 외에도 허위매물 OUT 연구소를 운영하는데, 직방이 허위 매물 사례를 분석해 허위 매물의 패턴을 연구해 이를 통해 피해 가능성을 최소화 위해 설립한 연구소로 시세정보, 중개사무소의 매물 등록 패턴 등의 데이터를 기반으로 허위 매물 대응 방안까지 모색한다. 연구원은 허위 매물 정책을 만들고 집행하던 고객안심팀 매물 검수 파트와 일선 현장에서의 부동산 중개 경험이 있는 연구원 등 다양한 인력으로 구성된다. 즉, 효율적 허위매물 검증을 위한 검증절차의 기획 및 이용자와 중개사 모두 공감 가능한 현실성 있는 정책의 연구를 계획하고 있다. 이러한 직방의 허위매물을 위한 사내 연구소 설립은 부동산 업계 최초로 최근 다양하게 진화하는 허위 매물에 대응하기 위한 능동적 조치로, 직방의 허위 매물 관리 및 신뢰도 증진 정책에 보다 적극적인 노력 의지를 보인 것으로 해석할 수 있다.

그리고 고객 안심콜 정책을 시행함에 따라 이용자가 매물 상담 및 방문 과정에서 발생한 허위매물 사례를 청취하고 면밀히 확인하여 문제를 확인하고, 허위매물로 판단되는 경우 페널티를 적용하는 정책을 의미한다. 직방이 일종의 서비스 설문조사인 안심 피드백 이외로 이용자의 목소리를 직접 듣고 서비스 전반적 만족 수준 외 불편사항을 파악하고자 실시한 정책으로, 정책 실시 결과 전화가 연결된 이용자는 5,235명으로 이들 중 직방 서비스를 이용하는 데 불편함이 없었다고 응답한 이용자는 74.3%, 불편함을 겪었다고 답한 이용자는 25.7%로 나타났다. 특히, 직방 관계자는 "이러한 조사를 통해 이용자가 어떤 부분에서 불편을 겪었는지를 알 수 있었고, 나아가 보완할 수 있는 부분에 대해서도 많은 조언을 들었다"고 언급했다.

### 다. 직방이 직면한 문제점

다양한 부동산 어플리케이션에서 자체적으로 허위매물 신고 정책을 시행하고 있지만 부동산 중개사들이 허위매물 신고를 막기 위해 다양한 우회 방식을 사용하기 때문에 소비자들이 허위매물 신고를 통해 보상을 받기는 쉽지 않다. 중개사는 모든 통화 내용이 자동으로 녹음되는 직방 어플리케이션 내의 서비스인 '안심전화'를 사용할 수 없도록 중개사 자신의 직통 전화번호를 알려줘 통화내역을 남기지 않으려 한다. 또한 '명함이 없다'라는 핑계를 대며 명함을 제시하지 않는 경우도 많다. 사진 같은 경우에는 '집주인이 싫어한다', '가구가 아직 들어가 있으니 다른 것이 당연하다'라는 식의 변명으로 사진 촬영 자체를 거부하거나 변명을 한다. 소비자가 방문하기도 전에 소개해준 방이 허위매물일 것이라고 예상하여 중개사와의 대화를 녹음하는 것 역시 사실상 어려운 일이다.

이러한 문제점은 고객이 서비스에 대해 불만족 하게 되는 주된 요인이 될 수 있으며, 이는 적정 수준 이상의 고객의 수를 유지하는 것이 핵심적인 플랫폼 기업의 특성 상 고객의 이탈을 불러올 가능성이 높으며 결정적으로 직방뿐만 아니라 직방 플랫폼에 입주한 공인중개사들 역시 잠재 고객의 이탈을 가져오는 결과를 낳으므로 매우 치명적이라고 할 수 있다.

### 라. 문제 해결을 위한 전략적 방향

직방은 플랫폼 기업이기 때문에 판매자와 구매자 간의 연결고리 역할을 수행하여 이윤을 창출하는 양면 시장의 특성을 지니고 있다. 소비자의 입장에서는 별다른 차이를 느끼지 못할 수 있지만, 플랫폼 역할을 수행하는 기업의 입장에서는 구매자와 판매자 모두가 영업의 대상이 되는 것이다. 직방의 사례에 비추어 보게 되면, 주택 수요자와 공인중개사 모두를 고객으로 두면서 이들 사이를 하나의 플랫폼으로 연결하고 있는 것이고, '부동산 중개업자'라는 판매자 고객과 함께 연계하여 '주택 수요자'라는 구매자 고객에게 서비스를 제공하는 일련의 과정에서 공동 생산 활동이 나타나게 된다. 그러므로 직방의 문제 해결을 위해서는 단순히 고객 입장에 한정하는 것이 아닌 공인중개사들의 특성과 그들의 입장 역시 함께 고려한 해결책을 제시해야 한다.

구체적인 문제 해결 전략으로 다음과 같은 전략을 구상해 볼 수 있다.

첫째, 헛걸음 보상제와 관련하여 사진 촬영 및 명함 제시 거부 금지 정책을 실시한다. 기본적으로 직방을 사용하는 경우 공인중개사는 자신의 명함을 준비해야 하며, 중개사가 소비자의 명함 요구를 거부할 시 직방 서비스 이용에 페널티를 부여함으로서 고객의 불신과 불만족을 줄일 수 있다. 또한 직방에 게시되는 매물에 대해서 사진 촬영이 자유로운 방만 매물로 등록할 수 있도록 정책을 변경함으로서 허위 매물의 발생 가능성을 최소화 하는 것이다. 이러한 정책의 수정을 통해서 명함 제시와 사진 촬영에서의 헛걸음 보상제의 문제점들을 어느 정도 해소할 수 있을 것이라고 기대된다.

둘째, 직방 안심중개사 제도를 개선한다. 현재 직방 안심중개사 제도는 부동산 거래에 있어서 안전하다고 보장된 중개사에게 부여하는 것이 아니라 광고료를 더 많이 낸 중개사에게 매물 우선노출을 허용하는 어드밴티지를 주는 식으로 운영되고 있다. 즉, 기존의 안심중개사 제도를 고객들이 안심중개사에게 가질 법한 실질적 인식과 일치하게끔 장기간 직방을 사용하면서 허위매물 신고 등의 불미스러운 사건이 없는 중개사에게 자격 보증 같은 제도로 개선하는 것이다. 그리고 이를 통해 자격이 인증된 안심중개사를 직방 사용 연수와 매물 거래량에 따라 나누어 차등적인 광고료 할인 혜택을 제공한다면, 직방과 안심중개사 간 더 실질적인 상생 또한 가능하다고 기대된다.

## 5 마켓컬리(MarketKurly)

### 가. 기업 소개

마켓컬리(MarketKurly)는 2014년 설립된 한국의 신선식품 전문 온라인 쇼핑몰로서, 창업 5년 만에 예비 유니콘 기업으로 선정되는 빠른 성장폭을 보였다.

마켓컬리는 기본적으로 신선식품을 배송하는 서비스를 제공한다. 그리고 이른바 샛별배송 서비스를 통해 수도권 지역에서 마켓컬리에 주문을 하면 그 다음 날 새벽에 배송해주는 서비스를 제공하고 있다. 그러던 중 2020년 COVID－19가 발생함에 따라 오프라인 매장을

그림 10.19 마켓컬리의 기업 로고

출처: 마켓컬리 홈페이지

이용하기보다 언택트 새벽 배송이 가능한 마켓컬리에 대한 주문이 폭발적으로 늘어났고 이러한 추세는 현재진행형이다. 그리고 신선식품과 더불어 최근에는 반조리 식품, 마켓컬리 만의 단독 PB 상품인 Kurly Only 식품, 주방 용품 및 생활 용품도 판매하고 있다.

## 나. 마켓컬리의 서비스 전략

마켓컬리는 상술한 신선식품 배송 서비스 및 샛별배송 서비스를 원활하게 제공하기 위해 기본적으로 700여 대 가량의 냉동 탑차를 보유하고 있다. 또한 국내에 3곳의 물류 센터가 존재하며 친환경 포장재인 에코박스 v3를 도입했다. 그리고 마켓컬리 내에서 이용되는 모든 정보의 처리 및 가공을 담당하는 인공지능인 '데멍이'를 운영하고 있으며 이를 위해 전 직원 대상으로 기본적인 컴퓨터 프로그래밍 교육을 실시한다. 즉, 마켓컬리의 고객들로 하여금 그들의 서비스 경험을 극대화하기 위해 상술한 도구들을 활용하고 있으며 이를 정리하면 다음과 같다.

신선한 식품을 배송한다는 마켓컬리의 사업 특성 상 식자재나 조리된 식품의 공급 사슬 관리가 매우 중요하다고 할 수 있다. 마켓컬리는 그들의 물류창고를 크게 2가지 영역으로 구분하는 데 Single Zone과 DAS(Digital Assorting System)이 그들이다. Single Zone은 한 고객의 주문이 단일 제품으로 구성되어 있을 때 개별적으로 상품을 픽업 한 후 포장 및 출고하는 시스템이다. DAS는 여러 고객의 서로 다른 품목에 대한 주문을 취합해 품목별로 한꺼번에 픽업 한 후, 물품들을 각 바구니에 분배 후 포장, 출고하는 시스템이다. 소 품종 대량 상품에 유리하며 당일입고 당일출고 되는 이른바 '하루살이' 상품 관리에 유리하다. 셔틀을 기반으로

그림 10.20 마켓컬리의 서비스 전략

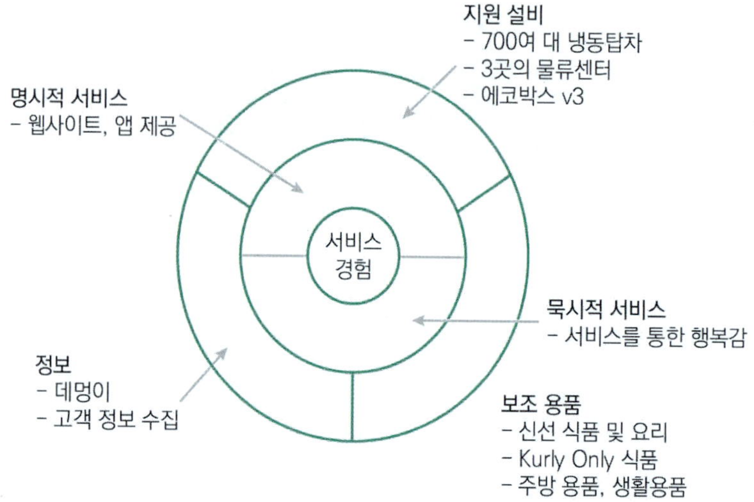


한 자동화 시스템들은 자동화 설비의 물류 처리 속도의 조정이 어렵지만 DAS에서는 인력의 충원을 통한 생산성 조정이 가능하다는 장점이 있다. 이러한 DAS와 Single Zone 뿐만 아니라, 동선의 효율성을 고려한 물품 배치가 물류센터 내에서 병행된다. 인기 상품들은 DAS 컨베이어 바로 옆, 비인기 상품은 보다 멀리 배치한다. 당일입고 당일출고 되는 상품들은 매출의 상당부분을 차지하기 때문에 진열대가 아닌 눈에 보이는 바닥에 놓는 식으로 진행된다.

두 번째는 풀 콜드 시스템(Full－cold system)이다. 풀 콜드 시스템이란 입고에서 배송까지 전 유통과정에서 식품의 신선도를 유지하는 적정 온도(3.5~4℃)로 관리하는 배송 시스템을 말한다. 기존에도 신선식품 배송을 위한 콜드 체인 시스템은 존재했다. 기존의 콜드 체인 시스템보다 면밀한 온도 조절에 차별화를 둔 마켓컬리는 이를 풀 콜드라고 이름 붙였다. 풀 콜드를 위해 마켓컬리는 700대의 냉장 탑차를 보유하고 있으며 장지동(종합), 남양주(냉동), 죽전(상온) 3곳에 식품 전용 물류 창고를 운용하고 있다. 기존의 택배사들이 갖추지 못한 풀 콜드 시스템을 통해 새벽 배송 시장에서 경쟁력을 갖출 수 있었다.

또 다른 특징으로 자체 AI 시스템인 '데이터 물어다 주는 멍멍이', 일명 데멍이가 있다. 2016년 Excel, 2017년 AWS(Amazon Web Services)를 사용했지만 지속적인 문제점이 있었고 이를 해결하기 위해 데멍이를 개발했다. 데이터 전문가 20여 명이 운영하는 마켓컬리의 인공지능 시스템인 데멍이를 통해 마켓컬리는 마케팅 정책, 물류센터의 인력, 배송 경로 등을 결정한다. 데멍이의 빅데이터 분석을 통해 주문량 사전 계산 및 발주를 하는데, 신선식품의 폐기율이 1% 미만일 정도로 정확도가 높다. 다른 대기업들의 신선식품 폐기율이 2~4%인 것에 비해 훨씬 낮은 수치인 것을 확인할 수 있다. 정교한 예측이 가능한 데멍이를 통해 효율적인 공급 사슬망을 확보한 마켓컬리는 시장에서 높은 경쟁력을 갖출 수 있게 됐다.

## 다. 마켓컬리가 직면한 문제점

마켓컬리가 직면한 가장 큰 문제는 비용 관리이다. 즉, 매출은 해가 지날수록 빠르게 상승하고 있지만, 영업 손실이 매우 큰 편이다. 창업 당시 마켓컬리 비용 중 40%를 차지하던 운반비는 점차 감소했지만, 포장비가 가파르게 상승했다. 또한 전지현을 광고모델로 내세우는 등 공격적인 마케팅을 시행했던 마켓컬리는 2017년 24억 원 정도였던 광고비용이 150억 규모로 증가하는 등 골칫거리를 안고 있다. 창업 이후 5년 정도의 시간 동안 단 한번도 영업 이익이 발생한 적이 없다는 것도 주목해야 할 부분이다.

또한, 마켓컬리의 물류 흐름은 오전 10시경에 상품이 물류센터로 도착하면서부터 시작한다. 이러한 상품들은 오후 3시 30분경부터 주문에 따라 분류 및 포장 등의 처리가 이루어지고 오전 12시 30분경에는 출고되어 오전 7시 이전에 고객의 집 앞에 도착하는 것을 목표로 마무리 된다. 문제는 이러한 주문의 처리 과정 중, 밤 9시부터 12시까지 3시간 사이에 하루 주문량의 30%가 몰린다는 것이다.

상품을 분류하고 포장하는 과정에서 활용할 수 있는 인력에 한계가 있고 이를 감당하기 위해 마켓컬리는 야간 근무조를 추가적으로 배치하긴 하지만 턱없이 부족한 상황이다. 부족한 인력으로 폭발적인 주문량을 소화하다 보니 마켓컬리는 일부 지역에서 약속한 오전 7시 배송을 지키지 못하는 경우가 발생할 뿐만 아니라 오배송 및 배송 누락으로 이어지기도 해 소비자들의 불만이 커지고 있다. 그러나 이를 고려해 고정 자원을 늘리기엔 지역마다 주문량의 격차가 커 어려운 상황이다. 이처럼 특정시간대에 몰리는 물량을 감당해야 하는 상황은 마켓컬리의 고질적인 문제이다.

그리고 마켓컬리가 처음 사업을 시작하여 샛별 배송을 시작했을 때와는 다르게 현재 새벽 배송 시장에는 수많은 참가자들이 경쟁하고 있다.

예를 들어 헬로네이처, 오아시스 마켓, 더채소, 홀푸드스토리 등의 업체는 새벽배송을 통

그림 10.21 초록마을의 초록배송 서비스

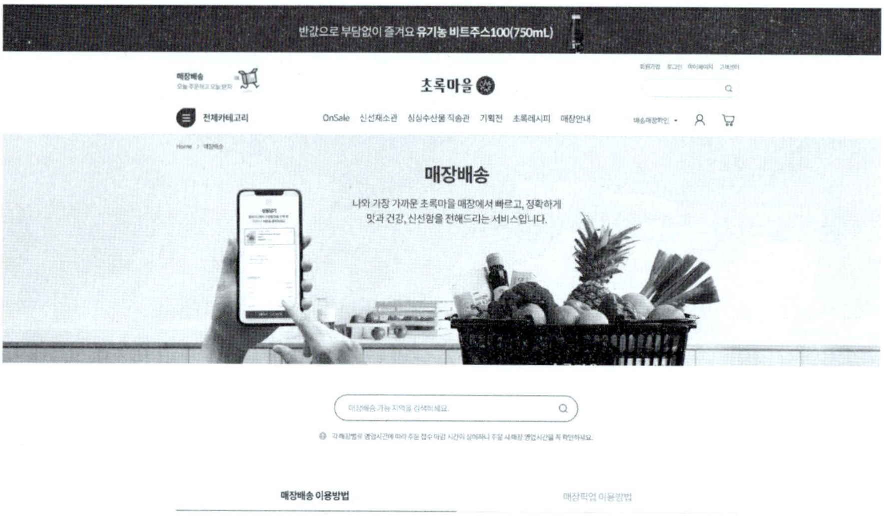


출처: 초록마을 홈페이지

해 상품의 신선도를 유지한다는 측면에서 마켓컬리와 유사성을 갖는데, 그 외에도 친환경, 유기농의 특성을 통해 건강한 이미지를 강조한다. 헬로네이처의 경우에는 농가와 소비자를 직접 연결한다는 점이 특징적이고, 오아시스 마켓 같은 경우에는 친환경 유기농 제품과 첨가제가 없는 건강한 프리미엄 식품을 비교적 낮은 가격에 제공함으로써 마켓컬리의 높은 가격이 부담스러운 고객층의 흡수를 유도한다. 그 외에도 정육각은 마켓컬리와 다르게 특정 식품군만을 주로 다룬다. 육고기와 달걀, 우유 등에 초점을 맞춘 정육각은 도축 1~4일 이내의 가장 신선한 육고기를 고객에게 전달함으로써 차별점을 둔다.

또한 이미 470여개의 오프라인 매장을 운영하며 안전한 친환경 먹거리판매 업체라는 이미지를 가지고 있는 초록마을의 경우에는 '초록배송' 및 '초록픽업' 제도를 도입하여 일정 시간 내 주문에 한해 당일 배송을 진행할 뿐만 아니라 고객들이 집과 가까운 매장에서 쉽게 주문한 상품을 가져갈 수 있도록 하고 있다.

## 라. 문제 해결을 위한 전략적 방향

마켓컬리가 현재 직면한 문제점을 해결하기 위해 다음과 같은 전략을 구상해볼 수 있다.

상술한 바와 같이 마켓컬리의 주문이 몰리는 시간은 주로 밤으로, 밤 9시부터 11시까지 약 3시간에 하루 주문량의 30%가 몰리고 있다. 폭발적으로 주문량이 증가할 시 어떻게 대처할 것인지가 마켓컬리의 고질적인 숙제이다. 또한, 마켓컬리는 현재 "재고관리에 기반한 선판매 시스템"을 택하고 있는데, 현재 비교적 적은 이용자 수를 바탕으로는 이를 감당할 수 있지만 기업 규모와 감당해야할 소비자의 수가 늘어남에 따라 힘들어질 것이다. 현재 마켓컬리의 빅데이터 시스템은 정확한 소요시간을 예측할 수 있도록 지원하고 있으나, R&D에 보다 적극적인 투자를 하여 위와 같은 상황에 대한 다양한 변수들을 수집하고, 이에 대한 기술을 개발할 필요가 있다. 나아가 배송직원고객과 1:1 담당제 및 책임제를 실시하여, 배송직원과 고객 간 친밀도를 쌓고 요구사항을 더 적극적으로 반영할 수 있도록 함으로서 더 많은 데이터를 수집하고 이는 더 정교한 예측 결과를 통해 마켓컬리의 고질적인 문제점 중 하나를 해결하는 데 올바른 방향을 제시할 것이다.

또한, 현재 마켓컬리의 가장 큰 문제점 중 하나는 수익성이다. 그리고 시장 내의 경쟁자가 늘어남에 따라 경쟁이 점차 격화되고 있다는 것 역시 악재로 작용한다. 그러므로 시장을 확장하는 방법을 활용해 봄 직 한데, 일례로 오픈마켓을 런칭하는 것이다. 오픈 마켓이란 판매자와 구매자 간의 직거래 장터로, 현재 마켓컬리는 자사가 판매하는 모든 물량을 '직매입'하여 판매하고 있다. 그러나 컬리 프레시 솔루션(Kurly Fresh Solution)을 통해 더 많은 외부 화주가 마켓컬리의 물류 인프라를 공유한다면 그 상품들 중 괜찮은 것들은 마켓컬리 플랫폼을 통해서 함께 판매하지 않을 이유가 없다. 오픈마켓의 가장 큰 장점은 큰 투자 없이도 매출과 상품 구색을 빠르게 늘릴 수 있다는 것이다. 직매입은 판매 주체가 자사이기 때문에 상품 재고관리부터 물류배송까지 직접 관리 한다. 이 때문에 직매입 매출을 확 늘리려면 물류 창고와 배송 차량, 인력 등 별도의 인프라 투자가 진행돼야 한다. 그러나 오픈마켓은 판매 주체가 개별 판매자이므로 재고관리와 물류배송 역시 판매자가 책임진다. 통신판매중개업자는 판매자와 고객만 연결해주는 플랫폼만 제공하면 된다.

이는 수익성 개선 측면에서도 도움이 되는데 마켓컬리의 적자 대부분은 '샛별배송'과 같은 직매입 기반의 차별화된 배송 서비스에서 발생한다. 하지만 오픈마켓은 판매자와 구매자가 직거래하기 때문에 이 같은 배송 문제에서 자유롭다. 그러므로 판매 수수료를 취득하고, 판매자 광고 수익까지 기대할 수 있다. 고로 마켓컬리는 비용관리와 매출 확대의 이점, 고객에게는 다양한 제품 제공, 신속한 거래 등의 추가적인 이점이 있다. 또한 마켓컬리는 통신판매업에 종사하고 있었고 이것에 대한 고객의 높은 신뢰도를 구축해 왔으므로 이러한 고객인식이 '통신판매중개업'에 긍정적으로 작용함을 기대해볼 수 있다.

## Reference

https://www.besuccess.com/news/product/97548/zigbang-3/STARTUP, b. N. (2015). 직방, 1월부터 '안심직방시스템' 정책 시행. *be SUCCESS*. Retrieved from

김설아. (2019). 새벽배송 정말 좋은데… 이 '세 가지' 어떡해? *MoneyS*. Retrieved from http://moneys.mt.co.kr/news/mwView.php?no=2019022617198054941&type=4&code=w0405&MTN

김영준. (2019). 2018 웹툰 사업체 실태조사. *한국컨텐츠진흥원*, 4-18.

김윤구. (2018). 전세계도 '미친 집값' … 세계주택가격지수 역대 최고. *연합뉴스*. Retrieved from https://www.yna.co.kr/view/AKR20180907133700009

김재필, 성승창, & 홍원균. (2013). 웹툰 플랫폼의 진화와 한국 웹툰의 미래. *서울: kt 경제경영연구소*.

노상래. (2019). [AI와 데이터 과학] 노상래-'맛있는 데이터'를 물어다주는 멍멍이. Retrieved from https://devground.hanbit.co.kr/2019/06/27/ai%ec%99%80-%eb%8d%b0%ec%9d%b4%ed%84%b0-%ea%b3%bc%ed%95%99-%eb%85%b8%ec%83%81%eb%9e%98-%eb%a7%9b%ec%9e%88%eb%8a%94-%eb%8d%b0%ec%9d%b4%ed%84%b0%eb%a5%bc-%eb%ac%bc%ec%96%b4%eb%8b%a4%ec%a3%bc/

박지호. (2019). 마켓컬리 '풀콜드'가 뭐길래? *시사저널 e*. Retrieved from http://www.sisajournal-e.com/news/articleView.html?idxno=200450

백봉삼. (2019). 직방, '허위매물아웃연구소' 설립. Retrieved from https://www.zdnet.co.kr/view/?no=20190215144104

송성각. (2016). 만화 유통환경 개선 방안(웹툰 산업을 중심으로). *한국콘텐츠진흥원*, 111-118.

송수연. (2019). 직방 광고비 3배 인상? "부동산 중개업자 오해". Retrieved from http://www.consumuch.com/news/articleView.html?idxno=43327

엄지용. (2019). [스튜디오 바이라인] 마켓컬리 물류 시스템 한 눈에 보기. *바이라인 네트워크*. Retrieved from https://byline.network/2019/09/23-59/

오정민. (2021). 쿠팡의 '화려한 데뷔' … 美상장 첫날 40% 뛰어 시총 '100조'. *한경 경제*. Retrieved from https://www.hankyung.com/economy/article/2021031248427

유준상. (2018). 직방, 앱 이용자 목소리 직접 들어보니. *이뉴스투데이*. Retrieved from http://www.enewstoday.co.kr/news/articleView.html?idxno=1247527

윤희은. (2019). 네이버웹툰, 100여개國서 앱 수익 1위. *한국경제*. Retrieved from https://news.

naver.com/main/read.naver?mode=LSD&mid=sec&sid1=105&oid=015&aid=0004213711

이현주. (2019). 유통 혁신의 현장② 마켓컬리 장지동 물류센터 "혁신은 집요함에서 온다". *매거진 한경*. Retrieved from https://magazine.hankyung.com/business/article/201904169108b

진범용. (2018). 주 52시간 근무에 고심하는 '쿠팡' … 쿠팡맨 급여 하락·업무량 가중 등 문제 '산적'. *뉴데일리 경제*. Retrieved from http://biz.newdaily.co.kr/site/data/html/2018/07/24/2018072400055.html

한창완. (2016). 웹툰 플랫폼의 비즈니스모델(BM)과 스핀오프(Spin off) 전략의 생태계 진화연구. *만화애니메이션 연구*, 45, 127-146.

# 찾아보기

ㅇ



ㅈ



ㅊ



ㅋ



ㅌ



ㅍ

## [공저자약력]

**임 호 순**
현 고려대학교 경영대학 교수
UCLA Anderson School 박사
POM 저널 시니어에디터 역임
생산성학회장 등 역임

**박 광 태**
현 고려대학교 경영대학 교수
UC, Berkeley IEOR 박사
중소기업학회장 등 역임

**안 철 옥**
현 군산대학교 융합기술창업학과 교수
고려대학교 경영학박사

**위기대응을 위한 서비스 오퍼레이션스 관리**

2022년 9월 30일 제 1 판 인쇄
2022년 10월 10일 제 1 판 발행

공저자 임호순 · 박광태 · 안철옥
발행인 임 권 규
발행처 弘 文 社

05855 서울시 송파구 송파대로 167 테라타워 B동 802호
등록 1993. 6. 24. 제1-1543호
TEL. 712-5311(代) FAX. 716-5311

값 30,000원


ISBN 978-89-7770-734-4 93320